生活因阅读而精彩

生活因阅读而精彩

男人要被 女人要被
懂 ♡ 爱

雅 文 ⊙编著

中国华侨出版社

图书在版编目(CIP)数据

男人要被懂,女人要被爱 / 雅文编著.—北京:
中国华侨出版社,2012.5

ISBN 978-7-5113-2270-8

Ⅰ.①男…　Ⅱ.①雅…　Ⅲ.①爱情–通俗读物
Ⅳ.①C913.1–49

中国版本图书馆 CIP 数据核字(2012)第 053929 号

男人要被懂,女人要被爱

编　　著 / 雅　文

责任编辑 / 尹　影

责任校对 / 孙　丽

经　　销 / 新华书店

开　　本 / 787×1092 毫米　1/16 开　印张/17　字数/260 千字

印　　刷 / 北京建泰印刷有限公司

版　　次 / 2012 年 5 月第 1 版　2012 年 5 月第 1 次印刷

书　　号 / ISBN 978-7-5113-2270-8

定　　价 / 29.80 元

中国华侨出版社　北京市朝阳区静安里 26 号通成达大厦 3 层　邮编:100028

法律顾问:陈鹰律师事务所

编辑部:(010)64443056　　64443979

发行部:(010)64443051　　传真:(010)64439708

网址:www.oveaschin.com

E-mail:oveaschin@sina.com

幸福就是爱"对"了！

万能的上帝用神奇的双手创造了人类的祖先亚当和夏娃。于是,随之而来的便是红尘俗世中男男女女的相识、相知、相爱、相守;随之而来的更是平凡婚姻中男男女女的交涉、交流、"交战"。

女怕嫁错郎,男怕娶错人。但是,男人和女人是完全不同的两种人,女人的心思男人猜不透,男人的心思女人也很难了解。只有知己知彼,才能百战不殆。读心,更需要懂心;知心,更需要攻心。

男人是山,女人如水。山在云深不知处,水在虚无缥缈间。山有山之巅,水有水之韵。

男人是力量与智慧的象征,女人是温馨与柔情的源泉。男人的心事隐藏在心底,女人的心事暴露在脸上。男人需要被懂,女人需要被爱。

我是一条小河,

我无心由你的身边绕过,

你无心把你彩霞般的影儿,

投入了我软软的柔波……

山对水依恋,水对山敬仰;山守护着水,水缠绕着山。男女关系正像山与水一样是大自然的神奇造化,各得其所、各领风骚。勇敢地走进对方的心灵,理解对方的喜怒哀乐,了解对方的需求与期盼,才能共同营造美好的家园。

幸福,就是爱"对"了。

女人该怎样读懂男人,牢牢拴住男人的心;男人该如何疼爱女人,不离不弃,相守一生。所谓夫妻、所谓生活,也许就是这样,同心同德、相互依靠,手挽着手一路走下去。一切奥秘尽在《男人要被懂,女人要被爱》。

当然,幸福与否,还要看各自的修为。

目录 CONTENTS

上篇　致女人
——爱他，不如懂他

对于女人来说，要想成功地驾驭男人、牢牢拴住男人的心，懂男人是很重要的，毕竟女人与男人的思维模式不一样，所想所看的也不一样，所关注的也不一样。懂他，明白他真正需要什么，用自己的聪慧去引导他，下好香饵钩上生钩，就能牵着男人的鼻子，让他乖乖地陪你走好幸福的人生旅途。

第1章　别靠近男人心中那些碰不得的角落
——懂男人，就要时刻维护他的自尊心

女人总是贪心，一旦爱了，便想拥有男人的全部，却忘了男人心中有些碰不得的角落。这片角落是干净的禁区，容不得一粒尘埃，作为他的妻子或女友，你需要从他的言行举止中读懂他心中的想法，不触碰那些"雷区"，时刻维护他的自尊，这样你们的感情才能更甜蜜、更持久。

第 2 章　**女人最大的错误,就是忘了自己是女人**

—*懂男人,就要把出彩的机会留给他*

当你企盼男人的温柔和体贴,企盼男人的尊敬和信任,希望让他更好,那么就要把出彩的机会留给他。男人的表现欲比女人强,他们总喜欢表现自己很男人的一面,证明自己的能力。女人太争强好胜,忘了自己是女人会令男人避之不及的。

第 3 章　**少点儿猜疑与埋怨,善解人意会让他更爱你**

—*懂男人,就要给他足够的信任和自由*

草木皆兵、疑神疑鬼;心生不满、埋怨不断是幸福生活的最大杀手,还会让你成为男人眼里不可理喻的女人。男人需要足够的信任和自由,既然相爱就该少点儿猜疑与埋怨。能维持长远的爱情生活中,定有女人的善解人意。

第4章 不要一直喋喋不休,该沉默的时候就沉默

——懂男人,就要用他渴望的方式去交流

不通则痛,通则不痛,这是众所周知的中医理论。婚恋中的男女也是如此,女人若想读懂男人的心,就要用他渴望的方式去交流,不要一直喋喋不休,该沉默的时候就沉默,给矛盾留下大量的空间,给双方一个思考和回旋的余地。美满幸福的生活,必从良好的沟通开始。

第5章 铁骨铮铮的男儿也会有疲惫脆弱的时候

——懂男人,就要给他多一点儿鼓励和帮助

不管在高大威猛、坚强不屈的面具下多么成功地把自己装扮成一个铮铮铁骨,男人毕竟是人而不是神,没有众人想象的那样坚强勇敢,也会有疲惫脆弱的时候。此时,男人需要女人来懂他,而心爱女人的理解和鼓励是他最大的信心和力量来源。

第6章 把自己和生活打理好，不给男人太多压力

——懂男人，就要尽量帮他解除后顾之忧

兵法云："兵马未动，粮草先行。"行军打仗，首先要巩固好自己的后方大本营。男人在外面拼搏跟行军打仗是一样的，后方是基础。女人懂男人，就要尽量把自己和生活打理好，不要额外地给他增添压力。男人无后顾之忧，才能够抛却所有的私心杂念，心无旁骛地去奋斗。

下篇 致男人

——爱她，就要让她快乐

世界上的女人，美丽的、温柔的、聪明的、可爱的……无论什么类型的女人，她们期待被疼爱的心情都是一样的。只有被疼爱，女人才能展现充满灵性的美；只有被疼爱，女人才有醉人的靡靡情意。给予她细水长流的温情，给予她无微不至的关爱，让她快乐无忧，幸福就会被你们握在手心。

第7章 爱情中，男人对女人最不该犯的那些错

——爱女人，就要照顾她那颗敏感的心

女人很敏感，因为敏感而多情，因为敏感而忧伤。她的心思细腻如粉，你的一个眼神、一个举动都叫她思量许久、备感受伤。如果你真爱一个女人，就要照顾好她那颗敏感的心，不要在爱情中犯不该犯的那些错。

男人要被懂 女人要被爱

第10章 细节上的关爱更能让女人体味幸福

——爱女人，就要在生活点滴中宠爱她

女人需要男人的呵护与关爱是很简单的，她不会要求你给多少物质上的享受，而在意你在生活中的一抬手、一投足之间所体现出来的爱意，那足以让她用一辈子的爱来回报。是的，很多时候爱意是在不经意间流露的，可能男人自己没感觉，女人却将点点滴滴都记在了心底。

第11章 懂得了包容，才算真正懂得了什么是爱

——爱女人，就要学会理性地包容与让步

每个女人骨子里都是一个公主，你不可能要求她每次都顺着你的意愿，相反她还希望你能够事事顺着自己。婚姻中没有赢家，男人要时刻懂得做输家，学会理性地包容与让步，如此，许多事情都会迎刃而解，你也就有可能赢得真爱和幸福。

男人要被懂 女人要被爱

第*12*章 把轻松和快乐带回家,让快乐在岁月中不断增长

——爱女人,就要懂得和她一起经营生活

女人希望看到的是你下班回家的轻松和微笑,而不是一张疲惫而忧虑的脸。尽量把轻松和快乐带回家,多参与一些营造幸福生活与婚姻的活动,和她一起经营生活,让快乐在岁月中不断增长,这该是一件多么惬意和享受的事情啊。

上篇 致女人
——爱他，不如懂他

对于女人来说，要想成功地驾驭男人、牢牢拴住男人的心，懂男人是很重要的，毕竟女人与男人的思维模式不一样，所想所看的也不一样，所关注的也不一样。懂他，明白他真正需要什么，用自己的聪慧去引导他，下好香饵钓上生钩，就能牵着男人的鼻子，让他乖乖地陪你走好幸福的人生旅途。

第1章

别靠近男人心中那些碰不得的角落

——懂男人，就要时刻维护他的自尊心

女人总是贪心，一旦爱了，便想拥有男人的全部，却忘了男人心中有些碰不得的角落。这片角落是干净的禁区，容不得一粒尘埃，作为他的妻子或女友，你需要从他的言行举止中读懂他心中的想法，不触碰那些"雷区"，时刻维护他的自尊，这样你们的感情才能更甜蜜、更持久。

男人不是面团，放弃改变他的想法

女人理想中的男人是什么模样?恐怕是很难说清楚的。但是女人的标准就是:我想怎么样就怎么样，我想要的他都拥有。所以，如果男人哪里不合自己的心意，女人就想马上捏面团一样，想把男人捏成自己喜欢的样子。

可是，每个人都希望拥有一份有尊严的自主生活，男人喜欢一种生活方式自有他的道理，女人却不懂;这就跟女人喜欢穿衣打扮的道理而男人不懂一样。因此，最后的结果往往是，女人改变男人的愿望碰壁。

小雨的老公是她的大学同学，内敛沉稳、英俊帅气，一毕业两人就结婚了。婚后，小雨才发现老公身上有太多让她不满意的地方。每次回家，他鞋也不换就直接进房间或卫生间；用过的东西随手乱丢、吃菜的口味偏重，等等。

小雨一直相信，如果两个人真心相爱是会为对方做改变的。一结婚她就开始实施"老公改造计划"，不是说温柔是对男人最厉害的武器吗？当老公下班回家时，她就站在门口迎接他，先给他一个拥抱，然后把准备好的拖鞋放到他的脚边；在每个物件上都标明了所放的位置，每次做饭菜都会有意识地少放一些盐。

其他方面的效果多多少少是有，但老公吃了 20 多年的重口味，突然一变淡，他哪能受得了，觉得饭菜没滋没味的。结果，每次吃饭的时候，他就会唉声叹气，后来有一次居然把手上的筷子一摔，大吼一声："没滋没味的，吃什么吃！"然后阴沉着脸走出了家门，再后来开始不回家吃饭了。

俗话说"江山易改，本性难移"，男人婚前沿袭了 20 多年的生活方式自有它存在的道理，女人并不具有改造他的权利，而且这也是你能力范围之外的事。不是有一位婚姻专家这样说："世界上最不容易改变的动物恐怕就是男人了，女人要想改变男人，只有从他婴儿时期开始。"

也许有些女人会反驳："别的男人跟我有什么关系？我喜欢你才这样心甘情愿地为你的生活负责。"但是，男人真的有那么多毛病吗？据不完全统计，男人在女人眼里至少会有 1000 个以上需要改造的地方，所以无论怎么改造，女人还是不满意眼前的男人。况且，等你把他改造得面目全非了，他还是你原本喜欢的那个人吗？

男人心语

每个男人都希望自主地生活，而不是像面团一样任女人捏成理想中的形态。只要我们的本质是好的，大方向是对的，小事情就没必要计较。别强行改变我们，给我们一份尊严，让我们自主生活吧。

艾晓萌闻不惯烟味，对抽烟之行深恶痛绝。结婚之前，她给男友岩出了一道难题，只要你戒烟，我们就结婚。岩深爱眼前的这个女人，许诺说："亲爱的，我愿意为你而改变。"幸好岩没有烟瘾，慢慢地将烟戒掉了。

岩还是一个典型的爱玩乐的男人，婚后隔三差五总喜欢邀请一帮朋友来家打牌、喝酒聚会一下。而艾晓萌却是个喜欢整洁、安静的人，她不喜欢岩呼朋唤友，从结婚那天她就一直试图改造他，费尽心思、磨破嘴皮，但始终没有什么成效。

有一次，艾晓萌下班回家，一打开房门就看见屋子里云山雾海、酒气熏天，而岩坐在一群朋友中间，手里居然夹着一根烟，和大家谈笑风生。想到自己在这么长时间里软硬兼施、想方设法地想改变岩，不料他居然如此顽固不化，还变本加厉，心想自己改造的工夫和心思全白费了，艾晓萌顿时有一种不被重视、被欺骗的感觉，事后和岩提出了离婚。

岩一下子紧张起来，他是多么的爱艾晓萌啊！他躺在床上想了一天，最后决定尝试着改变自己，并请求艾晓萌给自己一个机会，艾晓萌应允。于是，岩果真再一次戒烟，也不再邀朋友们玩乐，除了上班就成天围着艾晓萌转，这让艾晓萌感到很欣慰，也很满足。

但一段时间后，艾晓萌心里老感觉哪里不对劲，是什么呢？她一直想不通，直到偶尔有一天，艾晓萌翻看以前的相册时才明白，原来，岩没有以前那样张扬和快乐了。记得她第一次见到岩时，他正在和一群朋友高谈阔论，他无所顾忌的笑容一下子就跳到了自己的心里。然而，现在呢？岩整天沉默寡言，安安静静地，没有一点儿活力。这是自己喜欢的男人吗？艾晓萌感到不知所措了……

岩基于对艾晓萌的爱而愿意顺应她的要求改变自己，结果却完全地失去了那个本真的自我，变成了另外一个人，这是艾晓萌始料不及的。但是事实上,没有几个男人愿意做出这样的改变,他们希望拥有一份有尊严的自主生活。

俗话说:"三军可以夺帅,匹夫不可夺志。""匹夫"是什么?当然就是没有用的男人了。连没有用的男人都有不可动摇的意志,更何况堂堂男子汉大丈夫?毕竟男人不是面团,可任女人捏成理想中的形态。

因此,女人永远不要试图去改变一个男人,也不要因为男人不愿意为你改变自己而困惑,更不要盲目地用这来确定他是不是还爱你,因为这除了代表他的习惯以外,什么也不是。你必须尊重男人自我选择的权利,按照其本来的面目接受他。男女相处的过程正是双方不断适应、接纳对方的过程。

心理学家卡尔·罗杰曾这样比喻:"当我漫步在海滩观赏落日的余晖时,我不能这样要求,'请将左边染上一点儿橘黄色。'或者说,'你能在背后少染一点儿紫色吗?'因为我喜欢那落日时不同的自然景色,我们对待心爱的人不也应该这样吗?"

这样的比喻非常贴切,一盘满月自然完美、一弯眉月亦楚楚动人。每一个人都有其特色,只要彼此相互选择就是合适的婚恋关系。与其强行改变对方,不如求同存异尊重对方,这才是爱的天然形式。

上篇 致女人
——爱他,不如懂他

在家"妻管严",在外要"严管妻"

人们都知道"妻管严"这个名词。顾名思义,"妻管严"男人事事听老婆的,时时听老婆的,老婆让他向东他不敢向西,老婆让他往上他不敢往下,何事何时都不敢违背老婆大人的意愿。

很多女人认为拥有一个"妻管严"老公是一件很荣耀、光彩的事情,这样可以衡量自己在老公心里的地位与重要性,甚至用此来衡量丈夫爱自己的程度,既满足自己被重视的需要,又满足了自己的虚荣心,何乐不为呢?

现今社会似乎流行"妻管严",这原本无可厚非,因为在家庭里,只要两个人没有意见,老公愿做"妻管严",事事听从妻子的话,在自己家中无伤大雅,而且老公很多事情不用操心,也可以乐得自在。

可是,没有男人愿意在大庭广众面前甘愿做"妻管严",也从来没有听说哪个男人在别人面前说自己在家里事无巨细都要听从妻子的。即使那些在家里毫无地位的男人、一旦站在他人面前都要充当"严管妻"的男子汉,目的很简单,即满足自尊心。

遗憾的是,很多女人不明白这个道理,不懂男人的这种内外不一的心理,有时候会自觉不自觉地把只有在夫妻单独在一起时的那种颐指气使的威风带到公共社交场合当中来,用以显示自己在家庭地位中的权威性和对丈夫的绝对管束,并以此为荣、洋洋得意。

这样做导致的直接结果一般会有两种,一是使男人威信扫地、感到很尴尬、很狼狈,以致成为社交场合中被人嘲笑的对象;二是使男人对女人产生反感,采取抵抗的做法,甚至引发不愉快的家庭矛盾。

曾看到这样一则笑话。

一天,一位男士跟别人吹牛,说自己在家里说一不二,是绝对的一把手,老婆对自己言听计从,让她往东不敢往西,让她抬头绝不敢低首,"她老实得和猫似的",他还比喻说:"在家里,我是老虎。"

男人心语

男人是家庭的脊梁,这个地位是女人无法替代的。我们可以容忍妻子在家中对自己呼来唤去,这大多是出于对妻子的爱。但是,如果在别人面前,女人依然肆无忌惮,我们是决不会吃那一套的。

男人正说得津津有味的时候,有人拍他的肩膀,他扭头一看,脸都变白了,原来他老婆不知道什么时候来了,正站在他的背后,怒目而视,大喝一声问道:"刚才你说什么,你是老虎,那我是什么?"

男人的脸刷地变白了,十分难堪地说:"我是老虎,你是武松啊。"

老婆满意地笑了:"这说得还算人话。"

在场的人们哄堂大笑起来,这个刚才言之凿凿老婆如何听话的男人已经是满脸窘色了,脸羞得像一块红布。

这位当众蔑视老公的妻子,看似"威风十足",实际上却在无形之中干了一件愚蠢至极的事情。万事要有度,一过就变味。男人可以容忍妻子在家中对自己呼来唤去大多是出于对妻子的爱,但女人切不可当众蔑视他、看不起他,非得让男人"俯首称臣"才罢休。对于男人而言,哪怕事后自己进门要跪搓衣板,但进门之前的这点男子汉的自尊是少不得的,也是触犯不得的。

退一步说,如果你的男人什么事情都让你想着、都让你担着,不带脑子做任何事,喝杯水都要向你请示一下,这样的老公是你想要的吗?将男人变成自己脚底下一只唯命是从、谨小慎微的"哈巴狗",这样的男人在交际场上

还有什么威风可言?

事实上,男人易有逆反心理,如果小小的事情都要请示女人,不管去哪里都要打报告,那样的结局可想而知,如果有一天他真的想去做什么的时候,他会什么都不说,或者骗你,这是你想要的结果吗?

婚姻如棋,下棋者要懂得何时进攻、何时防守,进退自如,才能将一局棋下得有滋有味。倘使一方只知进攻,占尽先机,另一方一味防守、一退再退,这样的棋有何趣味?理智的做法应该是,适当地给予他尊重,然后让他继续"妻管严"。

林嘉有一个"毛病",无论在家里如何"孝敬"老婆孟欢,但是与朋友在一起的时候,他往往都会把自己扮演成一个"婚姻受害者"的形象,数落孟欢的万般不是。有趣的是,孟欢会给予老公这种特权。

有一次,林嘉正在单位加班,孟欢给他打电话,没说几句,林嘉的声调就提高八度:"好了好了,我知道了,别啰唆了,忙着呢,挂了。"此时,旁边的同事们都竖着耳朵等着听好戏呢,谁知传来的是孟欢温柔的声音:"老公,我知道了,你忙吧,什么时候忙完了告诉我一声就可以了,我在家好给你做饭啊。"

"你老婆风风火火的一个人,原来在家这么怕你呀"、"林嘉,你真有大男子汉气概"……放下电话,听着同事们的啧啧声,林嘉为孟欢天衣无缝的配合开心。回到家,他二话不说,抢着帮孟欢洗衣、做饭……

即使老公在家里愿意做一个"妻管严"的小男人,但大男子主义的劣根性是不可能彻底被根除的,尤其是在他人在场的情况下。如果女人在外面不杀男人的"威风",男人会对你的善解人意心存感激,自然会投桃报李,回家就更加服服帖帖了。

无论你是多么优秀的女人且强于你的男人,也应当在大庭广众之下把他放在前头,不要让男人做"妻管严",让他有男人的自尊、有男人的味道。改变这种情况并不需要花费多少精力和时间,只需要稍微改变一下态度,适可而止、点到为止、伸张有度、可收可放,便可以皆大欢喜。

男人的过去,你不必过分探究

你是不是和许多女人一样认为感情是专一的,应该做到毫无保留?因此你会认为,如果一个男人是我的,那么他的一切都是我的,现在是属于我的,将来是属于我的,甚至连他的过去都要保证做到让我心中有数。

殊不知,每个人都有属于自己的感情隐私,而前女友更是男人不想提起的隐私。虽然他们有过开心难忘的经历,可是归根到底都是分开了,多多少少会有些伤感。如果是前女友说的分手,那么留在男人心中的更是无尽的伤痛。

女人们大可不必为了解对方的情感史而绞尽脑汁地去探究,奋不顾身地打开角落中满是尘埃的锦盒。那些他与别人的爱情对你来说并没有什么帮助,知道了只能平添烦恼,也许你打开的正是潘多拉的盒子,很有可能随时断送你的幸福。

苏斌是一个年轻帅气的男孩子,高晓是个很善良、很温柔的女孩,他们是一个公司的同事。得知高晓还是单身时,失恋后一直处于感情空白期的苏斌开始了对她的追求。高晓对苏斌的各方面都很满意,所以两人很快就走在了一起。

男人心语

每个人都有自己的过去,也许我们会把自己的一切都告诉你们。如果我们觉得女人没必要知道这些,那就不要过分追究。男人不是拿不起放不下,只是在怀恋曾经的美好,请给我们一个回忆的空间。

上篇 致女人
——爱他,不如懂他

9

但是，一段时间后，苏斌发现高晓总是在看似不经意的时候向他打听前女友的事："老实说，你认为她漂亮还是我漂亮？""当初你们为什么分手？是你先提出来的吗？""你们在一起时间长吗？""你现在还想她吗？"……

开始的时候，苏斌认为这是高晓在乎自己的表现，所以他总是耐心地对高晓解释："那些都是过去的事情了，我现在一心一意想的都是你。"然而，高晓似乎不依不饶，苏斌觉得自己像一个罪犯接受警察审问一样，久而久之，心里对高晓的好感消失殆尽，最后毫无留恋地离开了她。

没有谁生下来就知道自己的另一半是谁，我们总是在经过一段段的爱情之后才最终确定那个牵手一生的人，所以每个人都有过去的情感史，而很少有男人能够完全与"过去"断得一干二净，不做恋人、不做朋友，至少可以当一个旧相识。

女人可以对男人的过去有一点儿好奇心，但是只要他的行为没有超出原则，你就不必小题大做、斤斤计较、耿耿于怀，让他保留自己的隐私，这是尊重男人的方式，否则只会加深他对昔日的怀念和对你的失望。

想开一点儿吧，他所谓的前女友只是一个与你生活不想关的路人，和大街上擦肩而过的女孩子一样，你何必还要苦苦审问男人呢？反过来，你应该谢谢那些前女友们，如果不是她们，哪来现在知道疼你、爱惜你的好男人呢？

时刻提醒自己不要过度涉及男人的过去，用心体会和珍惜现在相处的时光，才是正确对待一段感情的态度。只要他现在心里装的只有你，只要他对你一心一意就行了。毕竟，你和他不是活在过去，而是生活在现在。

方明和莉在大学里是令人羡慕的一对，同学们都以为他们肯定能修成正果。然而，毕业后两人无奈地在不同城市工作，不堪忍受"异地恋"的莉提出了分手。此后经人介绍，方明与立梅相识、相恋、结婚生子，过着安宁幸福的日子。过去和莉之间的恋情，成了方明心中的"情感隐私"。

谁知，一天方明收到了一封信，信是莉寄来的："我现在才知道，爱一个人，地理因素是多么的微不足道，这几年我根本无法爱上别人，你在我心中的地位无人可取代，我要去找你……"看到昔日恋人这封深情的信，方明忍不住心潮澎湃，但想到温柔的妻子、可爱的女儿，他心头不免千愁百结，下班后喝得酩酊大醉……

立梅下班后发现老公酒气熏天地倒在床上，也看到了老公手中的信，知道了他的秘密，她哭了，责骂他吗？可是老公平日对自己百般体贴，而且现在她明明看到了老公的矛盾和挣扎。该去咒骂莉吗？她爱了老公这么久，一直未嫁也挺感人的，或许她根本不知道丈夫现在结婚了。再三思虑后，立梅把信放回原处，她没有吵，也没有闹，反而对方明更加体贴、更加温柔。

几天后，当立梅下班回到家时，看到了找上门的莉，她没有冷待莉，而是热情招待，为她准备了一桌丰盛的晚餐，席间还对她嘘寒问暖，谈自己现在幸福的家庭。饭后，立梅还借口要带女儿出去散步，给这对旧恋人机会交谈。

望着立梅疲倦的面容，想起她平日对自己的好，方明感动了，也进一步认识了立梅的宽宏大量，他对莉始终像一个老朋友，还不时夸赞立梅几句。莉知道了方明的心意，告别时，她真诚地说："我祝福你，你有一个好妻子。"

事例中的立梅实在是一位聪明的女性，她有东方女子的气质与美德，更重要的是她善解人意、宽宏大量，尊重丈夫的"情感隐私"，最终不仅没有让家庭受到任何影响，反倒使夫妻关系得到了进一步的升华。

记住，男人与女人是不同的，男人对往事是在忘记中记忆，女人是在记忆中忘记。他现在选择了你自有他的理由——他爱的是你、想和你一起生活。也许过一段时间，他会把自己的一切都告诉你。如果他觉得这些你没必要知道，请相信他会处理好的，给他一点点属于自己的回忆空间。

过去的就让它过去吧，收起自己的求知欲，给他留下一点儿"情感隐私"，

上篇 致女人
——爱他，不如懂他

11

多一些尊重,少一些计较;多一些善解人意,少一些睚眦必报,这是维护男人自尊的有效方法,也是保护自己爱情的必要手段。

不要在公众场合与男人发生冲突

男女结为夫妻是一种天赐之缘,恩恩爱爱、和和睦睦、不吵不闹自然是大家都求之不得的。但是,正如同唇齿关系一般,有时候夫妻之间也总是会难免产生一些小摩擦,偶尔吵点儿架也不足为奇。

不过,你千万不要在父母、亲戚、朋友、同事等在场时吵架。每一个男人都希望活得有尊严,在人前能有面子。男人的家庭原则是:家丑不可外扬,不许外人干涉"内政"。他希望你在人前尊重他、爱他。

更何况,家中的是是非非本来就是说不清的事情,不管这件事情谁对谁错,在公共场所吵架在别人看来都是比较粗俗的行为,这样做就等于将你丈夫的脸面一层一层地往下剥,这有伤于男人的自尊,是男人绝对不能容忍的。

要知道,你的老公是与你利害共享、荣辱与共的"另一半",在人前伤害自己的"另一半",就和拿刀子割自己一样,而且就算你在人前赢得了道理,也赢得不了尊敬,两个人都是输家,这是最愚蠢不过的事情。

代丽丽年轻漂亮、多才多艺,与一位英俊潇洒、很有工作能力的男子涛喜结良缘,几乎所有人都看好他们的幸福,但令人大跌眼镜的是,半年后代丽丽居然离婚了。原来,代丽丽自小娇生惯养、生性耿直,又口直心快。结婚后,一遇到不如意的事情就与涛发生争吵,而且不管是在什么场合,经常把涛弄得下不来台。

一个周末的晚上,代丽丽跟着涛去参加大学同学聚会。刚走到酒店门口,代丽丽感觉自己想去一下洗手间，就让涛先进去找地方，待会儿打电话告知自己。然而，当代丽丽从洗手间出来，接连几次给涛打电话都没人接时，她很是生气，就挨个房间地找，终于在二楼找到了涛和他的一帮朋友。

代丽丽不等涛开口解释，就当众大声地训斥他起来。一开始涛意识到自己不对了，还好言相劝，可代丽丽不依不饶，还说道："早知道你这么不靠谱，我才不浪费时间来这种地方见我根本就没兴趣的人呢。"涛实在受不了，抡圆了胳膊就是一巴掌，代丽丽甩门而去，弄得这帮同学目瞪口呆，不知道如何是好。

代丽丽直接回了娘家，她还不善罢甘休，又打电话到涛的单位，像个泼妇似的大骂了涛一顿。事情发展到这种地步，涛感到颜面无存，忍无可忍之下，他扔出一句"离婚"，当时都在气头上的两人就办了离婚手续。

代丽丽生气情有可原，但是任性的她却忽略了涛的自尊心，当着那么多人的面对涛大肆发火，令涛的颜面扫地。在这样的情况下，男人怎么不会突然"暴发"？怎么还会温情蜜意呵护女人呢？最终星星之火也会被吵成燎原之势。到了那个时候，即使男人有心和解，也是骑虎难下。

另外，这样的行为无疑会破坏愉快的气氛。下次再有聚会、聚餐、联谊等活动时，大家会因为担心你们再次吵架而不太想邀请你的男人参加，这对男人是一种严重的惩罚，他将无法得到应有的支持而变得孤立，他会有可能因此抱怨你、指责你。

所以，就算男人有不对的地方，女人也不要在大庭广众之下与他争吵、

上篇　致女人
——爱他，不如懂他

让他难堪,聪明的女人懂得把事情带回家处理。如果家里有外人,她会把事情带回房间处理,在两个人面对面而且冷静的时候争吵,这样才能吵出结果,而且他还会感谢你的包容,由此会积极地改进,也会更加爱你。

有这样一个笑话。

王先生在北京开了一家餐馆,生意兴隆。一天,餐厅打烊的时候,王夫人一查进账,得知王先生居然私藏小金库,便愤怒地指责起王先生。王先生吵不过老婆,情急之下逃至桌下,恰好有朋友来访,进退尴尬。

这时,八面玲珑的王夫人停止了争吵,她急中生智,拍了拍桌子,微笑着对王先生说:"亲爱的,这个桌子这么重,我说两个人抬,你偏要一个人扛。嘿嘿,正好来了帮手,下次再用你的神力吧。"

王先生顺坡推车,直夸老婆想得周到,然后装作很镇定地从桌子下爬了出来。王先生非常感激老婆给自己留住了尊严,待朋友走后,心甘情愿地将自己小金库的钱全部上交,并且保证不再发生这样的事情了。

总之,每个男人都需要自尊,夫妻吵架不应当着亲朋好友的面吵,能不吵就不吵,要在公共场所给男人面子、维护好男人的自尊,由此一来,回到家里,他什么都听你的,此时再进行争吵时你就明显占了上风。

值得一提的是,如果真有吵架的必要,你可以用手扭男方的手臂,也可以用眼睛瞪他一眼,以表达自己的不满,暗示对方说错话或者做错了事情。为了感情生活的幸福和快乐,学习一些技巧和理性是值得的。

将其撒谎的伎俩装在慧眼中，不必拆穿男人的谎言

在英国曾经有过一份关于撒谎的调查，结果显示：男人平均每天说谎6次，大约是女人的两倍。看到这样的结果，你是否会觉得触目惊心？担心昼夜陪伴在自己身边的男人是不是也天天在忽悠着自己、哄骗着自己？

女人无法理解男人说谎，就像男人无法解释女人善变一样。在女人眼里，说谎的男人，其品质往往值得怀疑。很多女人一旦发现男人撒谎的时候，立马气炸，马上拆穿对方的谎言，当面质问，非要对方解释清楚不可。

女人拆穿对方的谎言，只是为了向对方表明："我逮到你说谎的证据，你必须认错并且悔改。"偏偏，男人的逻辑不是这样的，他们想的是："事情已经到了这个地步，我连最基本的尊严都没有了，还有什么好说的。"于是，不但不会承认和愧疚，反而会变得无所谓和更加排斥，婚恋状态便更糟糕了。

关于男人的谎言，中国香港著名的言情作家亦舒在其作品《忽尔今夏》中曾经说过这样一句话："骗一个人要费好大的劲儿。不在乎她，又如何肯骗她？所以将来有人苦苦蒙骗你，千万不要拆穿他。"

傻女人才会拆穿男人所有的谎言。作为女人，你要明白，重要的不是男人是否对你说谎，而是他为什么要说谎。先不要急于自作聪明地指出来，请冷静分析他撒谎的动机，究竟是善意的谎

男人心语

领导、上司、君子、俗人、儿子、父亲、丈夫……男人要扮演的角色太多了，现实逼着我们必须学会撒谎，如果不是原则性问题，女人大可不必拆穿谎言，适当地装装傻，给我们一些回旋的余地，这种效果比追根究底好得多。

言还是想隐瞒什么？

事实上，男人天生就爱撒谎，不是他们乐于撒谎，而是现实逼着他们必须学会撒谎，男人要扮演的角色太多了，他们在外是领导、是上司、是君子，也是俗人……在家是儿子、是父亲、是丈夫。究其原因，男人之所以撒谎，无非是以下几个方面的原因：或是为了哄女人开心，或是为了躲避麻烦，更多的时候是为了保全面子，或是为了炫耀成就以及维护内心根深蒂固的大男子主义动机。

如果你懂得男人跟女人的不同思维，解密男性世界的语言含义，也许两个人的空间就会多一份默契与体贴。如果不是什么大的原则性问题，你不妨把男人撒谎的手段伎俩装在慧眼之中，不必拆穿谎言，由此一来，他会为说谎行为感到忐忑不安，要么对你心存感激，要么对你主动坦白。这种效果比追根究底好得多。

文娟的男友康康性格开朗，又好交朋友，结婚以后还是改不掉自己爱玩的天性，经常遭到文娟的怨言。康康本想乖乖地听文娟的话，但禁不住一群朋友们的怂恿，又不想被别人说自己怕老婆，便常常以加班为由在外面玩乐。

有一次，快到晚上10点了，康康还没有回家，文娟担心地给康康打电话，打了几次以后终于接通了，当听到电话那边嘈杂的音乐声和劝酒声，文娟一下子就明白康康欺骗了自己。文娟顿时很生气，但顿了顿思绪，只说了一句，"你早点儿回家，我很担心你。"

没过多久，康康忐忑不安地回到家，身上还带着隐隐约约的酒味。他准备了一堆解释的话，谁知道文娟和平常一样，悠闲地躺在沙发上看杂志。康康刚想说什么，文娟扭过头微笑着说："老公，你回来啦，快点儿洗洗睡觉吧，你都累了一天了。"

顿时，康康像被释放的罪犯一样，他兴奋地跑到文娟面前说："老婆，我最爱你了。喏，这是我这个月的工资，我全交给你。还有，前段时间你不是在商场看上了一套高级化妆品吗？这周末我就陪你去买。"

还有一次，康康的一个朋友打电话约康康出去喝酒，谁知，康康在洗澡，电话被文娟接到了，康康心想这下可完了，只听文娟温和地说："好的，只是康康最近身体不舒服，你要替我照顾一下他，劝他少喝一点儿哦。"

康康从浴室出来后，红着脸对文娟说："对不起，老婆，以后我一定不会在外面再多玩了，我也不会再欺骗你，我要把更多的时间用来陪你，好不好？"说完，将文娟一把紧紧地搂在了怀里。

文娟看穿老公蹩脚的表演却不去揭穿他，更没有追究到底，而是一笑置之，揣着明白装糊涂，看似很傻的行为却给了老公温柔的"一刀"，给了老公自我反省的机会，结果老公主动"投降"，表达了愧意和歉疚，并给予了她更多的关爱，文娟真是个聪明的女人。

据调查，中国平均每天有 4000 多对夫妻宣告婚姻破裂，离婚率高达30%左右。情感专家唱叹："女人，就算你天生有一双火眼金睛，世事洞明，到头来伤及的不仅是眼睛，还会连累婚姻。要明了，只需把握婚姻的大方向，情感不偏离正常的轨道……"

的确，女人，就算你眼光锐利、洞悉一切，你仍不必刻意地去揭穿男人不伤大雅或是善意而为的谎言，要懂得适当地装装傻，给他一点儿回旋的余地，维护他的自尊心，相信他一定会心存感激地把你当成同盟，当成分享秘密的另一方，而且你自己也可以活得更自我一点儿，幸福婚姻唾手可得，有什么不好？

若问："世人谤我、欺我、辱我、笑我、轻我、贱我、恶我、骗我，如何处治乎？"聪明人会答："只要忍他、让他、由他、避他、耐他、敬他、不要理他，再待几年，你且看他。"女人对待自己的男人，不妨试试这种方法。

当然,如果男人的谎言是出于其他比较恶性的目的,比如,欺骗感情、背叛感情等,你就要不露声色地旁敲侧击,不妨以其人之道还治其人之身,以撒谎治他的撒谎,这对男人来说都是无言的反抗,让他知道你并不是真的傻,只是不想让他难堪罢了,这样一来,男人会逐渐收敛,慢慢减少撒谎的次数。

男人的心理活动是看不见、摸不着的,但内心的活动往往会通过外在言行表现出来。由于内心的紧张、羞愧、焦虑、内疚等情绪,男人说谎时常常会表现出无意识的言行细节。下面教你几招轻松识别男人是否撒谎。

1.男人的鼻子里有海绵组织,当他想隐瞒什么,鼻子就会开始痒,此时就会下意识地摸鼻子。

2.男人在说谎时,语速会很快、音调升高,这往往是因为说谎者掩饰虚弱内心的表现。

3.说谎者会预先按顺序编好谎言,但从不会倒着说一遍。所以,如果请男人倒叙一遍,他会立马露馅。

4.如果男人对你的质问表示不屑,通常你的质问会是真的。

5. 回答与提问之间的时间差被称为反应潜伏期,男人的反应潜伏期越长,越能说明他们对真相有所隐瞒。

即使他不是英雄，也不要破灭他的"英雄梦"

有些男人是胆小的，他们会和女人一样怕这怕那，做事情前怕虎后怕狼。关于男人的这一秘密，女人凭借自己敏锐、细心的眼光便可观察到。但请你千万不要轻易地去戳穿这一秘密，更不要当面耻笑他。

自古便有英雄救美之说，在每个男人的心目当中，他们都希望自己像那个骑着一匹快马绝尘而去的义侠佐罗，披荆斩棘、一往无前；古今中外的文学作品也不厌其烦地上演着"英雄救美"的故事，就是因为每个男人总是梦想在女人面前扮演一个施与者、解放者和救世主的角色。

一个男人再怎么胆子小，也希望自己是心爱女人眼中的大英雄。讥笑男人胆子小，无非是在暗讽他不够男人，打破了他的"英雄梦"、损害他的男子汉形象，这对他来说是一种侮辱，如果他的自尊心受到了伤害，他肯定会怨你、恨你。

林萍的老公是个会计，长得五大三粗，要不是他总戴着一副近视眼镜，丝毫没有一点儿斯文气。恋爱时，林萍正是看中了他那山一般的身板，以为终身有靠才以身相许。可万万没想到的是，老公粗壮的身子徒有其表——他太胆小了。

一次林萍和老公去饭馆吃饭，他们叫了一盘炒鸡蛋。谁知等

男人心语

自古有英雄救美之说，在每个男人的心目当中，都希望自己是个让美人倾慕的英雄。讥笑我们胆子小，无非是在暗讽我们不够男人，毁灭我们的英雄梦，对男人来说这可是一种极大的侮辱。

19

了半个小时,别人的水煮鱼都上来了,他们的炒鸡蛋也没上来,难道菜价低就要怠慢顾客吗?这不是明显欺负人吗?林萍按捺不住,让老公去催催,老公小声说:"你着什么急呀,反正咱们回家也没事,多等一会儿嘛。"林萍顿时火冒三丈,霍然站起身,提高嗓门喊道:"看你那副窝囊相,没事我回家睡大觉,也不能在这里挨饿!服务员,怎么回事,我们等了这么久,一个炒鸡蛋有什么难做的?老母鸡下蛋也该下出来了吧。"

服务员愣了一下,不好意思地说:"对不起,今天客人多,大厨师忙不过来,把您的菜给耽搁了。这样吧,您再等5分钟,我马上让他们给您炒。"老公也轻声细语地劝林萍。林萍狠狠地瞪了他一眼,他顿时灰溜溜地不知所措了。

吃完饭后,林萍气呼呼地走出饭馆,老公则小心翼翼地跟在她身后。林萍埋怨他说:"看你仪表堂堂像个男子汉,没想到在关键时刻还不如我这个弱女子敢仗义执言。我当初要是知道你这么没用,说什么也不会嫁给你的。"对此,老公也满腹委屈:"我一个大男人为一盘菜大发雷霆,岂不有失风度?而且会伤了和气。刚才你朝人家服务员吵嚷几句就罢了,还朝我吵嚷,笑话我胆子小、窝囊相,让我多难堪呀!"自此,老公对林萍爱答不理的,林萍十分无奈。

很多女人都瞧不起胆小的老公,理由有很多,胆子小的男人感觉缺少阳刚之气,看上去不像男人;胆子小的男人软弱怯懦,让人没有安全感;胆子小的男人感觉缺少斗志雄心,不争气,不像个做大事的料……

诚然,每个女人都想找个威武雄壮的男子汉托付终身,在风雨人生中有个强有力的支撑,对男人胆子小有很多的愤慨,但是胆子的大小通常和一个人的性格有关,既然选择了他就要尊重他的性格。

更何况,我们不得不承认胆小的男人也有很多的优点,比如,胆小的男人行事往往中规中矩,不敢越雷池半步,大多是出于对责任的敬畏、对爱人深深的爱、对自我的约束，所以从某种意义上说，胆小也是他们的一种美德。仔细想想，那些进了监狱、犯了大事的哪个不是胆大的男人？

在著名电影《大话西游》中，女主角紫霞仙子是这样说的："我的梦中情人是一位盖世英雄，有一天他会穿着金甲圣衣、踏着五彩祥云来娶我。可是，我算出了开始，却没算出结局……"

事情就是这样，结局就是这样。绝大多数女人爱上的那个他，既不是英雄豪杰，也不是坏蛋小人。他根本不能与众不同，不过就是一个普通的男人，理所当然地会偶尔有些软弱，其实这也是人性的弱点。

逼出来的英雄只会离你越来越远。所以，如果你爱这个男人，就要时刻维护好他的自尊，允许他偶尔胆小，不嘲笑、不讥讽，适当地满足他的"英雄梦"，只要他能够事事以你为重，他就是你的"真英雄"。

有这样一个故事，让人看过感动好久。

他是个胆小的男人，她常对朋友们这样抱怨说，因为一点小事，她与邻居发生了争吵，事态愈演愈烈，她打电话召回了男人。谁知，他风风火火回家后，像劝架的局外人，一边给对方男人递烟，一边说远亲不如近邻，别伤了和气。女人气急败坏，嚷道："我们分手吧，指望你这样的男人为我遮风挡雨简直是笑话！"

男人深爱这个女人，顿时愣住了，艰涩地问道："为什么？难道你觉得我不够爱你吗？那你说，我哪里做得不好，我要怎么做你才能改变主意？"

女人慢慢地说："我问你一个问题，如果你的答案我能接受，那我就选择留下。假如我非常喜欢一朵花，但是它长在悬崖上，如果你去摘，100%会掉下去摔得粉身碎骨，你敢为了我去摘吗？"

他沉默了一会儿，然后说："我想一下，我明天早上给你答案。"

女人的心顿时灰了下来。

第二天早上，她醒来时他已经出去了，桌上依然像往常一样放着一碗她最爱的、热腾腾的米粥，下面压着一张他留下的纸条，上面写着满满的字。看了第一行后，她的心一下子凉透了，但她还是继续往下看：

亲爱的：

我确定我不敢去摘那朵花，理由是：在这里住了这么久，你出去还是经常找不到方向，然后会开始哭，所以我要留着眼睛帮你看路。

别人惹你生气时，你总是不说话，喜欢一个人生闷气，而我怕你气坏了身子，所以我要留着嘴巴逗你开心。

你每月那几天都会疼痛难忍，而我要留着手给你暖肚子。

你出门总是忘记带钱包，买好了东西才发现没带钱，而我要留着脚跑去给你送钱，让你把喜欢的东西买回家。

因此，在确定你身边没有更爱你的人之前，我不敢去摘那朵花。

亲爱的，如果你已经看完了，答案还让你满意的话，请你开门吧。

女人的泪滴在纸上，形成晶莹的花朵，她心想：虽然他没有去摘那朵花，但他才是真正的英雄。

女人打开门看见男人的脸，他紧张得像个孩子，拎着她最喜欢吃的豆沙包和豆腐脑。

是的，能够让你心里时时暖流涌动的人就是天底下最伟大的英雄，是你一生最好的依靠，是你一生幸福的保证。放弃不切实际的期望，不必苛求男人事事勇敢，学着欣赏他偶尔胆小的可爱吧。

千万不要揭他的"伤疤"

每个男人或多或少都有一些"伤疤",这种"伤疤"不仅包括身体上的伤残、顽疾等,而且还包括物质财富、出身上的,如家里特别穷、父母离异、犯过大大小小的错误以及遭遇过人生失败,等,所造成的精神上的"伤疤"。

"伤疤"是男人心灵上的一种伤痛,是不愿意外人触碰的角落。他们对自己的"伤疤"很敏感,时刻害怕别人歧视和犀利的眼光,任何人要想揭他们的"伤疤",他们肯定跟对方没完,即便是心爱的女人。

遗憾的是,有些女人专爱揭男人的"伤疤",一副"苦大仇深"的样子,恨不得把男人500年前的污点都拿到阳光下展览,于是,女人痛快了,殊不知这会牵涉到男人的尊严问题,让男人丢尽脸面、无地自容、形象尽毁。

有这样一对夫妻,男人是一名做家具贸易的商人,性格比较随和、开朗健谈,并且怀有远大抱负。女人是那种心直口快又虚荣势利的人,她说话时嘴巴像炒豆子似的,很少会维护男人的自尊。

由于判断失误,一次生意亏本了,这让男人大受打击,有一段时间他待在家里"闭门思过",女人则天天训斥男人:"你要是真有点儿脑子的话,也不至于生意亏成这样"、"瞧你,亏你当初还是国内第一批大学生呢,有文化又怎么样,还

男人心语

"伤疤"是男人心灵上的一种伤痛,是不愿意外人触碰的角落。我们对自己的"伤疤"很敏感,时刻害怕别人歧视和犀利的眼光。任何人要想揭我们的"伤疤",我们肯定跟对方没完,即便是心爱的女人。

23

不是在家吃闲饭……"

后来,他们就开始了争吵,甚至摔东西。在这种打闹中过了大概半年,男人整天耷拉着头,气色很不好,好像变得消沉了、懒惰了,以前还经常出去跑点儿业务、招呼朋友来家吃饭,现在他就一个人闷在家里。

随着一场场的大吵大闹,他们离婚了。

故事中的那对夫妻真是不幸,因为一次生意失败而导致了离婚的惨剧。究其原因,不得不说是因为女人老是揭男人的"伤疤",一次次地伤害了男人的自尊,令男人忍无可忍,夫妻感情日益消退,最终为离婚埋下了伏笔。

所谓"打人不打脸,骂人不揭短",男人的过错或失败就像是一块伤疤,只需要留给男人自己慢慢地去舔好,女人要管好自己的嘴巴,漫无边际地责骂和挖苦老公,经常有意无意地揭男人的"伤疤",时间久了、次数多了,男人的尊严一次次被践踏,就会成为婚姻危机的导火线。

揭别人的伤疤是一种小人的行为。试想,如果你在某日某时某地做了个双眼皮手术,你看起来漂亮极了,但是这时候却有人跳出来指出你的双眼皮是整出来的,想必那时候你的感觉也会非常不爽。

看看身边的女人,有不少女人有揭男人"伤疤"的不好习惯,这是很危险的做法。人生漫漫几十年,没有一个男人是没有"伤疤"的,有"伤疤"并不要紧,如果太在意这些"伤疤"倒会成为心里的一个阴影,挥之不去,从而打倒自己。

聪明的妻子要做的就是不揭老公的"伤疤",多给老公带来阳光,赶走阴影,进而替老公维护好男子汉的形象和自尊。这是妻子应尽的职责,如果连妻子都不支撑老公,那么他还能够指望谁呢?

懂得替自己的男人着想,始终尊重对方,切莫眼光短浅,盯着当前的不足,说他无能、没有出息,毕竟男人是自己选的,干吗老动不动就贬低他、一次次揭他的"伤疤"呢？这不是打自己的嘴巴吗？

千万别对人诉说男人的隐私

有不少女人容易犯一个毛病，就是和好姐妹们在一起的时候，喜欢絮絮叨叨地数落生活中的大小事情，几乎到无话不谈的地步，从爱人童年的小名、爱人的生活习惯，到接吻技巧，甚至……都是彼此闲聊的话题。

可是女人们想过没有，和姐妹们分享你和他之间的私密情事，虽然可以获得某种心理满足，但是这种做法是非常不可取的，它"出卖"的不仅仅是爱人，而且还"出卖"了自己、"出卖"了整个家庭。

男人每天都要在社会上行走，社会关系更复杂，比女人更捍卫尊严，他们总是拿出自己最优秀的一面给人看，把积极的、向上的、道德的、豪杰的东西贡献给社会，进而建立起"公众形象"以及在朋友堆里的"威望"。

然而，家庭是最私密的场所，婚姻是最私密的关系，在婚姻生活中，所有的男人都会卸下武装，呈现自己放松的状态，还原最真的自我，而此刻的他也是不设防的，会挖挖鼻孔、抓抓头皮，他的软肋与弱点会暴露在心爱的女人面前，这些都是很隐私的问题，事关他的个人形象，是不想让外人知道的。

女人将男人方方面面的隐私当做放之四海而皆准的尺度真是天大的错误。

男人心语

家庭是最私密的场所，婚姻是最私密的关系，在婚姻生活中，所有的男人都会卸下武装，呈现自己放松的状态，而此刻的他也是不设防的。女人将男人在家中方方面面的隐私当做放之四海而皆准的尺度真是天大的错误。

不良的东西暴露得越多，男人的尊严就无法提高，品位自然无法形成，在社会上当然就缺少地位。此时，为了维护自己的"社会形象"，并捍卫自己的"价值"与"尊严"，男人们会被深深地激怒。

这样的结果大致有两种，一种是男人会排斥在你面前露出最真实的一面，不再对你推心置腹，也不会再在你面前卸下武装，如此你和他人又有何区别？第二种是，他会认为你是一个庸俗、无聊的女人，两人的关系也很可能画上句号。

赵先生年轻有为，妻子漂亮温柔，但是令他头疼的是，妻子有"露私癖"。何为"露私癖"呢？就是她很喜欢与朋友们在一起侃私人生活。由于夫妻两人在同一家银行工作，住的也是银行宿舍，夫妻俩的社交圈有一大半是相同的，因此赵先生几乎没了隐私，经常搞得十分狼狈。

比如，赵先生喜欢在家里吃点儿东西，妻子也愿意买好吃的伺候他，并在家里取笑他"好吃"，甚至还给他起了个"好吃先生"的别名。某一天，妻子与人聊天时说了这么一句，于是赵先生"好吃先生"的绰号就流传开来了，几乎所有的同事都开始这样称呼他，这令赵先生很是不爽。更令人崩溃的是，一天，办公室对面的一个女同事突然要赵先生看报纸上的一则治脚气的广告，"我听你老婆说，你脚气病很严重，赶紧试试这种药吧。"面对女同事的这种关心，赵先生尴尬极了。

事后，赵先生提醒妻子别将家里的事说出去，妻子虽然也同意，但下次与人聊天时就又管不住嘴巴了，甚至把夫妻之间的私生活也拿出来说，搞得赵先生在人前都抬不起头来。后来，在忍无可忍之下，他毅然地提出了离婚。

生活中，夫妻间吵嘴、反目、离婚的事情不胜枚举……女人经常抱怨男人像白眼儿狼、脾气捉摸不定、喜怒无常，事实上这都是因为女人袒露了太多的隐私，做出让男人尊严尽失的事情，这就好像扒了他的"精神底裤"，让他裸奔一样。

说什么都行，千万别对人诉说男人的隐私。家庭是温馨的港湾，如果个人的隐私安全都得不到保证，婚姻家庭生活难道还能温馨得起来吗？而且，男人没有了隐私，在人前失去了自尊心，身为妻子的你脸上怎会有光？

在众人面前，女人最好少提及男人生理、欲望、相貌、失误等方面的隐私问题，而应多提涉及男人贡献、作为、榜样、积极、道德的事情，尽管这些话语中少不了水分，但却能有效避免尴尬的局面，维护好男人的自尊。

男人的钱袋，你不必太在乎

很多女人结婚后都喜欢掌握男人的财政大权，"掏空老公的口袋"、"严把男人的钱袋"，甚至成为了女人保卫婚姻的金科玉律。可是，看紧了钱袋真的能换来幸福和安全感吗？

事实上，很多已婚男人经受不起从"单身贵族"到每月将所得如数上交老婆的"佃户"，家庭财政大权落到女子的纤纤玉手中的巨变，他们会认为这是对男人当家地位的挑战，心里会不平衡、抱怨不满，也因此引发了不少围城内的战争。

在众人眼里，刘莉的丈夫吴海绝对算得上"五好男人"：长得帅、高收入、无不良嗜好、听老婆的话、收入悉数上缴。然而如此完美的吴海依然无法满足刘莉

男人心语

女人的幸福并不在于是否掌握了财权、能否看紧了男人的钱袋，关键是要读懂男人的心。当你俘获了我的心，我会心甘情愿把钱袋交给你；若你的眼睛一直死死盯着钱袋，让我囊中羞涩、大失面子，结果可能人财两空。

的要求，新婚仅仅半年，小两口就开始了"战争"。

刘莉是一名会计师，将财务打理得井井有条，再加上她信奉"男人有钱就变坏"的真理，所以结婚后就"保管"了吴海的工资卡，每月发给吴海500元零用钱用做午餐、交通、通信的花销，这些刚刚够他每月的开支。

身在职场，吴海难免要与同事朋友聚个餐、唱个歌，但是要从刘莉那儿额外领钱是一件很困难的事。因此，在别人面前，吴海总是显得捉襟见肘、非常尴尬，而且连孝敬爸妈的钱都没有。

同事朋友们说他小气，父母抱怨他不孝，花自己挣的钱还要看老婆脸色的……这种日子还是人过的吗？后来，吴海提出了离婚，刘莉打电话跟朋友哭诉着说："我这么看紧他的钱袋，还不是为了这个家嘛。"

有剥削就有反抗。现实生活中，男人有自己的工作、兴趣、人际关系，需要应酬、花销、出门办事，如果女人实行"精明"的经济管制，把丈夫的钱袋看得太紧、管得过严，令他常常囊中羞涩，出门连个打车的钱都没有，别人请吃饭不敢去，生怕AA制到时候拿不出来……如此一来，男人自会万分尴尬、大丢面子、寸步难行，心生抱怨和不满，从而逃避你，甚至远离你。

也有些男人偏偏不肯放下大老爷们儿的架子，为了在朋友面前够义气、在父母面前够孝顺、在儿女面前够慷慨，于是也只好如昔日的小女子一般，偷偷地存起"私房钱"来，但如果夫妻二人时时提防，步步小心，那么又何来家庭之乐呢？男人最终会被你勒得"半死不活"而最终不像个男人。

事实上，女人的幸福并不在于是否掌握了财务大权，关键是要读懂男人的心。别忘了，男人的尊严对他们来说比他们的生命还重要。家里留个大头儿，给男人拥有支配家庭财政的权利，满足他当一家之主的愿望，他不用谨小慎微地藏私房钱，有什么开销大概说一下就可以了，在外能够体体面面做人，这就很好地维护了男人的自尊心，这也是培养男人责任感的一个过程。

值得一提的是,人和人皆是不同的个体,没有谁管谁之说。而且,就算管住了钱,也未必能管住男人的心。想让男人不变心,不如多给他自由、多包容;爱自己,在自己身上多花工夫,做一个内外兼修的好女人。

总之,男人的钱袋,你不必太在乎,也无须管得太紧。这样反倒落得清闲自在,更满足了男人的自尊心。对于这样的女人,男人更多的是从心底感激你,又怎么会舍得离开你呢?这就叫做大智若愚、欲擒故纵。

上篇　致女人
——爱他,不如懂他

第2章

女人最大的错误，就是忘了自己是女人

——懂男人，就要把出彩的机会留给他

当你企盼男人的温柔和体贴，企盼男人的尊敬和信任，希望让他更好，那么就要把出彩的机会留给他。男人的表现欲比女人强，他们总喜欢表现自己很男人的一面，证明自己的能力。女人太争强好胜，忘了自己是女人会令男人避之不及的。

适当装装傻，把聪明留给男人发挥

有人说，女人就是喜欢要聪明，认为聪明点儿就能事业有成，聪明点儿就能牢牢把握住男人，聪明点儿就不会被欺骗。不过，女人聪明点儿可以，但在男人面前绝对不要太聪明，要适当地给男人留一点儿问题，让他去发挥聪明才智。

女人越漂亮，男人越贴近；女人越聪明，男人越排斥，这已经是一个普遍的社会现象。男人不喜欢女人太过于聪明，最起码不要比自己聪明，特别是自己的老婆，其中的原因是很容易想到的。

女人太过聪明,自然就犀利通透、洞察一切,看事情总是能一下子击中要害,会在很大程度上打击男人的自信心,而且将一切想法一览无余,说一句话就被看到心里去,对男人们来说威胁太大,难有安全感。再没有比让一个女人把自己看透、看扁更让男人无地自容的事情了。所以,对男人来说,聪明的女人可以用来爱,但要想朝夕相处,未免太难。

徐然今年已经30岁了,事业有成、风度翩翩,但却一直单身。最近经不住老妈的"狂轰滥炸",不得不答应老妈去相亲。徐然本来对这次相亲没抱什么希望,但是他动心了,这个叫齐悦的女孩身材高挑、杏眼朱唇、谈吐得体、聪明机警。经了解,如此优秀的齐悦情路坎坷,几个男友离她而去,阴差阳错,有缘无分,这让徐然不禁对她产生了无限怜爱,更可喜的是齐悦对他的印象也不错,于是两人很快确定了恋爱关系。

交往的日子久了,两人彼此有了更深入的了解,徐然终于发现了齐悦情路艰辛的症结所在,不是她的运气差,也不是那些男人不懂得珍惜,而是齐悦太过聪明犀利了。徐然在谈话间犯了知识性的错误或是逻辑错误时,齐悦都会毫不留情地指出;徐然知道齐悦手脚大方,不想老去逛商场,齐悦则直截了当地指出:"心疼你的钱包了吧?放心,现在咱们还没结婚,我不会乱花你钱的。"这让徐然很尴尬。

有过无数这样的尴尬经验后,徐然渐渐地发现齐悦太过聪明凌厉的个性让人无法消受,即便拥有再漂亮的脸蛋也没有了当初的感觉,最终徐然还是和其他男人一样,被齐悦的聪明犀利吓得落荒而逃。

也许你上知天文、下知地理,博古通今、聪慧机灵,可生活不是商务谈判,日常的小事又不是什么原则性问题,因此,在他面前你还是适时地把自己的聪明收起来吧,毕竟没有哪个男人真喜欢争强好胜、事事比己强的女人。

再举一例,王熙凤可谓是持家女人中聪明的典范。面对贾琏与尤二姐的

爱他,不如懂他

乱情,她玩弄权术,巧设机关借刀杀人。可是,机关算尽太聪明,反倒误了卿卿性命,不但落得个"泼皮破落户"的称号,最终惨遭贾琏休弃,不得善终。

男人喜欢聪明的女人,但惧怕洞悉与练达的女人……如果你真聪明,那么,千万不要显山露水。武侠小说中,外表看起来愚笨平常的女人不是往往身怀绝技吗?因此,不妨偶尔在男人面前装装傻,成就一下他们的卖弄,满足一下他们的虚荣。

> **男人心语**
>
> 一个很聪明的男人,不会想要爱上一个聪明的女人。因为聪明的男人已经活得很累了,遇到一个太聪明的女人跟她斗智斗勇,简直会让他觉得太麻烦了。而笨女人傻乎乎的,很可爱……

结婚五六年了,苏婷和老公的关系一直甜甜蜜蜜,老公对她呵护有加,属于含在嘴里怕化了,拿在手里怕坏了的那种。朋友们很是羡慕,纷纷打听其中的奥秘,苏婷颇为得意地做了分享:别太聪明,不妨傻一点儿。

刚结婚的时候,苏婷在网上买了一个书桌。这种书桌是需要自己组装的,面对一大堆零散的零件,大学时期专攻物理的苏婷相信自己能够安装好,但是看到老公正躺在沙发上悠闲地看电视,她走过去温柔地说道:"那么多的零件,我无法下手,你去吧。"

老公看看图纸,又看看地上的零件后便开始拼装,半小时后桌子装好了,苏婷赶紧给老公倒了一杯水,还不忘说道:"哟,你这学化学的也太不简单了,这空间想象力和动手能力比我强多了。看来,我纸上谈兵还行,要动真格的还是要你出马呀。"

从那以后,一遇到什么问题的时候,苏婷总会给丈夫提供发挥聪明才智的机会,而老公也乐此不疲,苏婷笑着说:"我发现,只要我一表现'无能'、'弱智',他的聪明才智和积极性就表现出来了,他还自信满满地说离了他我这日子就没法过了。"

俗话说"强妻多弱夫",做妻子的太过聪明,就会养成丈夫的惰性。所以,聪明的女人要给男人提供发挥聪明才智的机会,让男人意识到女人需要他、家庭需要他,他有用武之地,无疑这会增加他对你以及家庭的责任感。

如此你就明白了,把聪明留给男人去发挥的女人并不是真正的愚笨,实际上是最具有灵性的。留一些问题给男人解决,这样不仅满足了男人表现自己的虚荣心,能使你过得轻松一些,还会让男人产生一种怜香惜玉的感觉呢。

有时候,女人装一下傻,只需花上一点点时间和精力就可以了。比如,你可以向男人请教一下理论类的知识,如经济形势、政治态势等,也可以请求男人提供一些修理电器、搬运重物等无伤大雅的帮助。

总之,"水至清则无鱼,人至察则无徒",女人再怎么聪明,在适当的时候也要笨一点儿、糊涂一点儿,把聪明留给男人发挥,给男人出彩的机会,如此,男人忍不住地想要给你宠爱,更无暇去风花雪月,这样婚恋生活才能更完美。

放低你的姿态,仰视男人的高大

婚恋关系中的男女原本是平等的,不存在谁的姿态高、谁的姿态低。但是,要想离幸福更近一些,女人就要学会适当地放低自己的姿态,仰视男人的高大,如此,每一个男人都会很享受"被仰慕的快感"。

其实说到底,男人骨子里希望在女人那里获得极大的优越感。哪怕你是个出色的女人,也要懂得承认男人的"强大"。哪怕你心比天高,也要懂得让男人偶尔被仰慕一下。

在一家有数千名职工的大型企业里，李楠年仅40岁就进了高级管理层，他兴奋得整整一夜没合眼。然而，妻子晶是一个心高气傲的女人，她撇撇嘴不以为然地说："这样的事情有什么值得高兴的。"李楠听后失望至极。

> **男人心语**
>
> 男人希望在女人那里获得极大的优越感，好女人要多给男人一些崇拜，让我感觉到你的认可、景仰和推崇，享受这种"被仰慕的快感"，那么我就能够永远保持自信和锐气，挺直腰板做一个优秀的男人。

当时厂里正积极开拓市场，李楠主管销售，上台伊始就进行了大刀阔斧的改革。半年后，企业奇迹般地走出了销售困境，厂里多次对李楠进行嘉奖。然而，这一些尚不能让李楠感觉到自身的价值，因为在晶眼里，他取得的这些成就还不如自己父亲的一半，没有什么大不了的，她也从没为他的成绩而自豪过。看到妻子高傲的样子，李楠什么也没说，只是狠狠瞪了她一眼。

后来在一次业务往来中，李楠认识了一位离婚的女人。那个女人听到李楠之前所取得了那些成就时，嘴里一直啧啧地说："你真是年轻有为呀，我好崇拜你！你真是一个出色的男人……"听到这些话的刹那，李楠那颗平静如水的心乱了。

终于有一天，李楠突然跟晶提出离婚，晶听了大吃一惊，她问："我哪里让你不满意？"李楠摇摇头，她又问："那是你找到比我更好的人了？"李楠说没有，只是觉得两个人在一起不合适。

后来，晶见过那个离婚女人，觉得无论她的相貌、素养都和自己不是一个档次，她实在不懂前夫怎么会和她结婚。一次，一位好友对晶说："据我了解，他喜欢被她夸奖和崇拜，也许他就是想寻找当大丈夫的那种感觉。"晶听完许久没有说话，此刻她终于明白了老公和自己离婚的原因。

男人天生具有征服欲,渴望被女人崇拜。如果你不懂得男人内心的这种需要,不懂得在男人面前放低自己的姿态,总是摆出高高在上的姿态,日子久了,他会压抑、会累,你的强势会让他去寻找解脱。

放低姿态去迎接一场爱,似乎有点儿不够气势。但是,智慧的女人会明白,放低自己的姿态去仰视男人的高大是对真爱的敬仰。爱情中的女人因为放低姿态成为了温柔婉转的女人,也将是爱情和婚姻中最大的受益者,即使是高高在上的女王,在丈夫面前也要适当地放低姿态。

维多利亚女王是英国历史上赫赫有名的女王,维多利亚时代是英国历史上最辉煌的时代,因此她声威远播。她的丈夫是阿尔伯特公爵,夫妻二人一向很和睦,但是也有不愉快的时候。

维多利亚女王有一次与丈夫吵了架,丈夫独自回到卧室,闭门不出。

女王回到卧室时,只好敲门。

卧房内,她的丈夫阿尔伯特公爵问道:"是谁?"

"女王!"维多利亚理直气壮地回答。

阿尔伯特没有开门,女王悻悻地离开了,但她转念一想,又返回来再去敲门。

阿尔伯特又问:"谁?"

女王和气地说:"我是维多利亚。"

可里面仍是悄然无声,女王愤愤地走开了。可是她想了一下,觉得这样不妥,于是又折回来重新敲门。

"谁?"阿尔伯特公爵依然冷静地问道。

这次,高傲的女王学乖了,柔声回答道:"亲爱的,开门,我是你的妻子。"

结果门开了。

维多利亚女王有至高无上的权力与荣誉,但更有一份超出常人的修养,她

知道该怎样笼络男人的心。她虽然是万人之上，但却懂得在丈夫面前放低姿态，保持女人特有的天性，正是因为此，她享受到了丈夫的宠爱、家庭的幸福。

要想成为维多利亚女王这样的好妻子其实并不难，只要你放低自己的姿态，让丈夫感到他在家庭、在你的心里是多么重要，而且不可或缺，让男人意识到自己的高大，让他有出彩的机会，一切就行了。

有一对夫妇，妻子是公司的董事长，丈夫只是公司的普通员工。让很多人羡慕的是，他们的婚姻生活很幸福。原因很简单，每次遇到问题时，妻子都是温柔地问丈夫："亲爱的，你说该怎么办啊？"

"亲爱的，你看看这台机器为什么这样了？""亲爱的，你看这个程序是哪儿出毛病了？""亲爱的，你说这样作决定行吗？"就连秘书给她写好的演讲稿，她都要给她的"亲爱的"看看行不行……

每次在丈夫解决完问题时，女董事长都会赞扬丈夫一番，感慨他就是自己的"大军师"。有时遇到丈夫解决不了的问题，他们就会一起研究，然后再找别人帮忙。不少人会在背后怀疑她的能力，怀疑她是怎么当上董事长的。

直到有一天，当丈夫外出时，女董事长开始崭露头角了，只见似乎没有什么是她不会的，她指挥几千名员工的工作是那样的干练、果断，与以前判若两人。这时人们才明白，其实她什么都懂、什么都会，只是她在丈夫面前放低了自己的姿态罢了，人们也终于知道了她如此幸福的秘诀了。

即使丈夫没有自己能挣钱、地位不如自己，女董事长也没有在丈夫面前炫耀什么，而是表现得处处事事需要他，既令他更加怜惜自己，又衬托他的伟岸、强大，使他更清楚地认识到自己的价值，自信心也提升到了一个新台阶。

无论什么样的男人，不管他强壮与否，不管他健康与否，他的内心都希望自己在心爱的女人心中是一个高大的,希望给自己的女人带来安全感。懂得仰视男人高大的女人,无疑会比其他女人更多地获得男人的疼爱。

需要注意的是,放低姿态是一种优雅的恋爱婚姻方式,但放低也要有一个度,切忌过犹不及、卑躬屈膝、唯唯诺诺,这就失去了原本的美好意义,只会让对方恣意妄为。如何把握这个度,就看你的智慧了。

男人的阳刚与女人的阴柔是绝配

很多女人会抱怨自家男人太不会心疼人,上班回来那么累、那么晚也不知道关心一下自己、问一句有没有吃过晚饭;到超市采购很多东西,可他从不主动帮忙拿点儿东西分担一下……除去男人的懒散,请你问问自己,你在他面前表现过温柔的一面吗?

答案几乎是一样的:没有,我不想让他感觉我很软弱。殊不知,如果你表里一致的强健,像只母夜叉一样刚毅,会被男人误认为"男人婆",如此一来,男人从你那里找不到作为男人的信心和魅力,男子汉的阳刚气概得不到发挥,一有机会他便会去外面寻找柔情来慰藉自己焦渴的心灵。

上帝创造人类时,就把男人做得阳刚、宽阔雄伟;把女人制造秀外慧中、婉曲清丽。阳刚之美是一种刚烈、劲健之美。在男人看来,女子就该阴柔如月、赢弱如柳,如此才能衬托他的阳刚之气,阴阳交融才有美好的爱情和家庭。

有些女人害怕失去自己在男人心目中的地位,总是显现出自己不弱于人的一面,与男人硬碰硬,那么可想而知,如此,你们的婚恋生活就会变成一场力量型的角斗,无论谁胜谁负都是两败俱伤,不会有理想的结局。

一个女人可以不漂亮，但不可以不温柔。男人可以抵抗社会中各式各样的诱惑，却无法抵抗女人如水的温柔。且不见，当一男一女发生矛盾时，女方轻声啜泣，比号啕大哭更能令男人服软，更能触动他心中的那抹涟漪；一个温柔妩媚的女人总是比一个独立刚强的女人在感情上更占优势。

男人心语

男人的刚毅、女人的温柔是最好的互补。在男人面前女人切不可太刚毅，否则会让我们找不到作为男人的信心和魅力，使我们难以亲近。而在温柔女人的面前，几乎每个男人都会乖乖地"缴枪"投降。

无论古今，男人都会对温柔的女人怜爱有加。《红楼梦》里，宝玉出生豪门，先后遇到了两个绝世美女——薛宝钗和林黛玉，两个人各有千秋，其中薛宝钗体态丰腴、品格端方、容貌美丽，为人处世独立干练，可是所有人都知道宝玉深爱的是黛玉。

宝玉初见黛玉时："两弯似蹙非蹙罥烟眉，一双似泣非泣含露目。态生两靥之愁，娇袭一身之病。泪光点点，娇喘微微。娴静似娇花照水，行动如弱柳扶风。心较比干多一窍，病如西子胜三分。"这样生动的描写，尽显了黛玉如梦如幻、温柔病态的美丽气质。不要说天生情种宝玉了，任何一个男人见到如此温柔的女人也会产生不让她再吃一点儿苦，保护她、呵护她一生一世的念头。

男人需要女人的温柔，正如女人需要男人的阳刚一样，这是心理和生理的差异造成的，也是男人和女人之间的互补性要求。女人存在的理由就是因为她具备男人所缺乏的温柔。温柔，是女人不可缺少的资质和品性。

既然如此，女人要明白，在心爱的男人面前你大可不必戴着白天那张坚强的面具，把悲伤、郁闷等情绪都藏在心里，想哭就哭，想笑就笑，适当地施展自己的"温柔"魅力吧,这样你身边的男人才会知道:哦,原来我的女人也很温柔,这样就能激起他的保护欲,才有两个人心贴心的感觉。

在众人看来,芳芳的长相真的挺一般,厨艺也不怎么样,学历也不是那么高,总之她是一个方方面面都普普通通的女人,但她的老公杜斌却几乎什么事情都依着她、让着她,对她呵护备至、疼爱有加。

好友向芳芳请教婚姻经营之道,芳芳也说不清楚。一天,芳芳罗列了自己一大堆的"坏毛病",问杜斌:"你为什么对我这么好?"杜斌笑着回答:"你有一种令人疼惜的魅力、一种耐人寻味的女性韵味,反正你就是好。"

"举个例子,"芳芳笑着盯着杜斌的脸说。杜斌想了一会儿,说:"比如,你从不大声和我嚷嚷,永远都是很温柔地说话;你看电视时,会温柔地靠在我肩上,有时还傻傻地抹眼泪。还有你工作一天回来后,蜷在沙发里一副疲惫不堪的样子,每次我都有无法克制地把你拥入怀中的冲动……"

或许,你的男人总有些盛气凌人,和你谈天论地的时候喜欢争论,不分高下绝不甘休;或许他会在马路上突然提高音量,仅仅为了电影中某个角色的演技高低与你较劲儿,然而,一个聪明的女人懂得男人彰显阳刚之气的欲望,会适时做出某种顺从的姿态来,为的是让男人从自己这里找到作为男人的信心和魅力。

女人的温柔,是男人心中浓得化不开的一抹香艳;女人的温柔,更是男人生命里梦寐以求的一场风花雪月。对于男人而言,"柔"就是美的代名词,"弱"就是娇的最大体现。让自己温柔一点儿,给男人施展阳刚之气的机会,你就是他永远的守护天使。

总之,具有阳刚之气的男人是钢,聪明的女人懂得以柔克刚。强大的力量可能不会把男人打折变弯,可是女人如果用温柔的小火苗慢慢烧,形状可就任你选择了,相信即使是"百炼钢"也能被化作"绕指柔"。

在外面是"大女人",回家做个"小女人"

职业场上没有性别区别,更无优待。激烈的竞争环境使得女人要和男人一样"冲锋陷阵",有些女人无论手段还是气势丝毫不输给男人,精明能干、驰骋商场、呼风唤雨,在工作上出类拔萃,我们将她们称之为"大女人"。

"大女人"是值得我们尊敬和欣赏的,但是如果一个女人把家当成办公室,把在工作岗位上的严肃带到家里来,把男人当做自己统领的"小兵",整日保持严肃、庄重的面孔,没有一点儿的女人味,那么男人只会想着离开你,所谓幸福也就无从谈起了。

很简单,时代再怎么转变,也没能完全打破"男主外,女主内"的传统观念,尽管许多男人不得不佩服"大女人"的机智和作风,但是男人都是有虚荣心的,没有哪个男人希望自己是个躲在强势女人背后躲风避雨的小男人。

我们不妨来看一个事例。

柳楠是一家公司的部门经理,在工作单位一向以办事细心、果断高效、低失误率而著称,是很多人眼中的"女强人"。但是这样一位优秀女人的婚姻却不是那么顺利,她的丈夫居然向法院提出了离婚诉讼。

在公司一人领导着上百号人,习惯了命令别人,柳楠回到家也没有改变领导作派,对丈夫总是一副冷面孔,说话经常用命令的口吻:"下班后要及时回家!"

男人心语

女人总喜欢在一家之主的问题上与我们争个短长,但我们那么忙碌,怎么有闲心管好家呢?我们要求的不过是一个名分而已。这就像在一个君主立宪的国家里,首相决定一切,却不能忽视国王的尊严和威风。

"睡觉了,把电脑关掉!""跟你说了多少次,在家不许抽烟。"……

两人一有争执,柳楠就对丈夫说:"我辛辛苦苦为的是什么?没有我,你能过上今天的好日子吗?""就你那办事效率,还不如我亲自出马呢,你就省省吧。"总之,柳楠总是把自己摆在重要的位置,表明自己很能干。

柳楠觉得这样没什么不好,没想到一段时间后,收到了一张法院的离婚起诉书。柳楠感到委屈极了:"我工作那么辛苦,自己把心都掏出来给了他,可是他怎么就不能理解呢?到头来反而不喜欢我了呢?"

像柳楠这样习惯将工作中的强势带到家庭中来,没有半点儿的温柔与顺服,只会让丈夫对其产生一种畏惧感与厌烦,有谁会忍受这样的妻子呢?这样的婚姻里也不再有爱,自然不会有好的结果,最后只能葬送婚姻。

所以,即使你在外面再坚强、再能干,当你踏入家门的时候,不妨稍稍收敛一下你的锐气,尝试着做一个"小女人",尽到妻子应该尽到的责任,也让丈夫感受一下可以被依靠、可以保护女人的大男人心理吧。

小女人的处世哲学并没什么值得借鉴之处,她们只是会温柔地向男人撒娇、学着依赖他、成就男人的虚荣、博取男人的呵护。比如,累的时候她会向老公伸出双手:"亲爱的老公,我累了,给我个拥抱吧!""亲爱的,我累了,你去做饭吧,求你了!"……

男人都有些大男子主义,喜欢怜香惜玉,在如此娇声细语面前,有哪个男人不会败下阵来、不肯乖乖就范?如此一来,他会关心你的细节、关心你吃没吃饭、喝没喝水这些琐碎之事,所以说做个小女人是件多么幸福的事情啊。

尹莉是珠宝业的"大姐大",她聪明干练、敢作敢为,是商界的骄傲。与不少强女人差强人意的婚姻相比,尹莉拥有一份幸福的婚姻,丈夫刘迪对她百般宠爱,这令不少人羡慕不已,纷纷向尹莉讨教秘诀。

尹莉莞尔一笑:"秘诀倒没有,不过我信奉回到家做一个小女人。"

为了学会这一诀窍，一个同样是商界女精英却婚姻不如意的朋友跟着尹莉回到了家。朋友刚坐下，刘迪就热情地递过一杯水，尹莉娇嗔道："给我也倒杯水吧，人家上班都累死了，也不知道怜香惜玉，哼！"

刘迪笑答："你又不是客人，自己倒。"

"不行，"尹莉不干了，但她没有生气地说"你必须给我倒"，而是嘟着小嘴说道："好啦好啦，我就想喝你亲手倒的茶，怎么了？晚上我给你做最爱吃的酸菜鱼怎么样，你要是不给我倒，我可就不做了哦。"

终于，刘迪乐呵呵地起身去倒水，并对这位朋友说道："尹莉是一个很能干的女人，脾气也很不好，时常跟我要耍小性子，但是看着她嗔媚的样子，我爱都爱不过来，又怎么舍得怪她呢。"

在他人面前做强人，在丈夫面前做弱者，聪明的女人会照顾男人的心理，时刻不忘自己的身份：女人+妻子。看着那些时而干练坚决、时而温柔妩媚的女人，我们感受到的不仅是一份甜蜜、感动，也有钦佩和欣赏。

工作上果决干练的大女人跟形象上和性格中透出柔柔小女人的女人味丝毫不矛盾。女性天生心思细腻、敏感，每个女人的骨子里都有"小女人"的情怀，即使作风再强悍仍然不能改变这种柔性。这靠的是智慧、韧性和爱，缺一不可。

总之，无论你在外面有多风光，不论工作多忙多累，回到家中尝试着做一个温柔可爱的"小女人"，散发出你身上的女人味吧，让你的他感觉自己是一个十足的男子汉，那样你一定会事业、爱情双丰收的。

做好绿叶，不和男人抢风头

生活中，有些女人社交经验丰富，能说会道，和男友或老公一起参加各种活动的时候，经常自顾自地与人热聊，忽略甚至忘记了身边的男人，以致男人无形之中变成了自己的"小跟班"，这是万万不可取的。

爱情是自私的，再怎么大方的男人也不愿意自己心爱的女人抛头露面。而且，男人的控制欲和虚荣心很强，总是希望自己的威风压过女人，希望自己能够得到更多人的欣赏和认可，这是男人的一种正常心理。

婚恋中真正聪明的女人懂得男人的这种心理，也懂得社会是男人的社会，所以她们永远不会和自己的男人抢风头。相反，她们会情愿扮演次要的角色，给男人出彩的机会，努力让别人知道他是多么优秀，让社交场合里的注意力完全集中在对方身上。

给男人出彩的机会，既能够满足男人的控制欲和虚荣心，让男人很有面子，又能够让男人更疼爱自己，促成家庭的和谐。试想有哪个男人会讨厌懂得给自己面子的女人呢？这比起两人同时表现各自的优点有更深更远的美满。

的确，有一些男人没有谈天的经验，而且生性害羞，到了公众场合就不知道应该从何说起。一个机灵的女人能够从他的兴趣出发，很自然地引领自己的男人参与谈话，使他毫无困难地顺畅交流。

比特是一个沉默寡言、不善交际的人，他很少主动去认识新朋友，所以与他刚接触的人都以为他是一个冷漠的人，实质上他是个热心、受人喜爱的人。但是，这些只有他亲近的朋友才知道。

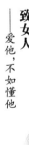

比特的妻子莉亚是一位非常聪明机敏、善解人意的妻子，她非常担心丈夫的这种状况，也很希望他能够得到别人的欣赏和重视，有更多喜欢他的朋友，于是一直在想办法帮助他。后来，她想到了一个好办法，她知道比特嗜好摄影，于是不管他们到哪里去，她都会想办法找个喜

男人心语

男人的证服欲和控制欲很强，总是希望自己的威风压过女人，希望得到更多人的欣赏和认可。情愿扮演次要角色、给男人出彩的机会、做好陪衬红花的绿叶，是与丈夫同心同德、互敬互爱的好妻子。

爱摄影的人，然后把这个人介绍给比特。正如她所想的那样，因为兴趣相投，比特和那些人谈得非常投机，几乎忘记了自己。他太投入了，完全在不自觉的情况下把最真的自我表现了出来。

渐渐地，比特变得开朗了，和别人谈论其他话题的时候也显得不是那么困难了。如今，比特整个人都已经变了，喜欢参加各种聚会，也愿意主动认识一些新的朋友，这简直是一个奇迹。当有人对莉亚说"你丈夫实在了不起"的时候，莉亚内心充满了无比的骄傲和快乐。

因为莉亚的帮助，她的丈夫比特才让别人知道自己是多么优秀，让自己更加引人注意，获得极大虚荣心的满足，进而从一个沉默寡言、不善交际的人变成了一个喜欢参加各种各样聚会的社交"专家"。

另外，使男人引起别人的兴趣和注意力，最简单的方法就是在自己家里举行聚会。人在熟悉的地方精神比较放松，安排让丈夫表现他所拥有的任何特殊才华的机会，如果这些才华能够使别人得到乐趣的话。

王成是一位小有成就的小儿科医师，同时也是一位天才的业余魔术师。他的妻子也很支持他，每次家里来了客人，妻子都会请他们观赏一场由丈夫尽兴表演的魔术，有时候她和孩子还会成为他表演的配角。渐渐地，大家都知道王成会变魔术，和他在一起很有意思，这使得他更加受欢迎了。

后来，得知省电视台要举办一次才艺表演比赛，妻子便替王成报了名。排练阶段，她陪着他积极准备比赛，比赛时她又带着孩子在台下给他当亲友团。结果，王成拿了个二等奖，一下子成了大红人，亲戚朋友见了王成的妻子都夸她丈夫多才多艺，而王成对妻子也越来越宠爱和尊重。

总之，和爱人一起参加社交活动的时候，你一定要注意不要喧宾夺主，要大度一点儿，把出彩的机会让给男人，做好陪衬红花的绿叶，如此方能完美表现出自己是有教养的，是与丈夫同心同德、互敬互爱的好妻子。

当然，这并不是说女人在外面就没有了发言权和作决定的权利，也不是让你一味地委曲求全，在做好"绿叶"的同时也应该有自己的思想和主见，不失自己的尊严，其间的分寸一定要认真把握。当然，这也是需要智慧的，要靠不断地学习和积累。

相信，只要你在交际场合注意自己为人妻的身份，约束自己的言行，让你的他更体面、更洒脱一些，你就一定能赢得丈夫的好感和敬重，促成家庭的和谐，得到更深更远的美满，神采奕奕。

做个"懒女人"，让男人勤快起来

自古以来，勤快的女人在家里尽心尽力、一门心思地操持家务、赡养公婆、相夫教子，付出了太多。"勤"是衡量一个贤惠妻子的重要标准，但贤惠并不意味着就能受到丈夫的宠爱，至多落下一个"勤"的口碑。

在现实生活中，我们经常可以听到这样的抱怨声。

"洗碗、扫地、洗衣服不说，还要跟在他屁股后面收拾他随手扔的袜

上篇　致女人
——爱他，不如懂他

45

子、掉落的烟灰、忘记关的厕所灯……为什么家务事老是那么多,永远都做不完?"

"工作已经累得要死,下班回家还要做这做那。这个家你管过什么?哪有家庭观念?知道你上班累,那我就不累?"

"我辛辛苦苦、勤勤恳恳为了这个家,最终得到了什么?"

……

女人无须再抱怨,要知道这种状况是你一手造成的。很多事实告诉我们,妻子的勤快和丈夫的懒惰是互为消长的,妻子越勤快的家庭中,丈夫越懒惰;妻子越不善于做家务的家庭中,丈夫则越懂得做事。

而且,忘记了自己是女人,像男人一样事事包揽地勤快往往给男人一种"忠厚得可怜、善良得愚昧"的感觉,你的存在无非是一个最傻最笨的"保姆"而已,这样换来的最多是男人的感激,感激很难转化成激情四射的爱。如果混到这种地步,那么离"下岗"的日子就不远了,他是否决定抛弃你,就看他的良知了。

男人都需要成就感,这种"成就感"说简单点儿就是一种"被需要感"。你为何不尝试着懒一点儿,把家务留给男人去做,让男人有一种被需要的感觉呢?!这是使男人成熟、负责任的前提,他会自作多情地认为他在家里是"里里外外一把手"。

婚后,美娜一直扮演着贤妻良母的角色。能干的她从买房装修到买菜做饭,再到洗衣拖地,都是一手包揽。久而久之,丈夫被他伺候得成了标准的甩手掌柜,美娜忍受不了一个人吃苦受累,心

男人心语

男人天生有惰性,在勤劳女人的面前注注容易深感压力,也会得寸进尺;而对于懒女人,男人或者会大家一起懒,或者会变得勤快起来。男人对于所喜欢的女人并不会十分计较她偶尔的慵懒。

中充满了委屈，开始常常在朋友面前吐苦水。

最近一段时间，朋友们却发现了一件很奇怪的事，每次见面，美娜不再倒苦水，而是满面春风，貌似生活过得很滋润。朋友们都很好奇，美娜告诉她们丈夫现在不但开始主动做家务了，而且对自己也更加疼爱了。

原来忍无可忍的美娜来了个"以牙还牙"，不想做家务时就少做一点儿，电视连续剧要开始了，先看完再说；不想做饭了，可以到外面吃或者叫外卖；不想打扫卫生，就不妨找钟点工来解决问题；看着钱包里的钱不断少了起来，丈夫开始心疼了，一边责怪美娜变懒了，一边做些力所能及的事情。

看到了好苗头，美娜立即乘胜追击，干脆和丈夫制定了一个《分工协议》，即洗衣服、洗锅碗等事情由自己承担，丈夫则负责做饭、拖地等，所有的家务事都由两个人一起完成，进而创造了"你耕田来我织布，我挑水来你浇园"、"夫妻双双把家还"的甜美和谐气氛，使婚姻生活甜甜蜜蜜。

家庭对男人来说，更多的是承担一份责任，而这种责任更多地体现在一些微不足道的家庭琐碎中。没错，女人就该懒一点儿，让男人通过一些具体的家务劳动明白这个家需要他的一双手，从而增加他的家庭责任感。

英国著名心理学家爱理斯说到女性在家庭中生活的意义时，说过这样一句话："由于忙于亲自操持家务，这样的女人变得让丈夫厌恶、让孩子憎恶……为家庭所累，反而失去了一家之爱。要是她们不管家务而保持着欢乐和温情，他们或许会爱她们，这是女人不得不承受的不公正损害。"

的确如此，勤快的女人做了太多的家务事，喜欢给男人脸色看，让男人觉得压力好大。而男人天生有惰性，他认为娶妻子不是为了娶个管自己的人，对于所喜欢的女人也不会十分地计较她偶尔的懒。

所以，即便你真的很能干、很贤惠，什么事情都能一个人搞定，也别忘了自己是一个女人，要懂得适当地懒惰一点，把该男人做的事情留给男人去

做,好好挖掘男人的劳动潜能,培养男人的家庭责任感。

男人做家务,开始的时候自然不如女人快速、有条理,有时候他用的时间甚至比你多一倍,这时候你要相信他的能力,要慢慢接受他、鼓励他、感激他,不要去干涉他,即使他做得不好也不要嫌弃。

常常有妻子犯这样的错误,当看到丈夫先拖地后擦桌子的时候,她认为丈夫应该先擦桌子后拖地而指责教育一番。这时候,丈夫会觉得很委屈和烦躁,干脆不干了,"既然你会干,你来干好了。"

凡事不能着急,让男人慢慢来。当他体验到家务劳动的快乐感受时,他慢慢就会对家务产生兴趣,开始关注家里的一些琐碎事情。什么时候他自觉了,什么时候他也就完成了一次男人责任感的成长。

由此可见,只要你稍微"懒"一点儿,稍微动一点儿脑筋,就能培养出一个较为勤快的好男人,而且自己没有过多的事情需要"操劳",让自己活得很舒服,懒出了格调、懒出了品位,抱怨声也就少了,男人也就更爱你了,如此平淡的婚姻生活将呈现"夫妻双双把家还"的甜美和谐气氛,何乐不为呢?

第3章

少点儿猜疑与埋怨，善解人意会让他更爱你

——懂男人，就要给他足够的信任和自由

草木皆兵、疑神疑鬼；心生不满、埋怨不断是幸福生活的最大杀手，还会让你成为男人眼里不可理喻的女人。男人需要足够的信任和自由，既然相爱就该少点儿猜疑与埋怨。能维持长远的爱情生活中，定有女人的善解人意。

拿什么拯救爱情？少些猜疑，多些信任

你的婚姻生活中是否出现了这样的现象？

老公和别人在长时间打电话时，你是不是会马上询问他在和谁通电话？

当老公去外地出差时，你有没有担心他和别人在一起？

一有机会，你是不是就忍不住偷看老公的私人物品？

……

结婚数年，夫妻二人早已从两情浓浓步入亲情淡淡了。于是，心细且感性的女人在平淡的婚姻中，不断地向男人和自己的内心发问："你还爱我吗？"

"你还在乎我吗?"于是,就有了这样或者那样的猜疑、不信任。

殊不知,对男人来说,信任永远是他最主要的情感需求。当心爱的女人不断猜疑自己、不相信自己的时候,对男人来说是一种挑战,他会感到大失所望,情感上也受到了间接的伤害,久而久之,即使他是多么的珍惜你们之间的感情,都会因此落落寡欢,认为你不可理喻,甚至选择离去。

> **男人心语**
>
> 男人一生中最需要有3样东西:信任、女人、一定程度上他们想成就的事业。一个女人的真诚和信任,会让男人不胜欣慰,男人于是雄心勃勃,更加关心女人的感受,并会为其幸福的生活竭尽全力。

阿美和悦明是一对很恩爱的夫妻,他们5年的婚姻生活一直很平静,两人从来没有争吵过,很多人都很羡慕他们和睦的家庭,他们自己也觉得很快乐。可是,再平静的湖也会有起涟漪的时候。

有一次,阿美看悦明在书桌前苦苦思索一个问题,试图和他一起探讨,悦明笑着说道:"你一个家庭妇女,除了眼皮子底下那点儿鸡毛蒜皮的事情,我这点儿东西你怎么可能懂?"悦明的话让阿美有些震惊,仔细端详着镜子中的自己,刚刚30多岁却搞得像40多岁的女人,阿美对自己的幸福提出了质疑:"以前悦明可没有这样说过我,是不是他嫌我不够年轻漂亮,已经不喜欢我了,或者他已经喜欢上其他年轻的小姑娘了……"

此后,阿美常常看起来心神不宁、闷闷不乐的样子,悦明问她的时候,她却说没什么。不过,她变得特别关心悦明,悦明的一举一动她都要问得清清楚楚。每天,她都会赶在上班之前、下班之后给悦明打电话。如果有一次悦明没有接电话,阿美便会追问一番,直到得到满意的答案。

悦明觉得阿美在"监视"自己的行动,侵犯了个人的隐私,是完全不信任自己的行为，他感觉阿美似乎有些陌生了，感觉到自己的家庭不像以前那么祥和美满了。渐渐地，夫妻关系开始步入"低谷"。

许多女人因为爱而变得愚笨，将猜疑看成爱男人的一种表现。但是，怀疑男人的每一次外出和晚归，会使他们有所顾忌，做事情的时候会分散精力，间接地影响工作效率，慢慢地夫妻之间也便没有默契了。

无论发生什么事情，男人都需要女人的信任。女人的信任无疑向男人传达这样一个信息："你在我心目中占据很重要的位置，你自身的美好特质足以让我接纳和欣赏。"如此便能激发出男人越来越多的美好品质。更何况，值得托付终身的人可以说是世上除父母子女之外最亲近、最值得信赖的人。既然可以托付终身，既然愿意终身相伴，那么你就不应该怀疑、猜忌男人，甚至跟踪、探察他，而要非常坚定地信任他。

信任是对爱人最好的尊重、是维系夫妻感情的纽带、是情感升华必不可少的环节、是婚姻这座大厦的基石。只要你对他的信任还在，你的家就牢不可破，幸福才会随之而来。因此，爱他就信任他吧。

卡耐基，美国著名的人际关系学大师、西方现代人际关系教育的奠基人。由于他在当时的美国太有名了，对这样的人，社会上自然有一些人喜欢制造花边新闻，如对卡耐基和秘书薇拉的关系，有人就曾经将其大做文章。

听了那么多的风言风语，卡耐基夫人身边的一些朋友坐不住了，试探地问卡耐基夫人："你先生经常和秘书在一起工作，而且他们晚上经常加班，出外应酬的时间也很多，你怎么就这么沉得住气？难道你不担心吗？"

"我和先生的女秘书相处时，我提醒自己必须记住5条原则，"卡耐基夫人如同往常一样平和，没有一点儿情绪的波动，"1.不要猜忌先生与女秘书的关系；2.不要忌妒女秘书的漂亮迷人和工作；3.不要勉强女秘书为自己跑腿；4.绝对不可以傲慢、刻薄和奚落女秘书；5.对女秘书的额外帮忙要表示感谢。"

事实上，卡耐基本人的感情并未因为年轻漂亮的秘书而发生根本改变，他继续安心工作，继续撰写他的畅销书，并且始终如一地深爱自己的夫人，对此他解释道："我怎能违背夫人这么深切的信任？"

卡耐基夫人实在是一个聪明的女人，她信任老公对自己的忠诚，更理解老公和女秘书在工作上的合作，这既是对卡耐基的一种尊重，也是对自己的爱情和婚姻充满信心的表现，如此一来，卡耐基怎么舍得辜负这般沉重的责任？

总之，胡乱猜忌、疑神疑鬼是自己折磨自己，会让你变成男人眼中不可理喻的女人，亲手葬送自己的幸福。在生活中，不妨少些猜疑，多些信任，以平常心来经营感情和婚姻，这样的感情才更有生命力。

给他独处的时间，让爱留有余地

肖刚和米琪在一次聚会上认识了，相近的年龄和相似的爱好很快使他们走到一起。为了每时每刻都和肖刚在一起，米琪辞去原来的工作去了肖刚的公司。两人在同一个办公室工作，一起吃饭、一起下班……

婚后，米琪更是将肖刚当做自己的中心世界，整天围着他转，希望两个人每时每刻都在一起，哪怕不说话都觉得很快乐。然而时隔不久，米琪发现肖刚对自己冷淡了，而且越是跟他谈话，他沉默得越久，甚至有时回到书房很久都不出来。米琪感觉受到了很大的伤害，她不明白究竟哪里出了问题，于是决定找肖刚谈一次。

谈话的结果让米琪很震惊，原来肖刚正承受着巨大的工作压力，需要独自思考问题和解决问题的空间，但是他苦恼的是连一分钟米琪都不让他一个人静一静。米琪突然明白,爱不是要整天黏在一起,而是需要给彼此一个独处的机会。

婚恋中的女人希望双方一直保持着激情和热度,每时每刻都要黏在一起。当男人想独处的时候,女人就会感觉受到了很大的伤害。因此,大多数女人都会反对男人的这一需求,结果感情就会出现争吵、猜忌、不和,甚至引发危机。

为什么男人如此热衷独处呢?这是因为,在男人的天性里,他们希望从女性的需求和拘束之中获得关爱之外,还希望获得一个以自己的方法来支配自己的灵魂的机会。女人不给男人留些许独处的时间,他无法享受自由的空间,时间久了就难以忍受,忍不住想逃。有人曾这样形象地比喻:"如果你送给你的男人一把大刀,却不给他自由的空间去挥舞,你还不如送他一把水果刀。"可见自由对于一个男人的重大意义。

在某部电视剧中有这样一幕:丈夫恋恋不舍地送妻子回娘家,自己回到家中高兴得又蹦又跳,在床上滚来滚去,振振有词地念叨着"我终于可以自由了!"虽然有些人会捧腹大笑,但这确实是当下男人想法的一个缩影,男人们早在心中疾呼"给我一个独处的机会吧!"

所以,女人要真想留住男人的心,维护好自己的婚姻,请不要拒绝男人独处的心理需求,给他一个属于自己的自由生活空间。当男人独处时,更多地是希望在自己的那个私人空间里整理自己的思绪或者获得身心的放松,这与逃避你

男人心语

独处是男人思考世界的一种方式,是成熟男人自我安慰的一种方式。我再爱你,也需要自己的空间,需要独处,而且不希望你打扰我、烦我或关心我。留给我独处的时间,一定是个英明的决定。

不是一回事。

生活中有很多事业有成的优秀男士说:"如果能有一个女孩愿意陪伴我,而在我希望独处的时候能够理解和尊重我的这一基本要求,让我自己去做喜欢的事,那么我就会爱上她,并马上与她结婚。"

婚恋中的双方本来就是两个相互交叉的圈,交叉的部分是彼此分享的区域,可以让双方有共同话题,未交叉的部分是给个体提供成长的空间。爱一个人,不需要每天24小时都在一起,适当地给彼此一些独处空间,那一刻无论是男人还是女人都会认为自己是自由的、快乐的,更能加强双方的亲近感。

毛凝和老公同在广州上班,"朝九晚五"的他们无论在工作还是生活上都十分规律,对方的吃喝拉撒全部出现在彼此的视线范围之内,相处时间长了,两个人那种恋爱的感觉也就慢慢淡化了,生活矛盾也就多了起来。

这让毛凝不得不思考应该怎样给爱情保鲜,把婚姻经营下去。经过一番思索之后,她跟老公提出了一个新的出路——尝试"分居"。两人一人一间房,按各自喜欢的方式摆设,共同点是两人的房间各有一张大床。

于是,他们可以随心所欲地在自己的房间里做喜欢的事情,领略到了从未有过的自由和舒畅。想念对方时就在自己或者对方的床上"浪漫",热烈地翻云覆雨过后,两人互道一声"晚安",然后回各自的房间睡觉。

尽管朋友们对他们这种"分床"的分居方式或纳闷、或怒骂、或鄙视,但唯有毛凝和老公两人心里最清楚:这个独处的空间给他们夫妻间带来了多少的幸福和快乐,如今两人结婚已经一年多,仍然觉得跟恋爱时的感觉一样。

"她不住在你的彼岸,你永远成不了音乐家;你不住在她的彼岸,她永远成不了诗人。"是形容某著名女诗人与她的作曲家先生分房而居的功效,正是因为彼此有一个独立的空间,两人能更好地进入思考和想象的空间,感情更加甜甜蜜蜜。

当然,我们并不提倡这种分居方式,而是旨在说明给自己心爱的人一个独处的机会在恋爱或者婚姻生活中是多么的重要。女人不要把男人看得太紧,给对方一个属于他自己的空间才能让爱留有余地。

如果你愿意做个懂男人心思的聪明女人,那么从现在开始就给他一个独处的空间,让他自由地安排自己的生活,享受独处的美妙感受吧。哪怕只是个很小的房间,里面只有一张很旧的沙发。在那里,他不会受到任何的干扰,或是看适合个人品味的电影或电视节目,或者他只是静静地待一会儿……

如果你能尽心做好这些事,在他眼里你必定是一个善解人意、通情达理的好女人。

男人爱不爱你,问你的心,别问耳朵

"你真的爱我吗?""说,你到底爱不爱我?"……在爱情中,女人们总是希望她所喜欢的男人不停地在她们面前说"我爱你",一旦男人一段时间不说"我爱你"这 3 个字,女人就开始了不断地追问。

女人为何喜欢男人如此大胆直率地表白?无非是女人很在乎男人,很怕失去他,很怕这份爱会昙花一现、稍纵即逝,或者说她在两性交往中始终存在一种不安全感,而且越是情深的女人越有这种危机感。

但是对于男人而言,这种"我爱你"印证式地强化表白,有什么意义呢?或许他会以为这是你对他不信任,或者是你对自己没有信心,或者是你对这段感情不确定……无疑这些是令男人痛苦和疲惫的事情。

姚彤彤结婚3年了，她时常跟好友们抱怨说老公不像从前那样爱她了。事情是这样的。

当年老公追求姚彤彤那阵子，每次约会都会捧着一大束鲜艳的红玫瑰，在姚彤彤笑吟吟地收下玫瑰后，一句情深款款的"我爱你"也会紧随其后。但是，现在老公越来越金口难开了，那习以为常的3个字就像空气中的浮尘变得越来越稀薄了。后来，姚彤彤不停地质问老公：你是不是不再爱我了？并且每天都要让老公说上至少3遍以上的"我爱你"，少说一遍她就会不依不饶，甚至勃然大怒。

> **男人心语**
>
> 爱是做出来的，不是说出来的，挂在口头上而不落到实际的爱苍白无力，男人说爱你的时候不一定爱你爱得很真。所以，不要总是强迫我每天都要说3遍以上的"我爱你"，那种例行的演练只会让人生厌，并不会带来什么效果。

与此同时，姚彤彤的老公也满腹委屈："这3个字天天讲、月月讲、年年讲，已经变成了一道紧箍咒，让我喘不过气，长年累月下来，我烦了、我厌了、我倦了。我始终不明白，我每天对她言听计从、百依百顺，平时洗衣、做饭等家务事我全都承担下来，周末她上街购物、美容、美发还全程陪同，为什么她偏偏对那3个字紧抓不放？"

女性重感觉，男性重含义，尤其是绝大多数"敏于行而讷于言"的中国男人是很羞于用"我爱你"这种赤裸裸的言语表达爱的。别强迫男人天天都说"我爱你"，让男人将之当做一项任务做，任谁都会疲惫、厌倦的。

事实上，男人们更愿意把爱默默地放在心里，然后把爱蕴涵在点滴的生活中，用他们的行动证明"我爱你"。在他们看来，只要能够让你幸福、给你快乐，就是爱你。其实，要相信这也是男人最常用的表达爱的方式。

"我爱你"虽然悦耳动听，但没有爱的行动却是虚伪和苍白无力的。由于女人喜欢听"我爱你",也催生了少数男人投其所好,按女人的需求天天说爱你,其实他心里并不是爱你,只是在用花言巧语欺骗你、哄骗你,这种男人是很危险的。

一个女作家曾感慨地说:"女人的情商低害苦了女人。她们明明知道有些男人花言巧语,向她讨好、献媚不是真的爱她,最终的结局是始乱终弃。可是现实中总有那么多女人喜欢听'我爱你'之类的表白,心甘情愿地跟着那些坏男人。这样的女人真的有点傻儿,可能是当局者迷,旁观者清。"

真正的爱不是靠嘴巴说出来的,而是蕴涵在实际的生活中。所以,当男人不说"我爱你"的时候,请不要怀疑他、埋怨他,更不要逼着他不停地说"我爱你",更多的要在意男人的责任感和在生活中默默为你付出的行动,用心去感受其中的关爱和呵护,领悟存在于身边的那份最真实、最朴实的爱。

在一次访谈节目中,一个女人被主持人问道:"你的丈夫浪漫吗?"这个女人摇摇头,"说实话,他不浪漫,是个不善于表达的人,很少说'我爱你'之类的话。结婚3年了,他只对我说过3次'我爱你',一次是在婚礼上,一次是我过生日的时候,还有一次是我怀孕的时候。"

场上一片欷歔,主持人不解地问:"天啊,他也太不浪漫了吧,请问你介意吗?"

"不,我很爱他,他也很爱我,"女人微微一笑,继续说道,"其实很多时候他的爱都体现在行动上:我们一起出去吃饭,我喜欢吃的菜不用我说,他已经点了;生病时,他会在我身边细心地照顾我,给我炖各种好喝的汤;变天时提醒我加衣、黑夜里的陪伴拥抱、对我宽容溺爱,等等,我感觉这种种行动上的爱胜过千万句的我爱你。"

台下沉默片刻,然后响起了热烈的掌声。

或许热恋的时候,男人会时常说"我爱你",那是因为他对你的爱处在激

情状态,但是生活总是趋于平淡,爱就蕴涵在点点滴滴的生活中,不在于挂在嘴上而在于实实在在的行动。毕竟,爱情不是游戏、不是作秀。

"我爱你"这样的承诺说多了没有什么意义,也许,你的他不善表达或许是死板不开窍,总之他没有经常说"我爱你",这时候请你不要猜疑、不要抱怨,别用耳朵,用你的心去倾听这份爱吧。

别和他的爱好争风吃醋

每个人都有自己的爱好,它们各式各样,男女之间的爱好更可能不一样。爱好看似不起眼,却在男女的精神生活中扮演着非常重要的角色,决定着被生活磨砺的两颗心是生发出浓浓的情意,还是产生出深深的裂痕;是日益靠近,还是渐行渐远。

比如,你可能性格开朗、爱好广泛,每逢节假日喜欢骑单车郊游,或者邀几个朋友热热闹闹地相聚一番,但你的他却是个性格内向的人,喜欢一个人窝在家里看球赛、读报、打游戏等。当两人爱好不一致时,女人通常会感觉不到男人应有的体贴和照顾,会产生孤独感和失落感,甚至想远离这个家。

这时候,你有情绪是可以理解的,但是千万不要和男人的爱好争风吃醋,更不要因为你不能领会那些事情的迷人之处就抱怨、否定他的爱好,干涉他做喜欢

男人心语

男人的兴趣非常广泛,如果让我为了你改掉以前的个人爱好,失去做喜欢做的事情的权利,那我就不是自己了。有时候,陪我看球赛、和我共同打游戏、交流心得等,这样的生活方式我会更加喜欢。

做的事情的权利和自由,更不要让他为了你改变自己的爱好。

从心理学角度说,爱好是对事物喜好或关切的情绪,可以激发一个人积极的情感情绪,使人身心放松。它犹如心灵的一块绿洲,滋润慰藉我们的心灵,支撑我们的精神世界。干涉男人的爱好,无疑是在控制男人的精神世界,无疑会遭到男人心理上的强烈抵制,很多女人不懂得这一点,最终只会碰壁,这正是淡漠感情关系的"罪魁祸首"。

著名作家安德瑞·摩里斯在其著作《婚姻的艺术》这本书里面说:"除非夫妇之间能够相互尊重对方的嗜好,否则这桩婚姻将很难能够得到幸福。任何人都明白,如果希望两个人有完全相同的思想、相同的意见和相同的愿望是很可笑的想法。这种事情既不可能有,也不受欢迎。"

事实上,当你们的爱好不一致时,你完全不必太在意,更不应感到苦恼,要知道,男女双方原本生活在不同的家庭环境和不同的社交圈中,这就造成对不同事物有不同的情趣和爱好。现实生活中,很难找到一对爱好都完全相同的情侣,男女间因此而关系破裂的也少见,毕竟美满的婚恋关系是以双方真挚的感情为基础的。

因此,我们不能讨厌甚至埋怨对方当下的兴趣,应该让爱人有自己的自由去做他喜爱的事,最好采取关心和支持的态度,哪怕只是偶尔附和一下他的小兴趣,也可以让他获得充分的满足感,而这不会花费你多少的时间和精力。

周末下午,老公正兴致勃勃地坐在电脑前玩围棋游戏,艾莉一脸的不高兴,因为艾莉一看到围棋心里就直发憷,她平日喜欢逛街,几次让丈夫陪她逛街,可丈夫一百个不愿意,宁愿自己下棋。为了这些事,两个人总是吵吵闹闹。

艾莉将家里收拾一番后,拍了拍老公的肩膀:"嗨,你今天要是不累的

话,晚饭你做吧,我今天有点儿累。"

"别动,别动,我马上就要赢了!"老公头也不回,十分激动地说道。

艾莉很了解老公,他虽然喜欢围棋但技术一直低劣,在电脑对阵中他一次都没赢过。这次快赢了,艾莉也很来劲,二话没说,放下拖把安静地站在后面观阵,还和老公一起计算最后的一招。

一番厮杀后,老公果真赢了,他高兴地吻了艾莉,接着他一边兴奋地和艾莉讨论围棋,一边又帮她拖地板,还承诺晚上自己要做一顿大餐。到了厨房里,他还不停地和艾莉探讨刚才的棋局,兴奋得就像个小孩子。

艾莉只不过是在老公感兴趣的事上附和了他一下,他竟然会这么喜出望外。那晚,坐在点着蜡烛的餐桌前,艾莉忽然想,如果下午自己硬是把老公从电脑前拉开,逼他做饭的话,或许就没有这样一个浪漫的夜晚了。

故事中艾莉因为之前不理解老公对围棋的痴迷而心生抱怨,两人争吵不断、关系不和,又因为偶尔地附和了一下老公的爱好,最终让僵持的关系渐渐回暖、重温幸福。由此可见,适应与分享爱人的爱好是获得美满幸福的好方法之一。

男人比较务实,喜欢什么就一门心思地喜欢,就算到了中年也是如此,比如下棋、汽车、飞机、军事等,女人虽然不喜欢这些,但为了制造和谐亲密的气氛,不妨多多请教你的老公,他一定会很乐意教你的,而且对你心存感激。除非他是自私自利、无可救药的男人。

苏瑞在一家贸易公司工作,平时工作很忙很累,他的妻子乔总是希望苏瑞工作之余能留在家中多陪陪自己,但苏瑞是一个网球迷,经常抛下娇妻出去打球,而乔只好独自一个人寂寞、无聊地打发时光。

"打网球比老婆还重要吗?"乔不停地唠叨、哭泣,但是她发现一味抱怨解决不了任何问题,老公喜欢打网球这一点是改变不了的,她也不想为此弄得彼此不愉快,于是一天她对苏瑞说:"从今天起我和你一起去健身房打网球。"

"你?"苏瑞一脸的惊讶。

"我怎么了?我也要运动啊,最近我好像又胖了。"乔撅着嘴说。

在健身房里,从没打过网球的乔闹了不少的笑话,连拍子都不知道怎么拿。平时大大咧咧的苏瑞在这时候特别细心,一直陪在乔身边,手把手地教乔怎么打球,连健身房里的老球友都顾不上招呼了。

苏瑞本来认为乔是三分钟热情,过了新鲜劲儿就不会再去健身房了,不想乔这次还真的坚持下来了,夫妻俩每天都挽着手去健身房,就像热恋的情侣一样。时间长了,乔也成了丈夫眼中的网球高手,坐在电视前看球赛也是左比右画、满口术语的,随便都能叫出体育明星的大名。

一个周末,乔正在擦球拍,苏瑞从后面抱住了她的腰,对她说:"谢谢你陪我打了这么多天的球,为了向你表达我的感激之情,我们上街去给你买几件衣服吧。昨天我路过一家店,看到有几件衣服特适合你。"既学会了打网球,又感受到了丈夫的温柔和体贴,乔的脸上露出了甜甜的笑容。

由此可见,如果你想拴住一个男人的心,从现在开始别再和他的爱好争风吃醋,停止你的抱怨吧。学着了解其爱好,尊重其爱好,尽量适应并学习其爱好,试着走进他的世界,这样你们的关系才能和谐,生活才能更加快乐美好。

值得一提的是,尊重、附和、学习男人的兴趣爱好一定要注意道德和法律原则,倘若男人嗜赌、嗜酒、嗜烟甚至嗜偷、嗜骗等,你也一味去迎合,那就不是去寻找乐趣,而是助纣为虐、招灾惹祸了。

理解他的哥们儿义气，打进"男人帮"

自古以来，男人有哥们儿情怀，女人并不是他们的全世界，比如《多情剑客无情剑》中的李寻欢为了成就哥们儿义气，不惜将心爱的女人拱手相让，自己远走天涯，并且一生愁苦，可谓将"义"演绎得淋漓尽致。

生活中常会有这么一个现象，许多男人结婚后朋友少了，这其中的原因不是男人婚后性格变了，而是有些女人是自私的，最怕男人热了朋友冷了自己，所以对男人的哥们儿总是心怀敌意，通通贬之为"不三不四"、"狐朋狗友"之类。

殊不知，每个人生活在这个世界上决不是单一地存在，每个人都有自己的社会关系，人脉是一个人成功的最好资源。结交四海朋友、重视哥们儿义气既是男人情感的需要，也是现实利益的需要。

如果因为心爱的女人不接受而"背弃"自己的哥们儿，那么男人是会被朋友们笑话的，还会被大伙儿贴上"重色轻友"的标签，这样一来，男人的形象就会受到损害，不仅会给人际关系带来不利影响，还有可能导致夫妻间的矛盾。

我们来看一个事例。

刘凯是一名商人，性情豪爽，很喜欢结交朋友。婚前，他经常邀请朋友们来家里做客，大家谈笑风生、热闹非凡。刘凯很喜欢这种生活的，他认为与朋友

男人心语

居家过日子，老婆重要；出门闯事业，兄弟也不可少。这两者就像是左手和右手，谁也不能缺少。做男人难，做一个有好兄弟的男人更难，做一个兄弟与女人同在的男人就是难上加难了。

们交往能获得更多的信息，为事业打好基础。

但是，妻子王艳的性格与刘凯不同，是一个不善交际的人。开始的时候，王艳还能忍耐。但后来，刘凯的朋友们来家里次数多了，又觉得和他们没什么好说的，王艳有些不耐烦了，她开始对着刘凯使脸色，甚至故意在关门时弄得声音特别大。刘凯的朋友们也察觉出了王艳的不高兴，渐渐地和刘凯都不怎么来往了。王艳颇为得意，对丈夫说："感谢我吧，你看，我都你赶走了那么多狐朋狗友。"

岂料，刘凯一脸不悦，责备王艳不该乱发脾气，"你怎么不和他们聊天呢？你是对我不屑吗？""你故意摆什么脸色呀。知道吗？你这样做让我很难堪。"王艳觉得很委屈，眼泪一下涌了出来："难道哥们儿比老婆还重要？"

事实证明，没有了朋友们的帮助，刘凯获得的信息量越来越少，生意也是一落千丈。王艳并没有反省自己的行为，反而经常嘲笑刘凯没有本事。刘凯的脾气也越来越坏，夫妻两人经常为了一点儿小事就吵架，甚至大打出手。

著名女作家张小娴在她的小说《拥抱》里说："一个女人有一个晚上没有回家睡，第二天她跟老公说她睡在一个女性朋友家里，她老公打电话给她最好的 10 个朋友，却没有一个朋友知道这件事。一个男人有一个晚上没回家睡，隔天他跟老婆说他睡在一个哥们儿那边，他老婆打电话给他最好的 10 个哥们儿，有八个哥们儿确定她老公睡在他们家……还有两个说"他老公还在他那儿。"

这段话看起来颇有一番讽刺的意味，但是也说明了一个道理，大多数男人都重情义，视哥们儿如手足，也离不开哥们儿。在危难时，有了哥们儿相助可以安然渡过；男人需要办事时，有哥们儿就相对容易办成。哥们儿越多，男人越觉得风光，越觉得自己有人缘、有能耐。所以，即使男人成了家、结了婚，也不会因此而放弃哥们儿。

理解了男人的这种哥们儿情结，女人就很好办了，不妨大度一些，支持他与哥们儿的正常交往，不必对此过多干涉，同时也接纳他身边的哥们儿，主动打进他的"男人帮"，融入他的生活圈子。

不要总是抱怨一堆大男人在一起聊天有什么意思，又耽误了你多少时间，等等，尝试走进他们的世界，融入其中，你会发现原来男人的世界也这么有趣，有时会让你受益匪浅。而且，看到你和自己的哥们儿很好地相处，丈夫会认为你是善解人意的、是通情达理的，从而对你感激不尽，这样他就会与你越来越亲近。

理解男人的哥们儿情结，主动打进他的"男人帮"，融入他的生活圈子。这样，你不仅在生活中会多一些朋友，而且他的朋友们会为你们的感情推波助澜，你们的夫妻关系一定会越来越亲密，减去不少危机。

需要注意的是，理解男人为哥们儿义气两肋插刀的义气并非一味地迎合他，还要告诫他保持头脑清醒，理智地作出判断，不要感情用事，以免头脑一热行事草率，酿成不可弥补的大祸。

管他就像放风筝，收放要适度

婚后大部分女人会想：我们已经结婚了，你的一切我都要知道，包括你今天去哪儿了、与谁一起吃饭、与谁通电话，只要有关你的一切我都要知道，而且，恨不得时时把男人拴在自己身边，并将之看作是妻子的权利。

然而，男人和女人不一样，男人婚后担负起家庭的责任、孩子的未来等一堆问题，工作、事业既是男人谋生的手段，又是建立个人社会形象、体现个人价值的重要途径，因此，爱是女人的全部，却只可能是男人的部分。

如果女人除了管生活小事，想方设法还要管男人的社交，就连他的工作都恨不得插一杠子，过分限制男人自由支配生活的权利，男人会想：为什么女人一结婚就变了个人呢？为什么事事都要管着自己，不再是那个善解人意、若即若离的小女人了？结果他对你的好感会大打折扣。

与此同时，男人不能主宰自己的生活，就如同被关在笼子里的老虎一样，更加渴望拥有广阔无垠的森林和草原。曾有人说，结过婚的男人更具有攻击性，那是因为他的自由活动、他的交际空间受到了妻子的严格管束，他感觉不到一丝爱的甜蜜，感受到的只有"有妻徒刑"的痛苦煎熬。很多男人患有结婚恐惧症，正是因为在他们看来，婚姻如同枷锁，一旦被套住便彻底失去了自由。

宁静高挑曼妙、家境甚佳，又很会照顾人，婚后她常常在衣食住行方方面面为丈夫徐振做这做那。宁静自认为是一个合格的妻子，可是有一天丈夫却突然提出了离婚，他的理由是："我吃不消你给的爱。"

原来，徐振喜欢自由自在的生活状态，但婚后宁静却绞尽脑汁地要管住徐振，要求他事无巨细都要向自己汇报，每月工资如数上缴，下班后不许东游西逛，必须立刻回家；徐振的工作需要常常出差，宁静有事没事总是发信息随时查岗，晚上半夜还要发，如果徐振半天不给她信息，她就伤心了而乱发脾气。

这样的情况时有发生，徐振真不知该如何是好，他感慨道："以前的日子我有可以自由支配自己的时间，可以做自己喜欢做的事，可是现在我做什么都要受她管制，我就像身在动物园里的牢笼一样，享受不到一点儿乐趣。"

每一个人都有自己的生活及独立的社交圈子，婚姻并不是要束缚对方，男人是用来爱的，不是用来管的。好妻子应体谅丈夫的这些心理特点，不要把丈夫死死锁在身边，更不要像管家婆一样对他严加管教，不妨给他多一点

的自由和信任，让他自己主宰自己的生活吧。当男人发现女人并不是那么约束自己的时候，那种对约束的恐惧感便消失了，取而代之的是他会迫切地渴望成为你生活中的一部分。

男人心语

结婚前我喜欢卿卿我我，婚后则可能漫不经心，不再那么温柔、不再那么体贴。别急着发牢骚，这是爱情和婚姻火经的阶段。更何况，婚后我心里装的不仅仅是你，还有家庭的责任、孩子的未来等一堆问题。

打个形象的比喻："管"男人就像放风筝一样，要时紧时松、收放自如，太用力了，线就会挣断；太松弛了，风筝也许会搁浅，用尽全力管他倒不如适当地放开他，让他在天空中自由地飞翔，如此，他会始终记着线牢牢地系在你这里，在飞翔的时候不敢飞太远。

小米是个十分幸福的女人，结婚6年来与老公一直和和美美、甜甜蜜蜜，就连红脸的时候都很少见。有好友请教小米是如何管教老公的，小米微微一笑，回答道："男人是用来爱的，不是用来管的，婚姻不是想怎么把握就能把握的。"

"这是母亲告诉我的，"小米解释道，"即将出嫁时，我问母亲婚后如何把握好婚姻，母亲温情地笑了笑，慢慢地蹲下，从地上捧起一捧沙子。我发现那捧沙子在母亲的手里圆圆满满的，没有一点儿流失，没有一点儿撒落。接着，母亲用力将双手握紧，沙子立刻从母亲的指缝间泻落下来。待母亲再把手张开时，原来那捧沙子已所剩无几。顿时，我明白了婚姻无须刻意去把握，越是想抓牢自己的婚姻，反而越容易失去。只有适当地放开些，才能真正地拥有它。

"老公是大学老师，经常要外出讲课，结识了很多朋友，对于朋友们打来的电话、寄来的信件，我从不横加干涉。有些朋友经常邀请老公出去喝酒，我从来不追问他跟谁喝酒,也不三番五次地打电话叫他回家。每次老公喝得酩酊大醉地回家,我也不会因为自己被忽略了而怪罪他,反而会更加温柔体贴地对待他,他对此心存感激。所以,我们的婚姻才能如此和谐。"小米笑着补充道。

在婚恋的路途中,是自由还是束缚?你,给了对方多少自由呢?

婚恋生活中,女人最大的智慧不是牢牢地控制男人。爱他就要相信他,别把他"抓"得太紧,适当地放松才好,如此,相信他会感激你的善解人意、知恩图报,倍加珍惜你的信任,也会给你更深的依恋。

其实,你不要想着去控制男人,也不要让他觉得他已经牢牢地控制了你,女人也有自己的生活圈子,要学着主宰自己的生活,时常邀上三五知己,聊天、逛街……做自己喜欢做的事,你甚至可以偶尔停止和他的约会,然后在他的追问之下故作神秘又轻描淡写地提及你最近的其他安排,向他表明他并没有掌控你,你的生活还是属于自己的。

爱他,但不丧失自己的生活空间,生活被他点燃而不是主宰,如此一来,你展现在他面前的是一个现代女人的自信和独立,这恰恰是男人心目中性感女神的两大精神特质,他会心甘情愿地将"线"交到你手上。

最后,用香港著名言情小说家张小娴的一句话嘱咐天下的女人们:"女人只要管好自己已经很了不起了,干吗要去管男人呢?听话的男人不用管,不听话的男人,要管也管不到;对你好的男人不用管;对你不好的男人不会让你管;爱你的男人不用管;不爱你的,呵呵,轮不到你管!"

别把他的"红颜知己"当成"红颜祸水"

在两性世界里，"红颜知己"一直是一个比较敏感的词语，通常男人提起它总有一种莫名的温情与温馨的渴盼，而女人则总是将这个词和男人的"花心"联系在一起，甚至把"红颜知己"当成"红颜祸水"。

其实，男人之所以会倾向于找红颜知己，确切地解释是因为他们需要一个与自己在精神上独立、灵魂上平等，能让自己把心中的忧虑、担心、疲惫、无奈、软弱等负面情绪释放出来，并给予适当意见的女性朋友而已。

面对男人的红颜知己，你要是心生怀疑、愤愤不平，大张旗鼓地和男人哭闹，或者大吵大闹找上门去，反而会让男人在心里看轻你，由此一来，他也许不会安慰你，反而去找红颜知己诉苦、安慰红颜知己，这不是给了他们更多相处的机会了吗？

齐苗和老公结婚四五年了，两个人婚后的生活很幸福，老公不懂得浪漫，但他的关怀却温暖实在。虽然他们的生活不是大富大贵，但这种安详的幸福令齐苗已经很满足了。不曾想，不知不觉地老公居然有了一个红颜知己。

那位红颜知己是老公的高中同学，两人在一次同学聚会上互留了电话，而后开始了联系，时常会互诉衷肠。得知这件事情后，虽然老公口口声声说从来没有做过对不起齐苗的事，日后也不会做出对不起她的事，但齐苗觉得老公欺骗了自己，于是忌妒甚至愤怒，经常与老公疯了一样地大吵大闹，还每天要求察看老公的电话记录和短信信息，甚至每天都要不厌其烦地打十几个电话问他在哪儿。

夫妻之间失去了最基本的信任，齐苗的老公觉得两人之间的爱越来越空洞,情感上越来越疏远,有时候夫妻单独相处时相对无言。这种痛苦的心理战斗,让他深感生活的无奈和痛苦,于是无奈地提出了"离婚"两个字。

红颜知己是心灵伴侣、思想交流的驿站、灵魂存放的小屋。男人交一个红颜知己,无非是想给空虚的心灵浇点儿鸡汤,在迷茫时渴望得到智慧的点拨,能够分担自己的快乐和忧愁,这是一种心灵需要。

红颜知己本身并不能真正危及夫妻两人的关系,真正危及两人关系、破坏两人之间感情的是夫妻两人之间的感情矛盾增多和精神交流的减少。对丈夫的不信任让齐苗的行为近乎疯狂,也导致一个本来美满的婚姻逐步走向解体。

既然如此,面对丈夫的红颜知己,女人大可不必担忧或惊慌,将之视为"红颜祸水"唯恐避之不及,最重要的是放宽自己的心,给予理解和信任,相信男人的人和心都在你这儿,给他充分的自由,不过分限制他的交友范围。当男人的压力在红颜知己那里得到些许的缓解后,他的心情会轻松愉快,你们相处起来也会开心舒服的。

事实上,每个男人在心理上都需要两个女人,一个是老婆,一个是红颜知己;一个疼他,一个懂他。甚至有一个知名男作家曾这样说过:"如果一生中有一个美丽贤惠的妻子,再有一个剑胆琴心的红颜知己,这就是天底下最幸运的男人。"

那么,你为何不将老婆与红颜知己两个角色结合于一体呢?最好的女人,就是男人能从她身上找到妻子和红颜知己两种相互交织的感觉,即在生活上及时地、恰当地给予他妻子的关爱和照顾,又能够善解人意地与他相知相悉、志趣相投,随时捕捉他的心理动态,做他的红颜知己。

几年前,美国家庭问题专家大卫·奥尔森对两万多名已婚者的研究显示,96%拥有幸福婚姻的人可以将最真实的感受与配偶分享。也就是说,女人如果能成为老公的红颜知己,保持心灵上的沟通,幸福的婚姻就掌握在自己

手中了。

因此，你可以主动去和老公的红颜知己交朋友，变忌妒为好奇，从红颜知己身上学长处也更有利于夫妻间的相处，从而了解男人的精神世界，随时随地明白他想什么、做什么、需要什么。同时，也能帮助丈夫和红颜知己把握好交往的度。

> **男人心语**
>
> 对男人来说，如果有幸得到一位红颜知己，多半会将她作为心灵深处最温柔的秘密。想想在一生中，有一个人能够静静地听你倾诉，默默地守候着你本身就是一种幸运。因此，几乎每个男人都想拥有一位红颜知己。

莉莉知道老公有一个红颜知己，这已经是两个人公开的事情了。莉莉还见过那个女人几次，她是一个娴静、淡雅的女人。每隔一段时间，老公就会很想念她，给她打电话邀她见面，两人在茶室里聊聊天、喝茶品茗。

莉莉不甘心老公在冷落自己的时候却对其他女人敞开心扉，而且每次聊天他们都看起来那么的投机又兴趣盎然，老公的神色也会轻松、兴奋好几天，好几次莉莉都想与他大吵一场。

不过，莉莉是一个聪明的女人，她相信丈夫和她之间没有任何越轨的行为，他们之间只有精神交流，于是她收起自己的火气，悄悄约了丈夫的这位红颜知己，请教自己婚姻的问题出在哪里，这位女子莞尔一笑，说道："我做的只是使他得到精神上、心灵上的安慰，你不妨多问问他在想什么、需要什么等。"

自此以后，莉莉开始轻言慢语地做丈夫的思想工作，问他最近的工作状况、心里有什么新想法，尽可能多地了解他的精神世界。渐渐地，丈夫和红颜知己见面的时间少了，而且精神饱满，莉莉再也不用偷偷地吃红颜知己的醋了。

善解人意一点儿，男人在你这里既能得到生活上的体贴，又能获得心灵上的安慰，自然就不会想着到外面找红颜知己了。爱他就满足他做天底下最幸运的男人吧，更何况这也是在为你自己的幸福着想。

要知道，红颜知己不需要有绝美的容颜，不需要有性感的身材，不需要有高超的厨艺，不需要有操持家务的体贴，最关键的是她一定要是一个有思想、有内涵、有品位、懂人生的成熟女人。

女人永远不能放弃自我的完善，平时一定要多读书、多学习，努力地丰富自己。当你有足够的思想、智慧以及情趣，当你对人生的见解能和丈夫棋逢对手时，你们的婚恋关系也就拥有了真正的凝聚力。

不在男人的过错中徘徊

人非圣贤，孰能无过。无论两个人多么相亲相爱，无论两人的爱情多么坚不可摧，都不可能时时刻刻做到尽善尽美。在一方的眼中，另一方总会偶尔犯下这样或那样的错误，尤其是男人更容易犯错。

女人的心思细腻且脆弱，她们很容易揪住对方的错误不放，无法饶恕对方、无法放开自己，结果就像水越搅越混浊一样，只会把事情弄得越来越复杂，折腾得双方都疲惫不堪，最终毁掉了爱情、毁掉了婚姻。

这是因为，当男人真切地认识到了自己的错误时，心中会有内疚感、谴责感，他的态度就会柔软很多，本来在家里他说一不二，想干吗就干吗，但是如果他犯了错，他会开始乖一点儿，讲话的口气柔软了，也不太会对你颐指气使了，会变成比较像夹了尾巴的小狗。

愿赌服输，其实犯错后，大多数男人会过意不去，很愿意面对自己所犯的错，会认为"已经犯了这样的错，你要怎么惩罚我，我都能够接受。"这时

候,如果女人能够理解和原谅的话,男人的这种自责就能够得到解脱,可以化暴戾为祥和,也会使他纠正错误、真诚相待。

相反,如果女人不能理解和原谅男人,那么他就会产生沮丧、悔恨、郁闷、绝望等心理,影响身心健康。这种心理现象就如同男人不小心掉进了一个坑,地位一下子比妻子低了很多,妻子不允许男人从坑里爬出来,每天把他踩在脚底下,拥有大男子主义的男人迟早会不堪重辱、情绪崩溃的。

最近,艾玛从朋友口中得知一个不幸的消息,身为大学教授的丈夫白松现在和一名女学生走得非常近,两人经常在学校进进出出。艾玛见过那个女孩,很清纯也很漂亮,就像几年前的自己一样惹人喜欢。

艾玛心里很痛,她想了一下午,对方年轻漂亮,如果硬要跟对方平等竞争的话,输的那一个毫无疑问是自己。而且,既然丈夫的爱已经不在了,又何必强求呢?于是,她做好一桌可口的饭菜,待白松回家后将事情挑明。

白松是一个明事理的人,他解释道那位女学生是自己的爱慕者,和她在一起感觉自己很年轻、充满了活力,自己并没有什么其他过分的想法。随后,他深刻地检讨了自己一番,声称自己以后不会做出这种错误的行为。

过了一段时间,两人终于和好如初了,白松以为没有什么事情了,但谁知道,艾玛一想到丈夫曾经和另一个女人有"暗送秋波"的感觉后,就犹如鱼刺鲠住了喉咙,她常常没理由地生气,指责白松欲图背叛自己。

白松明明已经和那名女学生断绝了非正常的来往,但是艾玛却死死地揪着这件事情不放,动辄拿出此事

> **男人心语**
>
> 愿赌服输,其实犯了错,大多数男人会过意不去,很愿意面对自己所犯的错,认为"已经犯了这样的错,你要怎么惩罚我,我都能够接受。"女人别在过错中徘徊,给我们一个机会,我们一定会在其他方面进行补偿。

来说，白松感到委屈极了，也变得脾气暴躁起来，两人吵架的次数也就愈加频繁，后来他们选择了离婚。

男人犯错，尤其是感情出轨，女人伤心难过、气愤难平是正常的。但如果你还想维系这段婚恋关系，如果你还爱眼前这个男人，那么待他认错之后，就不要总是在他的错误中徘徊，更不要不时地把这件事翻出来和他理论。

感情是最复杂的东西，变幻莫测。家不是讲理的地方，而是讲情的地方。既然选择了与他走过一生一世，又何必拿婚姻中的沟沟坎坎惩罚对方？同时也惩罚自己呢？只要爱还在，就没有什么不能挽回的。

面对男人犯错，女人要找到发泄自己情绪的突破口，要么选择当场回击，或是发脾气、冷漠都可以，发泄完了不但可以平息自己心中的委屈，还可以平衡男人的自责心理；要么你就睁一只眼闭一只眼选择原谅，但要记住的是，原谅后就要学会彻底忘记，让男人从错误的深坑中跳出来，感情平衡了才不会面临分裂的危险。

王军与范美是一对夫妻，王军经营着一家办公用品公司。2009年底，范美收到了一条陌生的短信，短信的内容是："我是王军的女人，王军已经不爱你了，他将会很快和我在一起。"以范美的聪明才智，看过之后便知道是怎么回事，她很淡定地读完后删了这条短信，因为她知道，这个女人既然会给自己发威胁短信，同样会告诉王军这条短信的内容。

王军出差回来后，范美做了丰盛的晚餐给王军接风洗尘，王军这一餐吃得很不自在，中途王军问范美，最近有没有收到陌生的短信。范美看着王军的眼睛，摇了摇头说没有。这句话像沉重的石块一样一直搁在王军的心头，他原本以为范美会大哭大闹，这样也许王军会好受些。可是范美的冷静更可怕，因为王军无法预知未来会发生什么。

之后的几天王军天天都回来得很早，都表现着很好。每次回家后，王军

都会问范美这几天有没有收到陌生的短信,范美总是摇摇头。范美依旧保持着往日的贤惠,这让王军越感惭愧,一个星期后,王军终于忍不住内心的折磨,他向范美坦白了自己的错误。面对王军的错误,范美只淡淡地说了一句话:"如果你爱我,就和她断了;如果你爱她,就和我断了。"

王军表示,一定会悔过自新,和外面的女人断了。通过这件事情后,王军愈发感受范美的贤惠和包容,他也更加全心全力为这个家付出,更加爱范美了。

哲学家尼采说过这样一句话:"对于一个好婚姻的考验,就是它容忍了一个例外,一个婚姻的质量因此而经受了考验。"容忍不了男人的错误,犯一次规就崩溃的婚姻,也说明本身的质量有待考证。

女人,善解人意一点儿吧,对于男人的错误,能原谅的就应该原谅,不要在男人的过错中徘徊,只有你平静了、坦然了、从容了,允许男人从坑里爬出来,你们才能以平等的地位对话,相信男人一定会拿出更多的爱加倍偿还你。

第4章

不要一直喋喋不休,该沉默的时候就沉默

——懂男人,就要用他渴望的方式去交流

不通则痛,通则不痛,这是众所周知的中医理论。婚恋中的男女也是如此,女人若想读懂男人的心,就要用他渴望的方式去交流,不要一直喋喋不休,该沉默的时候就沉默,给矛盾留下大量的空间,给双方一个思考和回旋的余地。美满幸福的生活,必从良好的沟通开始。

适时关上"话匣子"

网络上流传这样一个笑话:一名男子很痛苦地对朋友说:"我和妻子已经18个月没说话了,因为我根本就没有机会打断她。"在我们的实际生活中,大男人被老婆唠叨得灰头土脸的情形屡见不鲜。

"说了多少次了,进屋的时候先换拖鞋,尊重一下别人的劳动成果好不好?你怎么就听不进去呢?""你怎么又把鞋子弄得那么脏,不是跟你说过了,去跑步不要穿那么好的鞋去,随便穿一双不就行了,那么脏怎么洗啊?""你到底什么时候起床吃饭啊,每次都要等着叫,你就不能自觉点儿!"……

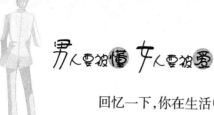

回忆一下，你在生活中是否经常说这样的话。如果这些话是你的口头禅，那么很遗憾地告诉你，你在家里扮演的是一个爱唠叨的角色，即使你是个漂亮的美人儿，也会令你的男人退避三舍、深恶痛绝。据一份调查报告显示，90%的男人都讨厌关不上"话匣子"、没完没了唠叨的女人。

唠叨是女性普遍存在的一种行为，是感性的一种表现。但是，男人们不是了解人性心理学的专家，女人不断地如同上级一样下达命令，在男人眼里就意味着权力的移转，摆明了不信任男人的能力，甚至被翻译成"你在怪我不能让你幸福……"如此一来，男人当然感觉不爽，会产生排斥情绪，变得麻木甚至逃之夭夭。

武生是某高中的化学老师，平常批改作业、研究课题的时候，最渴望安静的环境了。可是，每每他刚坐下来，妻子的唠叨声就不绝于耳，一会儿让他把鞋子放到门口，一会儿问他把袜子放在哪里，一会儿又说隔壁的王阿姨怎么怎么了，再不就是怪他不懂体贴等。平时，武生认为妻子的声音是很好听的，但此时怎么就像只乱蜇乱爬的小蜜蜂，把他扰得心烦意乱，作业看不下去了，问题也想不下去了。

后来，武生就想了一招，因为他知道妻子早上不爱早起，于是自己早上就早一点儿偷偷爬起来，静静穿好衣裤，蹑手蹑脚走出卧室，来到客厅，开始研究自己喜欢的课题。那是他一天中唯一安静的时候、唯一没有唠叨声灌耳的时候。他几乎每天都祈祷上帝让妻子可以多睡一会儿。可是，还没等他理清头绪，隔壁就传来了妻子的唠叨："天

> **男人心语**
>
> 世界上最厉害的婚姻"破坏者"不是第三者，而是女人无休无止、滔滔不绝的唠叨。当一个女人不像一个妻子，而像老妈一样总喜欢说个没完时，那简直是一个噩梦，这段婚姻也就出现了危机。

天晚睡早起,你身体怎么能受得了啊?你就不能让我好好地省一省心吗?"

无奈之下,武生只好打开电视,正好在转播球赛,怕妻子听到,他将声音调到了最低,正看得兴致勃勃,妻子出来就把电视关掉了,说:"你就不能消停一会儿吗?"武生的火气也来了,说:"你能不能消停一次?能不能少说一句?我早晚要被你的唠叨声折磨死……"说完,没吃饭就上班去了。

面对妻子的滔滔不绝,武生不耐烦地说:"她睁开眼就不停地唠叨,我要不停地按照她的要求做事。我实在是受够了,我想任何一个正常男人都忍受不了这种滔滔不绝,两个人在一起还不如一个人清静。"

渐渐地,武生在家便不再爱说话,任凭妻子说什么都无动于衷。妻子习惯了这种唠叨的生活方式,武生越不说话,反而越激发了她心里的愤怒,"我明明是为了你好,你怎么不领情?我现在活着毫无意义,你知道吗?……"

很多女人之所以爱唠叨,是因为在她们看来唠叨是一种对爱人关爱的表现,却没有意识到唠叨让男人很难承受,更想象不到唠叨已经对男人造成了无形的伤害,在心理上对他们是一种痛苦的折磨。

一位西方著名的哲人曾说过:"一个男性的婚姻生活是否幸福和他太太的脾气性格息息相关。一个女人即使拥有再多的美德,如果她脾气暴躁又唠叨、挑剔、性格孤僻,那么她所有的美德都等于零。"

明明是为他好,怎么不领情?女人经常会为男人不能理解自己的良苦用心而抱怨、指责。其实,换位思考一下:如果一个人整天在你的耳边唠叨不停,不准这样、不能那样,你不会感到疲倦和厌烦吗?你烦,他也烦。

既然懂得了男人厌烦唠叨的这一心理,如果你爱他、想留住他,请你一定要时刻提醒自己适时关上"话匣子",不要喋喋不休、唠唠叨叨,不要再像个"女唐僧"一样,该沉默的时候就闭上嘴,给予男人适度的关爱。

为此,你可以训练自己把话只讲一遍,然后就忘掉它。如果你不耐烦地

上篇　致女人
——爱他,不如懂他

提醒你的丈夫六七次,说他曾经答应过要一起去做某件事,如果他不做,你就不用再浪费唇舌多说几遍了,唠叨只会使他更想拒绝而已。

另外,你还可以试着扩大自己的心理空间和生活空间,阅读一些陶冶身心的文章、多结交一些可以谈心的好朋友等,这一方面可以避免将注意力过度集中在老公身上,减少朝他唠叨的欲望和冲动,另一方面则是你发泄情绪的有效方式。

尤其是当男人心情不好、疲惫不堪时,哪怕你有无数个诉说的欲望,只要不是不立即说出来天就会塌下来的大事,请关上你的"话匣子",给他一段独处的时间,陪他安静地坐一会儿。待他理智与冷静后,会有足够的情绪照顾你的心情。

请记住,你不可能用唠叨的话套牢一个男人,这样做的结果,只会是破坏他的精神,毁灭你的幸福而已。为了自己的幸福,戒掉爱唠叨的毛病吧。该沉默的时候就闭上嘴,你会更幸福。

抱怨不是沟通,会赶走两人的好心情

人是喜欢表达的动物,而抱怨似乎是女人的专利和习惯。生活中,女人对细枝末节的抱怨比男人要多得多,女人也总喜欢向男人倾诉自己是多么委屈,而且信口开河、即兴发挥,这几乎已快成为婚姻之常态了。

"你不知道我也很累吗?为什么还要叫我做这干那?我怎么遇上了你这么一个男人!""就赖你,这么晚才起床,让我上班都迟到了!""你说说上次你给我买花是什么时候的事情?你还懂不懂什么叫浪漫?"……

女人喜欢抱怨,这一切无非是为了吸引男人的注意、发泄对男人不满的情绪。但是，抱怨是强有力的沟通行为吗？不是，事实上结果会更糟，男人很害怕女人的抱怨，女人的抱怨常常会把自己的男人赶走。

其中一个实验似乎能解释这个问题：科学家对 50 名男子和 50 名女子的大脑进行扫描后，结果表明，女性大脑中分布的某些深色区域远远大于男性，而这些深色区域正是语言功能活跃区。女人爱抱怨就在于这些深色区域的作用，只可惜男人这方面的能力比较弱，能正确理解女人抱怨的几率低之又低。

因此，女人抱怨的时候，男人大多时候不明白女人抱怨的具体事情，恐怕只能明确感知的是"今天怎么脾气又不好了？我哪儿又惹你了？"以为女人发了神经，或者他会将这种抱怨当作是女人的诉苦大会，女人对于自己、对于婚姻似乎有倒不完的苦水，认为跟着自己是吃苦受累。

现代社会，男人奔波于繁忙的工作中、周旋于复杂的人际交往中已身心疲惫，怎能忍受女人无休无止地抱怨？如倒垃圾般发泄自己的情绪呢？抱怨就像瘟疫，传染着、蔓延着，会赶走两个人的好心情，令男人身心俱疲，长此以往他会特别反感。这是大部分男人所具有的一种正常的逆反心理。

柴米油盐酱醋茶，锅碗瓢盆叮当响，女人整天围绕着一个男人转来转去，觉得自己对家庭付出了太多，再加上皱纹悄悄爬上眼角，容颜渐渐被西风憔悴，心里的一把怒火腾腾腾地向上蹿，纳不下、息不了，于是心生抱怨。

女人三天两头对着男人抱怨，说来说去，无非是在数落他的不是，而数落得最多的也就是他在家里什么事情没做好、什么事情不关心。有时候，女

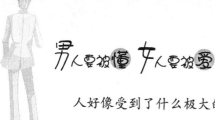

人好像受到了什么极大的刺激、什么极大的侮辱，一把揪住男人，一顿咿咿呜呜地谩骂。

男人于是慌了神，一时反应不过来，手无足措地站着，呆呆地看着眼前这个发疯的女人，半天也搞不明白这是怎么啦、这究竟是为了什么。后来，男人简直受不了啦，下班后都害怕回家，还授予妻子一个头衔："抱怨大王"。

抱怨并非一种沟通的方式，著名的心理学家特曼博士曾对 2000 对夫妇做过详细的研究。结果显示，丈夫们都把唠叨列为自己的太太最让人难以忍受的缺点。而更有意思的是，女人也不喜欢另一个唠叨的女人。

"如果上帝要毁掉一个男人，那么就会让他遇到一个喜欢抱怨的女人。"做妻子的你必须懂得这一点，记住：男人们都不喜欢拥有一个唠叨的妻子，如果你想让自己的家庭幸福和谐，从今天开始停止毫无意义的抱怨吧。

女人之所以有太多的抱怨，是因为对男人有太多的要求，你要纠正自己的这种错误的信念和观点。所谓"己所不欲，勿施于人"，男人没有责任和义务来满足你的一切要求，生活的真谛也不在于索取。

事实上，男人最需要的是女人的肯定和尊重，他希望自己能够让心爱的女人好过一点儿，让她觉得他对她很有帮助。女人若能懂得他的好，男人会得到极大的心理满足，精神状态好了、精神足了，什么事都能步入正轨。

记得安徒生曾写过这样一则有趣的童话，叫《老头子总是不会错》。

在某个偏僻的小村庄里住着一对清贫的老夫妇，他们决定把家里唯一值点儿钱的那匹马拉到集市上卖了，好换点儿有用的东西。

这天，大清早，老头牵着马去赶集，他先与人换得一头母牛，又用母牛换了一只羊，再用羊换了一只肥鹅，又用鹅换了一只母鸡，最后又用母鸡换了别人的一大袋烂苹果。在每一次交换中，他都想给老伴一个惊喜。

在回家的路上，老头来到一家小酒店歇脚时，遇上了两个从英国来的商人。在闲聊中老人谈到了自己赶集的经过，两个英国人听得哈哈大笑，认定老头回到家准得挨老婆的一顿数落。老头也知道自己上当了，但是他却坚信老婆绝对不会抱怨自己。英国人用一袋金币打赌，如果他回家没有受到老伴任何责罚，金币就算输给他了。

3个人一起回到老头家中，老太婆见老头回来了非常高兴，又是给他拧毛巾擦脸又是端水，还一边听老头讲赶集的经过。老头毫不隐瞒，将整个过程一一道来。老太婆津津有味地听着，每听老头讲到用一种东西换了另一种东西时，她都没有丝毫抱怨，竟都十分激动地予以肯定：

"哦，我们有牛奶了！"

"羊奶也同样好喝！"

"哦，鹅毛多漂亮！"

"哦，我们有鸡蛋吃了！"

最后听到老头子背回一袋已开始腐烂的苹果时，她同样不愠不恼，而是开心地说："真好啊，我们今晚就可以吃到苹果馅饼了！"说完，不由得搂着老头子深情地吻了他的额头……

读了这个童话，也许你会觉得这个老太婆太傻了，一匹马换回一堆烂苹果还那么高兴，是不是有点弱智呀？其实仔细想想，老太婆太聪明了，在她眼里，"老头子比什么都重要"，而抱怨不停只会大伤和气，最后还有可能失去老头子。

命苦关乎谁？还不是自己把握不好、拿捏不住。女人少一点儿抱怨，男人就多一点儿温情，彼此多一点儿理解和默契，不断地学习、沟通、磨合才不会一步错，步步错，也才不会整天怨天尤人。

男人是用来爱的，不是用来比的

俗话说"人比人，气死人"，但是在虚荣心的驱使下，很多女人看到别人的种种好处，再想到自家的种种坏处，总是忍不住拿自家的男人和别人的相比，特别是在男人不得志的时候，比较更是成了家常便饭。

在生活中，我们经常听到类似的声音："你们俩是同事，你看人家已经连升了好几级了，可你呢，才升了一级！""闺蜜的男友给她买了毛皮大衣，他有本事赚钱，可你呢？""如果我当初不嫁给你而嫁给他的话，我的生活要比现在好多了"……

对于女人而言，这样的比较是为了刺激老公，让他能够向别人看齐，可是恰恰相反，男人并没有因为你的这种比较更加努力，更加奋发图强朝着别人的方向去做，反倒越来越不得志，家庭矛盾越来越严重。

我们来看一个事例。

萧萌结婚快 10 年了，她和丈夫还有一个可爱的女儿今年 7 岁了。在外人眼里，萧萌温柔漂亮、老公帅气能干、女儿可爱聪明，一家三口快乐美满。可这个看似美满的家庭早已硝烟重重，甚至准备离婚。为什么呢？

虽然丈夫努力地做着工作，每天早出晚归，但是萧萌老嫌弃他工作几年了一直只是个小职员，老拿他和别的男人比较。开始时，丈夫还笑脸相迎，可久了他就不耐烦了。这不，两人又因此爆发了激烈的争吵。

"哎呀，你看看你，"萧萌皱着眉头说道，"在单位混十多年了还是个小职员，人家小敏的老公早就当副经理了，职位高，又有钱，跟着那样的男人真有面子。你再不赶紧往上爬，恐怕以后就没有什么机会了。"

"我这人不好争，你当初嫁给我的时候又不是不知道，而且咱们现在有吃有喝，不挺好吗?"

萧萌开始变得变本加厉了，"什么?挺好?你就这么没出息! 一个大男人每月才赚那么一点儿钱，你想让我和女儿就这样跟着你窝囊地过一辈子?我真后悔当初怎么看上你这么个不求上进的东西!"

"我工作勤勤恳恳，对家庭尽心尽力，我怎么了?你为什么非要让我跟别人比呢?你要是这么怀疑我的能力，要是真的觉得别人比我好，那好，离婚吧，你去找一个你觉得好的人过好生活去吧。"

没过多久，丈夫坚决地与她离了婚。萧萌到处哭诉:"他给不了我比别的女人更好的生活，跟着他我省吃俭用地过日子，他也太没有良心了……"到了最后，萧萌仍不知道，其实是她的比较毁掉了婚姻。

比较，是女人不幸福的根源。为何会出现这样的结果呢?

这是因为，男人天生竞争欲强，并且从不愿服输，最不能承受的就是别人的否定和贬低，特别是自己的妻子。女人的比较只会带来两种后果，一种是男人认为自己被你看轻，认为你是有意贬低他，连自己最亲近的人都如此看轻自己，那他还有什么信心可言呢?另一种后果是，男人会认为女人在挑剔自己、表示不满，他还会绝情地想:"如果你不满意，为什么你还不马上离开?他好，你就跟他走嘛。"男人嘴上虽然不会反驳你，但心里却埋下了仇恨，很可能会悄然而去。

上篇 致女人
——爱他，不如懂他

83

由此可见，不懂得男人这些心理，只拿丈夫和别的男人比较，不厌其烦地在丈夫面前称赞其他男人的女人，只会长他人志气灭自己威风，由此而出现的感情、婚姻问题更是层出不穷，根本谈不上安宁与幸福，实在是愚蠢得很。退一步讲，就算现在他再无用，也是你自己当初的选择，你又能责怪谁？

男人只要去爱就行，不要拿来和别人比较，更不要在他面前总说别人如何好，数落他没出息。身体的伤害很容易治愈，精神的伤害却会延续很久。你是他最亲密的人，爱他就一定要尊重他、呵护他。谁不想过上好日子，只要他尽力了就行了。

不要仰望别人的幸福，不要利用他满足你的虚荣心，收起你所有的羡慕，爱他就要理解他的苦衷，多些温柔体贴、善解人意；少些急躁埋怨、指责，实事求是地提出一些合理的、现实的理想，双方共同努力，把它变为现实，岂不是更好？

当然，有的女人的确值得我们羡慕，但是你必须要意识到，凡事就像一个硬币，有正的一面就有反的一面。那些我们所羡慕的风光女人同时也在承受着她们的不如意，所谓"人人都有一本难念的经"，正是这个道理。

当羡慕别的男人高收入和风光时，不妨想想他们通宵达旦地加班、彻夜不眠地思考、马不停蹄地奔波，你要独自守家黯然伤神；当羡慕别人的男人有金有权、浪漫多情时，你为什么不想想他的女人要时刻备好武装驱赶随时出现的桃花，还要为他周围复杂的人脉顾及周全……不是吗？

更何况，人生就好像一场人人皆参赛的"龟兔赛跑"，人与人之间的差异是永远存在的，每个人的处境与机遇都不同，谁跑得快或慢、成功或失败，不到最后一秒钟谁也不知道谜底。所以，当男人暂时殿后的时候，你不必立即陷入比较的泥淖，更无须急躁地比来比去焦虑地喋喋不休。

放轻松一点儿吧,你不妨拿他和自己比比,看看他是否对你更体贴了、是否越来越成熟了、是否离期望的目标越来越接近了?用感恩的心去感受他,用体贴的行动去鼓舞他,他会喜欢这样的比较方式,而且效果要好得多。

换种沟通方式,别把"离婚"挂嘴上

　　"离吧、离吧,这日子没法过了。"

　　"离就离。"

　　相信这种经典的对白在年轻夫妻的争吵中屡见不鲜。当两个人发生矛盾的时候,女人肯定会痛苦、烦恼,往往被自己的坏情绪所淹没。没结婚的女人放在嘴边的就是"分手";已结婚的女人放在嘴边的就是"离婚"。

　　和小孩子那样以"我不和你玩了"来表达自己的不满情绪一样,女人通常自己的心里不想离婚,之所以提出"离婚",一是为了表达自己的不满情绪,二是认为男人不可能跟自己离婚,用"离婚"这种说法来威胁他,其目的是希望对方受自己控制。

　　但是,男人是自尊心强的动物,女人嘴边的"离婚"两字在不断给对方强化一个信息:"我们的关系很容易破裂。"其潜台词就是"你不适合我",这是对男人的一种否定,会打击男人的自尊。男人自尊心受挫,肯定会激化夫妻间的矛盾。当忍耐到达极限时,男人会无心恋战,离婚便是他们对抗疲惫的最后武器。

　　结婚5年了,彭燕和丈夫的感情很好,但是她有些小孩子脾气,经常为一些鸡毛蒜皮的小事与丈夫吵架,每次吵架她都会说:"离婚!"丈夫害怕真的会离婚,赶紧赔礼道歉,因此,以后每次吵架彭燕都会说"离婚"。

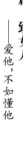

这一次，他们又开始了争吵。当愤怒的彭燕大叫着离婚时，她的丈夫一把拉住她说："既然你总是说离婚，那我们就离了吧，咱这就去民政局。"说完，他拿出了户口本、身份证还有两本红红的结婚证。

一向争强好胜的彭燕顿时傻了眼，"不是，我……"她话还没说完，眼泪就掉下来了。丈夫看着她："离了吧，正合你的意心了……"彭燕也没再说话，含着泪签了字。就这样，5年的婚姻突然画上了句号。

从民政局回来，彭燕崩溃了，她其实是从未想过离婚的，所谓的"离婚"不过是她表达不满和愤怒情绪的方法罢了。没想到，以前一听离婚就赶忙投降哄她的丈夫这次竟来真格的了，她后悔极了。

女人说离婚的时候并不是真的想离婚，而是用这两个字来考验男人对自己还有多在乎，要威胁男人妥协，只是有很多的婚姻就在两个人都不愿意妥协的情况下瓦解破碎，不得不说是一种遗憾。

人与人之间的相处总会有磕磕碰碰，夫妻结婚本身就是两个矛盾体的结合。结婚以后，年轻夫妻的脾气需要磨合，拌嘴吵架是常有的事，问题是要正确地看待婚姻中的矛盾，找个机会好好和对方沟通一番，用一颗宽容之心来包容对方。

男人心语

女人动不动就提离婚，我们会感到女人不在乎自己和这个家庭，这是对男人的一种否定，会大大打击男人的自尊。如果正赶上我们心情不佳，女人离婚的尴尬就不可避免，这一点女人要做到心中有数。

婚姻是很严肃的事情，"离婚"两字是消极的、愚蠢的、幼稚的，对婚姻具有极大的破坏性，非到万不得已是不能轻易说出口的，即使你只是开开玩笑而已。如果总是拿离婚要挟对方，次数多了就不管用了，男人会选择离开。男人如果下定决心，谁都拦不住。到那时,很有可能两败俱伤,你就会悔之晚矣。

懂得了男人的这些心理后,以后你就别老把"离婚"常挂在嘴边,赶紧改掉这个坏习惯吧。在出现矛盾的时候学会静下心来,冷静地分析一下、换位思考一下,婚姻是需要长期呵护才会更幸福、更长久的。

一次次争吵之后,晓雯习惯性地甩下一句"离婚",拿着包包做势想出门,老公竟然安坐在沙发上纹丝不动,丝毫不像以前那样紧张,一点儿也没有拦她的意思。老公的无动于衷让晓雯心灰意冷,她躲在闺蜜家哭了一个小时。

闺蜜是一个深谙婚姻智慧的女人,她微微一笑,问晓雯:"你还爱他吗?如果你爱他,就记住不要把离婚挂嘴边,说久了会伤感情的。你不是之前一直问我为什么婚姻幸福吗?告诉你吧,无论我和爱人发生多大的矛盾,只要我清楚自己还是爱他的,那么我就绝对不会提离婚,你何不和他好好谈谈呢……"

正在这时,估计老公气消了,打电话问晓雯在哪里。晓雯在闺蜜的引导下作了一次深刻的反省,"我有时太情绪化了,我不想离婚,刚才只是说气话,希望你能够体谅我。"老公听到这话也赶忙说:"我有很多的缺点,我愿意慢慢地去改,找个好老婆不容易,你别动不动就提离婚,真的很伤感情。"

自那以后,吵架时晓雯就再也不提离婚了,而是会冷静地思考一下自己因为什么原因而愤怒、是老公哪里做得不好了、自己是否有什么做得不好的地方……如此一平,弄清楚问题,解决起来也就容易多了。现在身边的人都很羡慕晓雯有一个体贴的老公、完美的家庭,晓雯嘱咐道:"什么事情都有解决的办法,记住不要把离婚挂嘴边哦。"

夫妻之间是讲不清道理的,吵架也没有对错之分,"离婚"这种过分的无理取闹更不可取,毕竟没有谁愿意让谁以胁迫的方式来相处,而且再多的感

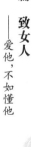

情也经不起一再的考验。女人，换种沟通方式，别把"离婚"挂嘴上。

正如歌中所唱："所以牵了手的手，来生还要一起走。所以有了伴的路，没有岁月可回头。"两个人能够牵手结婚，已经是难得的缘分。在婚姻中，有了什么问题，只要想方设法去解决，便不会有离婚的悲剧发生了。

口吐莲花，不如细细聆听

知道吗？男人十分希望有一个女人愿意听他说他的压力，尽管女人可能帮不了他什么。

人与人之间的关系完全是在沟通和交流中建立的，沟通的效果决定了彼此关系的疏密。沟通是一个双向的过程，一个人说，一个人听不叫沟通，叫讲座。如果一方一味地表达自己的意思而忽略对方的回应和感受，就会出现交流失衡，进而影响感情。

在婚恋生活中，不少女人往往就充当了那个"只说不听"的角色。有些女人心直口快、善于表达，高兴了或者不开心了，都急于找男人诉说，喋喋不休、口吐莲花，而男人每每有什么话要说时，却根本不给其说话的机会，诸如以下的场面经常出现在生活当中。

丈夫匆匆忙忙地回到家中，连一口气都顾不上喘，就兴奋地向妻子说："亲爱的，你知道吗？今天是个值得庆祝的日子，董事会特意叫我过去汇报我负责的小组的工作，而且还要我提出自己的见解，还有……"

"哦，是吗？"妻子却明显地在想着其他的事情，她淡淡地说："你吃饭了吗？听你说要加班，我和女儿刚刚已经吃过晚饭了。另外，厨房的灯不知道怎么回事不亮了，吃完后你去检查一下吧！"

"没问题,"丈夫似乎还有很多的话要说,"我在这家单位工作三四年了,现在终于引起董事会的重视了!说真的,当时我都有些紧张,我的手都有些发抖了,不过还好,甚至连董事长都点头表示十分赞赏我……"

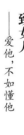

男人心语

很多时候,我很希望有一个女人愿意听听我的心里话,尽管你可能帮不了什么忙,但就这一份肯分担的勇气,就让我心动不已。事实上,男人很多时候会爱恋上一个肯认真听他讲话的女人。

然而这时,妻子却阻止住了丈夫再讲下去,"嗯,你赶紧吃饭吧。对了,晚上的时候,学校打电话过来了,说女儿最近的学习成绩下降得厉害,你需要用点儿心思好好辅导她,我对女儿是一点儿办法也没有了。"

直到这时,男人彻底沉默了,他默默地吃饭,默默地把灯修好,然后开始辅导女儿的学习。到晚上睡觉前,妻子仍在喋喋不休,"你说我明天穿哪件衣服好?嘿,你怎么一晚上都沉默寡言的,真是的……"

出现这样难堪的场面,难道是男人过于自私吗?当然不是,他只是希望妻子能够倾听自己的倾诉而已,但是妻子却一直自顾自地说,和男人要说的事情根本风马牛不相及,男人自然没心情听她说话了。

其实,不只是女人,男人也有表现自己、表达自己的欲望。无论一天的工作是好还是不好,男人都希望在心爱的女人面前有说话的权利,需要女人主动地、积极地倾听他的倾诉,他渴望被了解、被理解。

一个善于倾听的女人总是能够带给男人最大的安慰。可以想象一下,有一个温柔自然的女性正在认真地听着自己的倾诉,而她所提出的问题又说明她已经听懂了自己所说的每句话,并且乐在其中,这是对男人最好的尊重和认可,如此一来,男人自然会获得某种程度上的心理满足感,找到一种家

的温暖感觉。

懂得了男人渴望被了解、被理解的心理之后，你若想在讲话方面让男人满意的话，就要记住即使自己再怎么能口吐莲花，也别忘记了当你的男人神采飞扬地发表自己的见解的时候，要安安静静地坐在那儿听他说。

有些女人可能不赞同这种观点，认为这是剥夺女人发表自己看法的权利。如果你也这么想，这是因为你还没有认识到善于倾听的重要性，或者说你尚没有尝到倾听男人的"甜头"罢了。

事实上，倾听不仅给男人提供了倾诉机会，而且也是女人一种宝贵的资产。试想，如果你经常能够听到男人的诉说，他的喜怒哀乐、心理活动你都了如指掌，岂不是达到了"知己知彼，百战百胜"的境界，如此，在这场关系中你就占据了上风，他只能情不自禁地被你所吸引，还有什么问题不能解决呢？

琳达是她所在朋友圈中最受欢迎的女人，她走到哪里都很受欢迎，经常有朋友请她参加聚会、共进午餐。

这天，琳达和一个朋友一起参加一次小型社交活动，席间，琳达和活动中一位最英俊潇洒、最有才华的男士坐在一个角落里喝着咖啡，他们似乎聊得非常愉快，这位男士还几次主动邀请琳达跳舞。

活动结束后，朋友问琳达："那个男士真迷人，你们以前认识吗？"

琳达摇摇头说："今天是我第一次见他，是别人介绍我们认识的。"

"是吗？"朋友明显有些惊讶，"他好像完全被你吸引住了，你是怎么做到的？"

琳达笑了笑，语气中掩饰不住喜悦："很简单，我问他喜欢什么音乐。当他说自己喜欢摇滚，特别是老鹰乐队时，我鼓励他给我讲讲老鹰乐队的作品，接下去的一个小时他一直在谈这方面的事情。最后，他要了我的电话，还说我是最迷人、最优雅的女人，希望和我继续交往。"

琳达顿了顿，轻轻地耸了耸肩，继续说道："我以前对摇滚一点儿也不了解，从头至尾我都没说几句话，只是做到了倾听他，而且也因为我对此真正发生了兴趣，他觉察到了这一点，那自然使他觉得欣喜。"

看，这就是女人倾听男人说话的效果。一个善于倾听的女人总是能吸引男人的目光，因为她的"沉默"已经向男人传达了一个信息：这是一个善解人意的女子，她能给我一个可以停靠的港湾。

哲人说，婚姻就像自己的花园一样，需要好好地打理，而且要讲求技巧。对于自己的爱人，一定要给予他充分的信任，同时也要学会沟通。善于倾听丈夫的心事，并给对方一个倾听、了解自己的机会。

值得一提的是，倾听绝不仅仅是完全保持沉默，用耳朵听听而已，更需要用你的眼睛、你的心去倾听，才能够达到真正的效果。所以，在倾听男人说话的时候，女人们需要掌握一些小小的技巧。

当一个男人在向你倾诉的时候，这就说明他把你当做了他最信任的人。这时候，你不能忽略他，更不能不耐烦，你不但要认真地听他说，还要保持良好的精神状态，表现出自己乐意倾听。如果你委靡不振，心不在焉地听他说，他会认为你不在乎他，从而兴味索然，再也没有了倾诉的欲望。

在倾听的过程中，不要随便打断他的话，任意终止他的思路，或者问太多与谈话内容无关的问题，不停地接打电话、写字、发短信，或把注意力转移到其他事情上、忘记他所讲的内容等，这些举动都说明了你在敷衍他，而不是在认真倾听，你会被对方认为是一个没有教养或不尊重他的女人。

当男人向你倾诉时，你要善于运用自己的姿态、表情、插入语和感叹词。比如，你可以适当地微笑点头，并真诚地用双眼望着他，适时地插一些"嗯"、"很好"、"是吗"、"很棒"等话语，如此会让男人更有兴致说下去，使谈话更加融洽。

总之,倾听男人说话的时候,你需要做到耳到、眼到、心到。了解了以上倾听的技巧后,只要你在日常的生活中善于体味琢磨、恰当运用,你就可以轻松掌握谈话的主动权,也会愈来愈了解你的他。

一个善于倾听的女人即便长得不够漂亮、不够有才华,也会给男人一份难得的安宁,让男人的心灵得到暂时的休憩。对于男人而言,没有什么比这更重要了。若能拥有这样的女人,他又怎能不善待她呢?

男人不是猜谜专家,你的暗示他不懂

很多女人认为男人不太会珍惜轻易得到的女人,所以,为了让男人觉得有挑战性,她们总会要一点儿小心思,欲擒故纵是常用手段。她们总是不会轻易地说出自己内心的真正想法,而是不停地让男人去猜。

然而,男人猜出来了固然可喜,猜不出来就难免失望。不过,较之女人细腻的情感,男人天性情感粗旷,无法看穿表象之下的复杂涵义,他们猜来猜去也猜不明白,可能永远也搞不懂女人在想什么,感慨"女人心,海底针"。

于是,女人开始不高兴了,怀疑眼前的男人并非"心有灵犀一点通"的那个人,于是无端地发火、喋喋不休。而男人也没有女人想的那样有耐性,让他猜得太多,他就会变成"懒得猜",因此,这份气是永远也生不完的。

这种现象,我们在实际生活中可以看到,不少女人因为喜欢用"猜"的方式,结果导致了沟通障碍,女人抱怨丈夫不了解自己,而很多丈夫则不明白妻子为什么那么难伺候,最终引起了家庭战争。

来看看下面这个故事。

安琪忙忙碌碌上了一天班,肩都累得要塌下来了。回到家时,丈夫大勇坐在沙发上看报纸，居然没有做饭。安琪很不高兴，但她懒得多说话，为了让丈夫大勇发觉自己不高兴了，她开始愤怒地洗米、择菜。

这时，大勇头也不抬地问道："亲爱的，你回来了，我们今天吃……"

安琪正在生气，便大喝一声："别和我说话，没有看到我在忙吗？"

大勇被吓了一跳，不知道安琪哪里来的这么大火气，他还没有来得及问呢？安琪又开始重重地摔盘扔碗，见大勇在那里站着没动，又甩出几句："吃吃吃，你怎么整天就知道吃！回到家，你就是大爷！"

受了一顿莫名其妙的责骂，大勇一头雾水，既委屈又不满地问："咱们不是商量好了吗？你负责做饭，我负责洗碗。你今天要是不想做饭，你早和我说嘛，发这么大的火干什么呀？谁招你惹你了，真是的。"

于是，一场噼里啪啦的争吵就此开始了，最后大勇愤怒地甩下一句"不可理喻"，然后披上外套甩门而去，安琪则扔了炒勺坐在沙发上抹泪，"为什么非要我说出来呢？他难道看不出我很累吗？看不出我不想做饭吗……"

对此，大勇也满腹怨言："她似乎总会因为我的一些话而受伤害，她期待我完全了解她的想法。可是，我不是她肚子里的蛔虫，我猜不到，这样让我觉得压力很大……这样在一起，还有什么意思呢？"

安琪工作了一天感觉累，她期许大勇能够完全了解她的想法，并用怒气冲冲的"就知道吃"来掩饰自己的真实目的：希望大勇来厨房帮忙，而大勇却没有理解这种暗示，觉得安琪的火发得莫名其妙，既委屈又不满，结果引发了一场不愉快的争吵。

男人心语

女人最好不要"一览无余"，但也不要做像"海底针"一样让人琢磨不透，因为男人是单纯的视觉性动物，喜欢直白简洁的东西，我们也没有女人想象的那么有耐心，会毫不厌烦地"猜猜猜"。

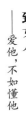

男人是单纯的视觉性动物,喜欢直白简洁的东西。试想,如果安琪不愿意做饭,向大勇说明自己很累并直接说出自己的真实想法,"我很累,亲爱的,你能帮我一把吗?"只要这么简单地一说,顺应男人的思维模式,那么大勇自然就会来厨房帮忙,而安琪心中的怨气就没有了,局面自然就会变成另外一种样子了。

有时候男人就是很笨,他可能永远也搞不懂女人在想什么,这并不是他不爱你,而是男人的天性就是这样。所以,不要期望男人能从你的一个眼神、动作抑或喋喋不休中猜出你的心意,这些都是不明智的。搞不懂心爱的女人在想什么,相信一头雾水的他此刻心里比你还要郁闷、无所适从。

谁都期待无障碍的交流,男人更是希望如此。所以,在你的他面前不要一味地上演"猜谜"的戏,把问题放在心里让他去猜,要学着坦诚一点儿,善于表达自己的情感,明白地告诉他你在想什么,告诉他你的需求是什么。

刚和男友谈恋爱的时候,邓婕有一次回家时手里提了个黑包,估计有七八斤重,但是送行的男友却没有马上接过包,而是和邓婕说说笑笑地走着,一直到坐上公交车都没有帮忙的意思。邓婕平时心直口快,但在恋人面前还是有些矜持,她一直心想:看你什么时候能看到我拿的东西,但是东西太重了,她忍不住地问道:"你没看我拿这么重的东西吗?怎么也不帮我一下啊?"男友特别不好意思地说:"哎呀,我有些紧张,都没有注意到。你想让我拿就直接说呗,又不是外人,干吗撑这么久?"

从这件事上,邓婕看出男友是一个粗心但实在的人,所以,在之后的日子里,如果她想让他做什么的时候,就会直截了当地说出来,他知道了也能做到。比如,"我很爱你,但我不喜欢在大街上太亲密,希望你下次不要这样了,好吗?""今天忙极了,晚上还得加班,你能抽出时间帮我干点儿家务活吗?……""呵呵,你真是一个晶莹剔透的女孩,把什么都写在脸上,和你在一起我很轻松。相信我，我会好好爱你的。"男友的眼神里充满期盼，邓婕幸福地点了点头。

就这样，邓婕和男友一起走进了婚姻的殿堂，感觉有什么问题时，邓婕就会把自己的想法说出来，使双方及时沟通。他们虽然偶尔吵架，但是家里充满温情和快乐，感情也如陈年老酒，日久弥香。

夫妻间有问题一定要及时沟通，别总让对方猜，"打开天窗说亮话"，把自己的想法说出来。如果男人领会你的意思、知道你的想法，他会爱得轻松许多，更愿意去满足你的愿望，只要他能做到的，他都会去做。而你也可以得到你真正想要的，你们的感情生活将会变得更加愉快甜蜜，何乐而不为呢？

总之，在婚恋关系中，耍一点儿小心思是可爱的表现，但是过头了，你就会变成高深莫测的、难以伺候的女人，让男人望而生畏。女人，想要什么你还是说吧，不要让疼爱你的男人一直劳心劳力地去猜，更不要让你们的爱情成为常人无法解释的谜，最终造成难以弥补的遗憾。

争吵不是沟通，不做刁蛮吵架女

"不是冤家不聚头"，两个个性都强的男女在一起，极有可能三句话不投机，双方就争吵起来。而在争论中保持情绪平稳的女人少之又少，多数会喋喋不休，撇开那些最需要解决的问题不管，而是情绪化地把平时看不顺眼的都要借机数落一番。

与女人不同，男人总是习惯于"就事论事"，把注意力集中在当前的事情上，迫不及待地需要一个解决方案，这就在无意识中忽略了女人的感受，或者不把女人的感受当一回事。看到男人这种冷静而超然的态度，女人会误认

为男人对她不够关心和体贴,随即以拒绝或对抗的态度作出回应。就这样,压力使男人变得情绪激动,他就会跟着把最初谈论的话题扔到一边,并迅速进入"全面战争"状态。

吵到最后,连最初争吵的原因都忘了。

早上起床,男人问:"我的袜子在哪里?"

女人缩在被窝里想再睡一会儿,懒洋洋地回答:"在衣柜最下面那个抽屉里。"

"我找不到,我要穿那双厚一点儿的,"男人在那儿乱翻一气,边翻边说,"真不知道你把袜子藏在哪里了。"

女人无言以对,钻出暖烘烘的被窝一找,发现其实袜子就放在她说的位置。这时候,女人忍不住地回敬了一句:"这不是吗?就在你眼皮底下,你看不到吗?真是的,你眼睛瞎了呀,这么明显都看不到!"

"哎呀,找到了就得了嘛,你这么多废话干什么?"男人不在乎地说道。

女人两手叉腰,一副咄咄逼人的样子,愤怒地叫喊着:"你每次都是这样,连双袜子都找不到,我当初真是瞎了眼才嫁给你……"

"哎呀,不就一双袜子吗,你至于发这么大的火吗?要说这事也怪你,你怎么不在昨天晚上把袜子和衣服放在一起,省得我大早起来找不着袜子,也省得一大早就听你絮絮叨叨个不停。"男人无奈地摇摇头。

"什么叫至于嘛,你忘记了吗?那双袜子是我送给你的第一件礼物。哼,你连我送给你的袜子都不在乎,怎么会在乎我这个人呢?你对我不好,你是不是不爱我了?"女人一边质问,一边委屈地哭了起来。

男人感到很恼火:"你这不是无理取闹吗? 我受够了你老是这样对我挑三拣四的……"

女人开始收拾衣物,并扬言要离开家。虽然这么说,她的动作是迟缓的,她希望男人安慰自己，但是男人气呼呼地坐在床上，什么也没说，什么也没做，于是，女人失望了，真的离开了这个家，回了娘家。

一个简单的争执，却因为女人胡乱"开炮"、喋喋不休而升级，又因为谁也不妥协而激发更大的战争，吵到最后连最初的争执原因都忘了，双方生了一肚子气，夫妻关系受到了伤害，想想真是让人感慨万千。

其实，男人只想找到袜子而已。如果女人无须多说，痛痛快快地将袜子拿出来，或者温柔地说："亲爱的，以后我会在头一天晚上帮你找好袜子。"这样他除了对你充满感激，想必不会再有别的不愉快了。

争吵不是单纯地为了宣泄愤怒情绪，而是使复杂的问题变得明朗化。吵架并不是为了伤害对方，而是为了沟通。稍有不如意便肆无忌惮地发脾气，胡乱找男人的碴儿，骂起人来如滔滔江水，连绵不绝，似乎全世界的人都与她有仇。面对这样的刁蛮女人，就是再温柔、再包容的男人，也会忍无可忍、奋起反抗。

懂得了男人面对争吵的这一态度，女人就要稍稍地收起刁蛮的情绪，宁做沉默的"灰姑娘"，也不做刁蛮吵架女。如果女人能够本着沟通的目的，停止刁蛮的喋喋不休，愤怒而不失理智地和男人心平气和地沟通，仔细聆听对方的想法和感受，爆发冲突的可能性就会被降到最低水平，而且相信他一定会愈加珍惜和爱你。

天下没有不吵架的夫妻，关键是他们面对争吵时的态度。有人会说，从

没见某对夫妻红过一次脸、吵过一次嘴……没有见过他们吵嘴，不等于他们真的没有吵架、没有矛盾，而是女人熟谙男人面对争吵的心理，不会一直喋喋不休，该沉默的时候就沉默，使争吵变成了一种正常的沟通方式，所以局外人难以知道。

有这么一对男女，他们同是星光四射的电影明星，有许多共同的语言，在戏里扮演着相似的人物角色，有着相同的生活方式、青春岁月、喜欢吃的食品、喜欢听的音乐……于是，他们结婚了。也许太多明星都有过失败的婚姻，所以人们对他们的婚姻并不抱乐观的态度，认为这场婚姻不会很长久。

正是因为如此，自从他们结婚后，记者就从没有停止在他们家附近日夜蹲守，他们希望能够捕捉到他们吵架甚至动手的镜头，拿出一条可以吸引人的新闻。但是记者们看到的只有两个人相敬如宾、一起做家务、一起倒垃圾、一起去超市购物的幸福生活片段……他们看起来和谐无比，快乐无限。

转眼25年过去了，舌头和牙齿都有打架的时候，更何况是夫妻之间呢？他们肯定也有闹矛盾、吵架的时候，可为什么看起来一直恩爱呢？很多人都百思不得其解，记者采访时替大众问了这个问题，女明星坦诚地答道："我们也吵架呀，生活中的摩擦谁也避免不了，不过争吵升级的时候我会立即喊'暂停'。"

女明星顿了顿，继续解释道："情绪激动时，根本就难以沟通，这么一直吵下去解决不了问题，反而令局面难以收拾。所以，我就不会再跟他吵，等双方的情绪平静下来再说，如此问题总是能够得到合理的解决，我俩又会和好如初。"

由此可见，吵架并不是为了伤害对方，而是为了沟通。

不管对方的表达内容是对是错，激烈争吵时先别急着辩驳或去指正，女人要主动喊"停"，克制自己的情绪，让自己冷静下来，心平气和地说出自己的想法,然后试着去谈一谈你们真正在乎的是什么、矛盾在哪儿,给双方一个思考和回旋的余地。

争吵时主动喊"停",看似是男人占据了上风,殊不知你才是背后最大的赢家,因为这体现了你善解人意,会让男人愿意放下防卫,弱化个人的坚持,进而认真地聆听你的心声,如此你就操控了他的心,而且这是一个良性循环,会使婚恋关系更加和谐幸福,如此男人会更加疼爱你、呵护你,从而更加愿意聆听你的心声。

第5章

铁骨铮铮的男儿也会有疲惫脆弱的时候

——懂男人，就要给他多一点儿鼓励和帮助

> 不管在高大威猛、坚强不屈的面具下多么成功地把自己装扮成一个铮铮铁骨，男人毕竟是人而不是神，没有众人想象的那样坚强勇敢，也会有疲惫脆弱的时候。此时，男人需要女人来懂他，而心爱女人的理解和鼓励是他最大的信心和力量来源。

你不是"质检员"，别苛求他是"完美品"

结婚以后，夫妻彼此朝夕相处，相互了解得更深入和透彻，恋爱时不可能了解的一些方面，如吃东西的喜好、睡眠的习惯、生理习性等都暴露无遗，各自的缺点和弱点也都逐渐并充分地暴露出来。

有些女人天生就爱挑剔，看到自己爱得如痴如醉的男人原来有这么多让人难以忍受的毛病，便开始担当起"质检员"的职责，挑三拣四、指手画脚，试图把丈夫打造成一件完美无瑕的"艺术品"，有股不达完美誓不罢休的劲头。

但是，男人一向不拘小节，也不喜欢被条条框框所左右，女人的"质检"行为并不能使他产生改变行为的意愿，反而会让他觉得自己不受重视和喜爱，进而产生逆反心理和报复心理，夫妻之间的敌意由此产生，家庭里和谐的气氛也因此被破坏。

林肯一生最大的悲剧是他的婚姻。请注意，不是被刺，而是他的婚姻。当布斯向林肯放枪的时候，他并未感觉到自己已受伤，因为在他婚后的23年内，他几乎每天都生活在"婚姻不幸所造成的痛苦"中。

林肯的妻子不止一次地指出林肯身上没有一处是好的，他实在太不完美了：他驼背、走路的样子很难看、呆板得就像印第安人；她不爱看他两只大耳朵和成直角的头型，甚至指责林肯的鼻子不够挺直，又说他的下嘴唇突出，手脚太大、脑袋又生得太小。总之，林肯的妻子挑剔林肯的一切，她对这场婚姻好像很不满意，总认为一切都不如意。

然而，所有的责骂、批评改变林肯了吗？从某方面来说，是的。林肯不想回家听妻子不断挑剔的刺耳的声音，于是他尽量躲避不见到她，宁愿花大量的时间住宿在镇上的小旅店，不断地懊恼自己不幸的婚姻。

林肯是多少人心目中的大英雄，许多人仰慕他的才华，欣赏他的为人，爱他都来不及。然而，他的妻子却太过于苛求完美而容不下林肯身上的缺点，抱怨林肯的种种不是，最终导致夫妻貌合神离、悔恨终生。

现实生活中，这样的例子还有很多，我们经常会看到一些女人为男人的缺点动怒，有的因为丈夫回家抽烟而吵架，有的因为丈夫挖鼻孔而吵架，有

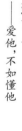

的因为丈夫不会收拾屋子而吵架,有的因为丈夫上床没有洗脚而吵架等。

殊不知,虽然美玉温润、晶莹和光洁,难免也会有一些瑕疵,但一般人并不会因为玉石的瑕疵而丢掉整块玉石。婚姻有一点与玉石相似,即使完美也可以找出疵点,女人不能因为男人的缺点而放弃婚姻的幸福,不是吗?

任何人都不可能完美,由不完美的人组成的婚姻也就无法完美,因此你要学会承认婚姻的不完美,也要学会接受婚姻的不完美。在你当初接纳对方时就要接纳他的全部,包括优点和缺点。

事实上,几乎所有的男人都对完美的女人敬而远之。如果要问男人们《绝望主妇》里他们最喜欢谁,答案各有千秋,但很少有人表示喜欢布丽:"妆容一丝不苟、衣服没有一丝褶皱,洁癖得过分,这个女人完美得可怕!"

既然男人不苛求女人是完美的,也不喜欢被女人苛求完美,那么你就要学会懂得调整自己的心态,放弃"质检员"似的完美主义的情绪,用对人的眼光而不是对神的眼光来要求自己的男人,尊重男人身上的不完美。

婚后,鲁冰发现自己眼中那个性格稳重踏实的丈夫居然是一个"木头人",性情单调又不善言谈,尤其不喜欢和领导拉关系……鲁冰动不动就因此发脾气,因此,丈夫变得更加沉默不语、闷闷不乐,绝望的鲁冰决定出国,摆脱这段不幸的婚姻。

一次偶然的机会,鲁冰请教了一位婚姻问题专家,专家对她说:"如果你还想挽救你们的婚姻,只有一个办法,那就是尽量忽略掉你丈夫身上的缺点,多挖掘他的优点,做个糊涂的明白人。"

出国的日子一天天地临近,当鲁冰尝试着发现丈夫的优点时,发现他的优点还真不少:他可以容忍自己不料理家务,总是默不做声地做事情;他知道关心自己和家人、能迁就自己撒泼使性,而且他从不把香烟和烦恼带进家里……

因此,鲁冰心中的坚冰一天天地在消融,她觉得较之那些油腔滑调、追求浮夸的男人,她更愿和这种踏实的老实人过一辈子,于是,她对丈夫越来越好,而丈夫也从这种肯定中获得了满足、克服了挫败感,夫妻感情与日俱增。

人还是一样的人,因为苛求丈夫的完美,鲁冰的心态陷于不平衡的状态,不停地抱怨丈夫,使婚姻亮起红灯,又因为及时调整了自己的心态,发现了丈夫的种种优点,于是,当初的缺点也变成了现在的优点。这正印证了一句话:"你当初能与身边这位牵手,相信其绝非无可爱之处。一个人的优点不会无端消失,或许只是你变得苛求了而已。"

面对眼前不完美的男人,抱怨、挑剔非但没有用,还会让男人身心疲惫,最终葬送一生的幸福。辛苦修来的一世情缘,何不用心来呵护呢?容许男人的不完美、善于发现他的优点、给予他足够的鼓励,这种女人最容易体会到婚姻的幸福,"执子之手,与子偕老"的概率也会更大。

一位老太太与丈夫恩爱了一辈子,在他们的金婚典礼上,有人问老太太与丈夫相爱终生的秘诀。

老太太说:"他很好、很完美。"

问的人笑了:"您这不是美化您丈夫吗?谁都知道他脾气大,动不动就爱骂人。"

老太太顿了一下,笑着补充道:"我们因为看到对方的优点走到一起,又因为看到对方的缺点有了失落感,最后才在优点和缺点都拥有的时候感到了幸福。现在在我心里,他的缺点也是完美的一部分。"

刹那间,周围一片寂静,听到的人都感到很幸福,因为他们明白了如何才能爱到永恒。

就像张爱玲所说的:"幸福就是能坦然地接受残缺。"不要苛求完美的婚姻,而是慢慢寻找他的闪光点,多给他一点儿鼓励,如此,你们将能够踏实、

舒适地生活,这一辈子也可以牵着手幸福地走下去。

别让男人老做强者,容许他偶尔的像个孩子

这天,龚琳和老公出去逛街,两人去看了一场电影,然后进了一家大商场。逛着逛着,老公看上了一件300多元的衬衣,龚琳说"太贵了",于是不顾店员说得多么好听,拉着老公继续看别处的衣服。

谁知,老公偏偏喜欢那件衬衣,他像个孩子一样嘟着小嘴,拽着龚琳不肯走,"我每个月工资都上交给你,你就给我买下来嘛。"龚琳见老公一个大男人居然这么朝自己"撒娇",当时的脸色有些不好看。

"哎呀,买下吧,让着我点儿嘛。"老公说道。

"哼,我又不是你妈,你这样真幼稚又可笑。"龚琳杏眼一瞪,撇着嘴埋怨道,"再说了,论年纪你还比我大两岁呢,凭什么我让着你啊,我今天就不买那件衬衣,你爱怎么着就怎么着吧。"

结果,两个人不欢而散。

男人看着很坚强,有时也会显露出孩子般的特征,表现得很幼稚。这时候,有些女人会羞辱、冷落、讥讽男人,因为她们认为男人就该坚强、成熟、勇敢,像个大人一样为自己包揽一切,永远挡在自己的前面,可是,不要忘记了,男人大部分时候健壮进取、果断沉稳,可以顶天立地、威风凛凛,但他们也有脆弱、幼稚的一面,心底总藏着那种要人疼爱的欲望,需要回归到孩童时代那种寻求保护和抚慰的心灵慰藉中。若羞辱他、冷落他、讥讽他,男人的内心得不到满足,就会对妻子心生失望和怨恨。

妻子和母亲是男人生命中最重要的两个女人,母亲是给男人生命和信

心的第一位也是最亲密的女性，
所以婚后的男人自然而然地会
把自己的妻子和母亲相比，尽管
妻子在其他方面比母亲付出更
多，但是男人不管这一套，母亲
曾经给予他们的，他们仍然需要从妻
子那里得以延续。

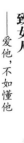

男人心语

别看我们平时一副大男人的面孔，看着多么坚强，但是骨子里却还是一个孩子。我们在任性的时候，请不要对我大吼大叫，这对我们不起作用。最有效的办法是给我信心、鼓励，温柔地告诉我你很爱我。

　　的确，男人对女性的感情是很丰富的，他们需要女人的爱情、需要女人的友情、需要女人亲情的母爱。如大作家冯骥才曾这样说道："孩提时，姐妹多，有时就希望自己生病，以得到妈妈的关注和那双温软的手的抚摸，哪怕是一小会儿也好，孩提时代渴望母亲的呵护是最深刻的记忆之一。"

　　不知你注意到没有，男人有时有点儿小疼小病，总是夸大难受的程度，像在战场上受了伤一样，希望女人来疼；他们下班后，有时会像一个孩子一样，喋喋不休地把一天发生的事情说给自己的女人听，等她的评议，让她同仇敌忾；有时他们还像个孩子一般天真好奇，异想天开的问题不断，高兴时手舞足蹈。

　　保持童心是一件非常值得鼓励的行为，这样会为琐碎的生活带来一些别样的欢乐，其实许多男性都有想撒娇的想法，只是许多人碍于面子不肯表露出来，所以当他在你面前像个孩子时，是他对母亲的依恋，也是信任你、依赖你的表现。

　　如果你能够懂得这一点，当自己的男人像一个孩子时，记住一定不要打击他，不能耻笑他的幼稚，也不要用一句"我忙着呢，别来烦我"来拒绝他，或者心不在焉地哄他一下后就开始专注于别的事情。要学会及时转变自己的角色，及

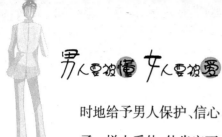

时地给予男人保护、信心、鼓励和温柔的爱。如果你能够用心地像爱自己的孩子一样去爱他，他肯定不会拒绝，而是十二分地愿意接受、倍加爱你。

一位过来人是这么说的："男人不管他外表有多强大，但是骨子里都还是一个孩子。我们不要只把男人看做强者，更要容许他们像个孩子，这才是人性之可爱之处。只要你了解了这一点，你便了解了男人的一切。"

周末无事，高敏从市场上买来两斤大龙虾。清洗干净后开始入锅。不多时，一大盘红彤彤、香喷喷的大龙虾上了桌，她和儿子见之垂涎欲滴，迫不及待地坐到桌前津津有味地吃了起来，居然忘记了叫老公。

就在这时，老公从书房出来了，"哼，你怎么不叫我吃龙虾呀！好啊，既然你不想让我吃，那我就吃凉粉吧。凉粉调料在哪儿呢？"

"忘记叫你了，凉粉调料在我这儿呢，等吃完龙虾再拌凉粉吃吧。"高敏说道。

老公却撇撇嘴，说道："我想先吃凉粉。"

高敏白了他一眼："等会儿大家一起吃不是更好吗？还是先来吃龙虾吧。"说完，挑了一只大龙虾剥给儿子吃，两人吃得津津有味，老公却呆坐在桌边不动弹，过了一小会儿，竟然起身径直去了书房。

高敏心想：这样也太小气了吧，不过高敏知道老公的童兴大发了，能让他就让着他吧，于是冲书房喊道："亲爱的，快过来吧，我已经给你剥好了好几只龙虾了，可好吃了。对了，你要是想吃凉粉就吃吧。"话刚说完，丈夫就兴冲冲地跑出书房，坐到桌边开始吃起来，同时还兴致高昂地拿出一瓶啤酒。

每当他偶尔童兴大发时，能让他就让着他，给他足够的关怀和照顾。让他当几天孩子，那灿烂笑容的背后，是他在养精蓄锐；让他当几天孩子，那无忧无虑的日子是最美好的记忆，可以消除他的不安和疲倦。

别让男人老做强者，容许他偶尔像个孩子。当他卸下一切男人的盔甲，安静地窝在你的怀中,甜美地睡去,此刻他就是一个孩子,请不要打破这份宁静,让他回到那最初的宁静之中,让他感觉到踏踏实实的幸福,因为当他醒来后,要披着沉重的外衣继续为你前行。

需要注意的是,若一个男人老是拿他的孩子气当做致命武器来对待你,千万不能姑息,要用理性的心态给予他感性的情感,而不是用感情的付出冲垮掉理性的原则,否则你就陷入被动之中,甚至将自己逐步推向爱的底线。纵容永远是不可取的,过分地迁就并不是真正的关爱。

在男人脆弱时撑起一片天

男人也有脆弱的时候,只是一直不敢承认或是不愿意承认而已。千百年来,男人一直被贴上"强大"的标签,挂上了"顶天立地,可以撑起一片天"的头衔。于是,就算他们身心疲惫、不堪重负,也会骄傲地活着、苦苦地硬撑。

别怀疑,男人有时真的很累。

在现实生活中,男人面临的情况过于复杂,工作压力越来越大,房子、车子、票子需要操心、家人需要照顾,因此,男人怎能不累、怎能不苦?怎能没有脆弱的时候?甚至可以说,很多时候男人是脆弱的,有时甚至比女人更加脆弱,这个时候,就需要女人读懂男人的内心世界,并且发挥自己的聪明才智了。

一般来说,当夕阳西下,男人回家时一定是

男人心语

很多时候男人是脆弱的,有时甚至比女人更加脆弱。这时候,我们最需要的是来自心爱女人的安慰和鼓励。当全世界都抛弃我的时候,只要你坚定地站在身后,为我撑起一片天,那么再大的难关都能扛过去。

他一天中最疲倦的时候，是他最脆弱的时候，也是他最敏感的时候。所以，即使此时你同样辛苦，根本没有精力体贴与关心他，但请至少不要抱怨他。

的确，男人看似高山，坚强、乐观，肩能抗重任，心能容大海，但这个世界上没有超人和变形金刚，不要把男人想得过于强大，允许男人的脆弱吧。这就像金属一样，一般来说硬度高的韧性不够好。

当男人最脆弱的时候，聪明的女人不会说风凉话，而是会安慰他、鼓励他，让他知道，当全世界都抛弃他的时候，还有她坚定地站在他身后，为他撑起一片天，如此，相信再大的难关他都能扛过去。

朱凡和晓娜应该算是很幸福的一对了，两人在同一家单位上班，月收入1万元。除去房产月供3000元，吃穿不愁。然而，天有不测风云，受全球金融危机影响，朱凡夫妻就职单位大规模裁员，他俩竟然同时出现在裁员名单上。

现在各家企业经营都很困难，不裁人就算是幸事了，找工作真是比登天还难。以前虽然两个人的月收入还不错，但是两人平时花销很大，没有攒下多少钱，现在突然失去了全部的收入，在找到工作之前，他们的生活费用从哪里来呢？朱凡越想越着急，心烦意乱，索性躺在卧室里闷头睡觉。

晓娜其实也很心烦，但是看到丈夫无助的样子，她收起自己的愁容，来到卧室轻轻地宽慰道："凡，你不用发愁。你看，虽然我们现在都失业了，但是还有几千元存款呢，能支撑一段时间。再说，咱们怎么可能找不到工作呢？你呀，从小到大太顺利了，出点儿问题就有点儿受不了，其实人都要遭受磨难的，只有这样我们才能成为完整的人。"晓娜一边柔柔地说着这些话，一边在丈夫的额头上印了一个暖暖的吻，朱凡的眉头渐渐舒展开来，脸上的表情也放松了很多，竟然不知不觉地睡着了。

第二天，朱凡睁开眼，晓娜正笑眯眯地看着他，他笑着说："亲爱的，我怎么觉得我昨天重生了一次啊！今天我们做什么？是好好清洁一下家里，还是去逛公园？我想好了，先好好休息几天，然后去我朋友的公司给他帮忙，他早就让我过去了，好在金融危机对他们没有什么影响，我就先委屈几天吧，哈哈！"

当朱凡夫妇被裁员之后，生活、工作各方面的压力使朱凡变得异常脆弱，好在晓娜理解丈夫的脆弱心理，也是一个能够经受压力的女人，及时宽慰朱凡，并以自己的坚强撑起了一片天。正是因为此，朱凡像获得了重生一样，减轻了心头压力，理性而冷静地处理着目前面临的遭遇，还有什么比这更让人欣慰的呢？

试想，在朱凡如此脆弱的时候，如果晓娜没有及时地给予他支持和安慰，朱凡很可能会通过酗酒、抽烟、闷头睡觉来麻醉自己，还可能脆弱到失去活下去的勇气，这可不是聪明稳重的男人所应该采取的方式，也不是女人希望看到的。

在男人脆弱的时候，如果你是一个聪明的女人，那么请收起你一贯的娇宠，及时发现丈夫的心理变化，细心地体味他心中的苦与乐，即使他嘴上一直说"我没事"，也要及时地给予他贴心的安慰。

学着变得强大起来，在男人脆弱时撑起一片天，他会很满足于你的软言细语、一举一动，然后再整装出发、重振雄威，为你们的幸福生活继续奋斗，并且一辈子对你不离不弃，把你当成他心中永远的依靠。

不要怀疑自己是否能做到，美国健康研究专家琼安·艾莉欧博士曾指出："在陷于饥饿、险情、劳累、疾病、意外等丧失生存条件的情况下，女人身心各方面都比男人坚强。女人除了肌力较弱外，真可谓是不折不扣的强者。"

赞美是道"强心剂",能让他永远朝气蓬勃

大多数男人给女人的印象是刚强:他是一头狮子,他不需要同情,他依靠自身内在的动力推动自己前行。这些话说得没错,但从人性的角度来看,男人也有身心疲惫、体力不支的时候,需要适当地"加加油"。

如何"加油"呢?最直接、最有效的方式莫过于赞美。每个人的自我价值既需要自我肯定,也需要他人的肯定,尤其是来自爱人的赞美。女人的赞美是对男人最充分的肯定,犹如"强心剂"一样会使男人振奋精神,如此他会感觉自己的努力没有白费,感觉全身上下充满朝气,进而爆发出无穷的力量。

不要怀疑,赞美是一种洗脑法。试想,如果有人每天都对你说"你真棒",一次两次,也许你不会相信,但是如果他坚持不懈地说 100 次呢?也许你早在第三次的时候就开始觉得自己真的很棒了,这就是赞美的神奇洗脑效果。

面对自己的爱人,如果你经常说他很棒,他是一个有魅力、有风度的男人,他就会将你的崇拜、你的欣赏都看在眼里、记在脑中、甜在心里,并为之努力。这正如一句话所说:"你想让他成为什么样的人,你就要先告诉他,他就是那样的人。"

有一位资深家庭问题研究专家更是明确地提出:"很多女士都不知道赞美,特别是来自妻子的赞美对于男人意味着什么。当一个男人从妻子的嘴里听到'亲爱的,你是最棒的,我真为你骄傲!我真的太幸运了,因为我选择了你!你知道吗?你将是我今生最大的荣耀'这类话的时候,没有一个男人不是斗志昂扬、意气风发的。对于男人来说,他们最大的动力就是来自妻子的鼓励。"

聪明的女人大多懂得男人的这一心理，因此，她们不会对自己的男人过于苛刻、过分挑剔，而是会温柔地鼓励他、赞赏他，为他打气加油。即便他很普通、很平凡，也会努力寻找他身上的闪光点，让他永远保持自信和锐气。

男人心语

男人很在乎周围人的评价，尤其是心爱女人的赞美。如果你能够时常夸赞我，我感受到你对我的认可，就会不断涌出自信心与满足感，感觉全身上下充满朝气，进而爆发出无穷的力量，做更好的自己。

这种说法可笑吗？其实这完全是事实，很多取得成功的男人都印证了这一观点。

在蒋峰眼里，陈茜就是一个成功的雕塑家，她不仅能够雕塑出绝美的美术作品，而且能够雕塑人的心灵、改变人的气质，而自己就是她手里的作品，她用赞美塑造了现在如此优秀的自己，并且这一辈子都将影响并塑造自己。

几年前，蒋峰腼腆羞涩，尤其不敢和人说话，第一次去陈茜家时，他表现得很拘谨。和家人告别后，蒋峰紧张地问道："这次我在你家是不是表现得太不自在了？你知道我有多紧张吗？手心里老是出汗。唉，我真是没出息……"

陈茜亲昵地挽着蒋峰的手，微笑着说："不！你的表现很好。你虽然看上去腼腆，但是你待人接物得体大方，一点儿都没有独生子的狂妄，简直就是一个绅士，你怎么可以做得这么好？说实话，我都有点儿崇拜你了呢！"

看着陈茜眼睛里流露出的仰慕之情，蒋峰悬着的一颗心放了下来。后来他再去陈茜家时，就有意识地放松心态，表现得更加有礼有节。陈茜说他是一个绅士，他也正努力让自己变成一个真正的绅士呢。

蒋峰本来在一家广告公司做市场调研工作，后来被调到了企划部，每周要写一篇3000字左右的文案。这可难倒了他，回家后他总是垂头丧气、满面愁容。了解到丈夫的烦恼后，陈茜鼓励他写一篇文案，"反正只给我看，你不

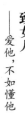

用怕写不好。"

在陈茜的鼓励下，蒋峰勉强写了一篇文案。陈茜看完后，很惊讶地说道："哇，老公，你写得很好，你文字非常通顺、词汇很丰富，还加入了很多时尚元素。你要是能把思路再理顺得清楚一点儿，那就没有任何问题了。"

有了陈茜的鼓励，蒋峰对写文案的畏惧感很快就消失了，信心立刻大增。为了写出更好的文案，他利用几个周末的时间研读了几大本关于写文案的书籍，不到一个月就能驾轻就熟地写出不错的文案了。

就这样，不管遇到什么问题，陈茜都夸赞和鼓励着蒋峰，并对他表现出极度的信任和崇拜。有时他也知道这是陈茜在给他打气、安慰他，可是奇怪的是，只要听到陈茜的鼓励，他就认为自己可以，而且会做得很好。当被问及成功的秘诀时，蒋峰总会感慨道："因为我的爱人激励我、信任我、支持我。"

在我们的生活中，很多事情不是做不到，而是不想去做，或者不想尽力去做。用赞美这道"强心剂"给男人打打气，比起燃料对于引擎的重要性来毫不逊色，如此，他会感到他有义务和激情去更努力地工作，为家庭、为了妻子的美丽人生而奋斗。

如果你的丈夫英俊洒脱，你就可以夸赞他玉树临风，总是给人完美的视觉感受；如果你丈夫个子并不高，你就可以说浓缩的都是精华，成功人士很多都不高；如果他身材偏胖，你就夸那是富态，天生一副做大事的料，等等。

有时候，也许他真的让你失望了，或者真的让你担心了，但是你千万不要表现出和他同样失望的情绪和表情，不论事大事小，只要对方做得好，取得了一点儿进步，就应该马上给予赞美："没关系，你已经做得很好了。""虽然整件事情都无法挽回了，但是你却因此积累了宝贵的人生经验"……

世界上最廉价的东西就是赞美，因为分文不花，张口就来；世界上最珍贵的东西也是赞美，因为一个人想从别人那里得到真诚的赞美并不是件容易的事情。那么，你何不动动嘴，嘴甜一点儿，用赞美给自己的丈夫以鼓励？你想让他成为什么样的人就告诉他具备什么样的特点，当你发现他越来越优秀，就等着心底偷着乐吧！

有一点值得注意，赞美男人不是让他飘飘然，而是让他充满信心。当你针对一件事情作出评论的时候，赞扬之后还要告诉他，如果在某一点上肯努力的话，你会更加崇拜他，这样他才会向更好的方向发展。

这可能需要一段时间，但只要你用自己最大的热情和耐心去引导他、鼓励他，相信他最终都会圆梦的。男人最大的优点就是愿意和赞美自己的人在一起，相信你也会因为赞美他而从他那里获得深深的感激和绵长的爱恋。

陪伴男人度过事业的低谷

一直以来，男人都觉得大丈夫在事业上遭遇忧虑时应该自己解决，不该麻烦女人。当陷入事业低谷时，他们往往会想尽办法瞒住妻子，以免她们的柔弱心灵承受不了害怕与不安，更担心这有损自己的男子汉形象。

表面上看起来，这些男人脸上有说有笑，在生活中仍旧对妻子百般呵护，但实际上他们自己好像被"冻"过一样，变得生硬、沉闷、迟缓、苍白。直到这些问题越来越多，把他们逼得无路可走、不堪重负时，他们往往选择一种极端的方式逃避现实，譬如自甘堕落、破罐子破摔，甚至一

男人心语

越艰难的时候，越是考验真爱的好时机。与男人共同创业、一起打拼、同甘共苦、不离不弃，走过凄凉风雨路。这样的女人，我们会永远对她心生感激、真心相惜，即使哪一天她人老珠黄，也舍不得离开她。

死了之。

然而，大多数女人往往习惯了被照顾、忽略或无视男人的低谷期。在男人的世界里，如果连妻子都对自己没有半点儿的理解和鼓励，男人又怎能对自己有信心呢？怎么可能实现突破、走出低谷呢？只会一直抬不起头。

事实上，男人在艰苦的环境中挣扎时，在遇到难以处理的危机时，最需要一个支持他、信任他的人。所以，女人要读懂男人心里的这些想法，有必要时刻留意男人情绪上的变化，并且采取积极有效的行动。

首先，你要善于观察。当一个男人在应该发生情绪变化的时候反而显得非常镇定，这就显示出他的内心因有所激荡而在强行压抑，而此刻故作镇定的表情多少显得不够自然，也可以帮助你判断出他是什么样心理，从而对症下药。

其次，让他知道"低谷"的价值。男人处于事业的低谷中状态不佳，主要是不甘心接受自己的失败。几乎所有的男人都认为自己应该是一个事业顺利和成功的人，而不该遇到这样或那样的挫折和失落，因此他们觉得不公平、没面子，充满了排斥感。

这时候，女人千万别迟疑、紧张、手足无措，而应该让男人知道"低谷"恰恰是一个可贵的职业经历，短暂的低谷仅仅意味着短暂的后退，这样的经历正是正确认识自己、认识职场，积极地调整方向以进行自我改进的好机会。

为此，你不必急着让男人脱离低谷，最好"狠一下心"，眼睁睁地看着男人承受一段时间的折磨，让他在低谷中安静地思考和体味。而你，只需要像往常一样，相信他、爱他、无微不至地照顾他就可以了。

阿成是个年轻有为的男人，凭着自己的聪明才智，在金融业小有名气。然而，股市有风险，最近阿成炒作的股票价位急转直下，一夜之间他不仅破产，还背负了几千万元的债。阿成所有的信心被击垮了，他想用跳楼来结束自己的生命。

那天天空晴朗，阿成的心里却充满了阴霾。他拖着疲惫的身子回到家中，妻子正在做饭，厨房里飘出排骨的香味，女儿高兴地叫着爸爸，阿成的心里涌起一阵温暖，很快又化成一阵心酸。他强作欢颜地和女儿玩了起来，想和女儿度过最后的快乐时光。

吃过饭后，阿成看着毫不知情的妻子，不知道怎样向她们告别，他感到喉咙里就像卡着一根鱼刺似的难受，好半天才鼓足勇气，吞吞吐吐道："我要出一趟远门，没有我的日子里，你要好好照顾自己和女儿，这个家就交给你了。"

妻子愣了一下，从阿成躲躲闪闪的眼光与欲言又止的样子中，她似乎读懂了些什么，她没有急切地质问阿成到底出了什么事情，而是关切地望着阿成，说道："不管有什么困难，我们夫妻俩都可以一起渡过，你是我认识的最优秀、最勇敢的男人，这一点我从来没有怀疑过。"说完，她温柔地抱住阿成，轻轻地拍着他的背。

听了妻子的话，阿成沉默了，心想，既然妻子对自己如此有信心，自己怎能自暴自弃呢？股市向来有风险，一夜暴富或者一夜倾家荡产都是有可能的，难道这点儿挫折就把我击垮了吗？这种事根本不算什么，不要担心……一番思索后，阿成打消了轻生的念头，他决定重振旗鼓，再创事业。

在男人失意的时候，女人的形象将直接折射给丈夫，并变成他的自我感觉。你要让自己看起来年轻健康、自信满满、充满活力，提醒丈夫你还年轻，还有很多的希望，只要你与他去努力，就一定能够获得新的成就。当你把信心注入男人体内时，就像给他们思想的电池充足了电一样，这往往是男人渡过难关的关键。

另外，在事业低谷时，你要始终对自己的丈夫充满信心，并且用自己的

实际行动全力以赴地帮助他，如此，相信你会成为对方强大的精神支柱，助他勇敢地走出人生的低潮、坚定不移地坚持自己的信念、充分发挥自己的潜能，从而创造辉煌的成功。

19世纪末，年轻的亨利·福特想为马车研究出一种新的引擎。当时，福特的父亲和邻居们无不认为他是个大笨蛋，纯粹是在浪费时间。除了他的妻子，所有的人都在取笑他，认为他笨拙的修修补补不可能造出什么东西。

冬天天色黑得很早，为了使福特能够正常地进行研究，妻子提着煤油灯一直陪伴在侧，她的双手被冻成紫色，牙齿也在不停地颤抖，但是她坚信福特总有一天会成功，因此，福特亲切地称呼她"信徒"。

在旧工棚里苦熬了3个年头，1893年的一个晚上，一个从未有人见过的稀奇玩意儿终于问世了，这种引擎对国家新工业影响巨大。如果将亨利·福特称为"新工业之父"，那么福特夫人这位"信徒"理所当然就是"新工业之母"了。

50年后，福特先生在接受访问时，有人提出这样一个问题："如果有来世，您希望变成什么？"他回答："变成什么都无所谓，只要能够和我至爱的'信徒'在一起生活就行。"就这样，福特夫人"信徒"的称呼沿用了一辈子。

福特夫人真是一名伟大的女性，更是一个明智的妻子。在遭遇众人质疑时，她一直对福特充满信心，并且尽力地帮助福特，最终他们成功研究出一种新的引擎，获得了"新工业之父"、"新工业之母"的荣誉，夫妻恩爱一生。

另外，为了陪伴男人度过事业的低谷，你还要深入地了解他的工作，知道得越多，就越能给他提供更多的帮助。很多女人之所以能够给丈夫提供帮助，主要是因为她们在丈夫所从事的职业领域里也是专家。

当女人用充满爱的语言和行动支持男人，愿意与男人同甘共苦、风雨兼程时，男人是会很感动的，会将之认为是真正的爱情，这样的女人永远是男人最坚强的支持者和最大的动力，男人会永远珍惜，即使有一天她人老珠黄，男人也舍不得离开她。

允许男人适当地落泪

掉眼泪仿佛是女人的专利。男孩子从懂事起就被告知：你是男子汉，眼泪是金贵的，不要随便哭，于是在他们幼小的心灵里便有了根深蒂固的理念：我是男子汉，我不能哭。长大后，男人更是被女人看做挡风的山、避雨的天。

可是，男人再怎么顶天立地也是人，也有着丰富的情感，有时也会脆弱。在激烈的竞争和残酷的现实中、在不堪重压下也需要一种释放和缓解压力的方式，那就是偶尔地掉泪。可以说，男人的眼泪是世上最苦的水。

可惜的是，就像白天不懂夜的黑，女人总是很忌讳男人的眼泪，她们不懂男人的泪，也很少揣摩男人泪水的背后到底隐藏着什么。男人一流泪，她们就会联想到软弱、懦夫、没出息等词汇。说到底，是女人高估了男人的坚强。

因此，男人们不敢流泪了，而是做假地戴上面具，故作坚强地一直扛着，宁可选择流血也不能让泪流。资料显示，男人的平均寿命比女人短，正是因为男人的心理压抑感不能得到很好地释放、长时间地积累所致。

"我活得真累，压力很大，一肚子委屈，真想

当众痛哭一场。但我想到男人流泪是窝囊废，只好强忍住不哭，把眼泪往肚里咽，但是我活得越来越累了……"相信，这是很多男人的心灵独白。

然而，有多少女人知道男人心中的苦、理解男人心中的闷。

话说回来，难道男人哭真的是弱者的表现吗？事实上，哭泣是人类的天然权利，属于女人也属于男人。每一个人都可以用哭来遣散怒气、排解忧愁，那只是一种宣泄。故专家有此新说：男人用"一醉解千愁"的方法麻醉自己，不如用"一哭解千愁"的方法来解脱自己。更何况，一个男人流着眼泪，其实比流着血更痛苦，他之所以会在你面前哭，是因为他觉得你不是外人，你可以互相依靠，因此可以大胆地哭，可以敞开心扉地去发泄。会哭泣的男人不正是一个最完整、最真实的男人吗？

所以，这个时候，作为亲密伴侣的女性懂得如何善解人意就变得非常重要了。让男人也适当地哭哭吧，这个时候男人只需要女人的一个动作——摸摸头、说几句安慰的话，和他一起享受静寂就足够了。

说起美国著名的射击名将马修·埃蒙斯，相信很多人都不陌生。

2000 年，雅典奥运会上，马修·埃蒙斯在男子 50 米步枪决赛中，在倒数第二轮时金牌几乎唾手可得，但在最后一环中居然意外丢靶，打了 0 环，将冠军拱手让人。这样的结果让妻子卡特琳娜目瞪口呆，但她的脸上还是如水的平静，她只盼他归来。她已经准备好了等待他，无论他带回什么。

埃蒙斯健步如飞地奔到看台下，妻子卡特琳娜的双手早已隔着栏杆直挺挺地伸出。与妻子相拥的一刻，马修·埃蒙斯的泪水不停地涌出。卡特琳娜竭尽全力抑制泪水的涌动，一边轻声细语地安慰丈夫，一边充满怜爱地给他擦去泪水，接着将丈夫的头埋在自己右肩上，夫妻俩就这样真情相拥了几乎5 分钟。

尽管埃蒙斯当众"挥泪"却丝毫无损他的形象，反而多了一份悲情色彩，更加赢得了人心。当卡特琳娜为埃蒙斯擦拭眼泪，柔情地进行抚慰时，她美得像天使，令众多男人心动不已。这样的瞬间怎能叫人忘记？奥运会尚未落幕，埃蒙斯已被很多人列入本届奥运会最令人难忘的运动员。

卡特琳娜是一个善解人意的女人，当埃蒙斯发生意外丢靶的重大失误时，她没有指责、抱怨埃蒙斯，而是静静地任他在自己怀中哭泣，这对埃蒙斯来说无疑是最温暖的安慰和支持，难怪埃蒙斯事后对别人感慨："在外人看来我是失败者，但是在我自己看来，只要有卡特琳娜在，一切都没那么重要。"

男人哭吧，哭吧不是罪，再强的人也有权利去疲惫，微笑背后若只剩心碎，做人何必撑得那么狼狈。男人哭吧，哭吧不是罪，尝尝阔别已久的掉泪滋味，就算下雨也是一种美，不如好好把握这个机会痛哭一回。

刘德华的这首《男人哭吧不是罪》，似乎把男人的刚强、坚毅、骄傲、疲惫、压抑、痛苦、崩溃、渴望、冲动、脆弱、绝望、真实的内心世界刻画得淋漓尽致，不也正是一个男人对哭泣的渴望呼声吗？

女人们，请珍惜男人的眼泪吧，别说男人的眼泪无所谓。当你读懂了男人的眼泪，你就懂得了男人血性与柔情的一面，也就理解了男人、把握了男人，因而也就增进了彼此间相知相惜的默契，如此，相信男人会很感激女人如此蕙质兰心的，这样的女人不可能会没有幸福。

"男人并非没有泪，只是未到伤心时"，男人的眼泪是他们心底的话语，男人的眼泪是他们无声的倾诉。男人的眼泪实实在在，每一滴都掷地有声，代表着许多的故事，他的心事你要慢慢听。

疲惫时，你是他可以小憩的肩膀

在一部电影里有这样一个场景：一个男人用一些火柴摆了一个男孩和一个女孩的图形，女人问男人："为什么你摆的男人的肩膀宽，而女孩的肩膀窄呢?"男人说："男人是用来承担责任的，而女人通常都是比较弱小，是需要依靠的。"

在生活中，我们常听女人们说想找一个坚实的臂膀靠一靠。其实，依靠不是女人的专利，男人也需要依靠，甚至有时候男人比女人更需要一个可以小憩的肩膀，需要一个让心靠岸的温柔港湾。

请不要认为这是一种懦弱，只要是人都需要一个依靠，因为人生在世，有很多的事情会使人感到心痛、失落，也会心力交瘁，神经一旦紧绷，会突然觉得很累，无论女人还是男人都需要一个依靠休息一下。

事实上，处于高度紧张的社会打拼之中，男人的每一根神经都会绷得紧紧的，导致他们不敢有丝毫松懈，必须全力以赴。而在心爱的女人面前，他们所希望的是完全地放松，完全地抛开在社会上打拼时的那份紧张，静静地调理身心。

打个比喻：男人是一把撑开的雨伞，不断地向上推，他们会张大所有的面积为妻儿遮风挡雨，此时他们会有满足感。但是，女人要给男人偶尔休憩的机会，不能让雨伞总绷着，否则总有一天会被大风雨吹翻。

男人的依靠有别于女人的依靠，他们不是在找寻一个比自己更加坚实的臂膀，而是找寻一个可以让自己安稳休息的温馨的港湾、一份坚实而温存的栖息地。他们的依靠来自于一个轻轻的问候，来自于一个简单的亲昵，也可能来自于女人的一个娇滴滴的撒娇，也会从女人关心的埋怨中得到一个安慰，哪怕是一个微不足道的问及也是一种美好。在这一方面，男人的要求并不多，男人太容易满足。

可是，世界上大部分的女人不懂得男人的疲倦，下班后强迫男人做家务，或者家长里短、鸡毛蒜皮的事情唠叨个没完，让男人疲惫的身心无法得到安宁，结果爆发了家庭战争，甚至造成家庭悲剧。

她是一个依赖性很强的女人，他把男人当成自己的眼、自己的足。晚上男人急匆匆地往家赶，她便每天在家等着，等着他来做饭；如果门儿出得稍微远一点儿，她必须由男人开车接送，不管男人如何脱不了身；她生病了，撒着娇，男人不得不从繁杂中挣扎出来去照顾她。诸如此类，一日复一日。

渐渐地，男人有点儿招架不住了，"这日子过得真累！"望着窗外万家灯火，男人不情不愿，黑着脸在厨房捣鼓了一番，再回头看看自己身边的女人正坐在电视机前没心没肺地傻乐，男人感到了些许的气愤：自己娶的是老婆，不是小女孩啊！他不再陪她看自己不感兴趣的泡沫剧，而是独自先去睡，她嫌他对自己不够热情、不够体贴，使劲地推他，他只是睡眼蒙眬地嘟囔了一句："我很累"。

慢慢地，生活中有了磕磕碰碰，男人对家的热情越来越淡了，晚上再不像以前那样急匆匆地往家赶，但是一回到家中，她就命令他做这做那，于是，男人的抱怨多了起来，争吵不可避免地发生了。然后，男人有了别的女人，那个女人，宠他、恋他，也懂他，他在女人那里，找到了自己想要

上篇 致女人
——爱他，不如懂他

121

的那种叫幸福的东西。

就这样，这个女人输掉了自己的幸福，输掉了自己的婚姻，她以为自己是被男人千追万求娶进门的，理应享受男人给予的一辈子的宠爱，她一味地索宠，却忘了男人也是一个血肉之躯，也有脆弱疲惫的时候。

爱是婚姻的原动力，美满的婚姻需要爱的维系，只有爱才能让婚姻的天空永远明净晴朗。男人在爱的基础上努力地为你们的幸福生活打拼的时候，女人是否想过，在婚姻中你是不是也给了丈夫同等的爱呢？

男人也很脆弱，他们承受的要比女人的多，即使是一个比男人强势的女人也不会有多于男人的承受，因为男人是上帝塑造的一个需要承受的载体，所以男人在心力交瘁时，女人要给男人提供足够的爱，让他拥有一个温柔的依靠。

家是疲惫男人安全温馨的港湾，当劳累了一天回到家后，男人最希望看到女人在灯下等他归来时温馨的画面。他希望看见心爱的女人温婉的微笑，用她纤巧的小手脱下他的外套，送来一双拖鞋，享受她柔软小手的爱抚，像孩子一样甜甜的小憩。这时的他是多么的满足、多么的幸福，他会觉得再累也值得。

总有某个时刻，男人一动不动地躺在沙发上，不停地翻动电视遥控器，表现得非常慵懒，甚至连话都不想多说一句。他在干吗？在找球赛和动画片，还是比较哪个台的女主持人最漂亮？或者在做遥控器寿命测试？

其实，这时候男人很少真的在看电视，他最可能做的一件事不是思考，就是休息。因此，聪明的妻子就要放下手中的活儿去倒杯水，给他捶捶背，一个鼓励的眼神、一句安慰的话语，男人的疲累会在你爱的抚慰下减少很多，不一会儿就生龙活虎了，并激发起明天拼搏的勇气。

现代社会竞争激烈，"拼命三郎"的男人多了起来，疲倦的男人也多了起来。这时的男人需要理解、需要疼爱、需要依靠。用你的温柔体贴给他一个可以停歇的港湾、一个温馨而宁静的避风港。切忌，千万不要打扰他，否则幸福就会毁在你嘴上。

上篇 致女人
——爱他，不如懂他

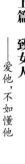

第6章

把自己和生活打理好,不给男人太多压力

——懂男人,就要尽量帮他解除后顾之忧

兵法云:"兵马未动,粮草先行。"行军打仗,首先要巩固好自己的后方大本营。男人在外面拼搏跟行军打仗是一样的,后方是基础。女人懂男人,就要尽量把自己和生活打理好,不要额外地给他增添压力。男人无后顾之忧,才能够抛却所有的私心杂念,心无旁骛地去奋斗。

事业和爱情孰轻孰重?别给男人出难题

在男人的潜意识里,自己毋庸置疑是家里的顶梁柱,所以他们总是让自己背上所有的责任和义务,为了家庭全身心地发展事业,而有些工作的性质又决定了在工作之外要进行其他形式的加班,因此,男人不可避免地对女人有所冷落。

男人深夜未归,自己独守空房。于是,很多不能理解男人的女人此时就会埋怨丈夫不够体贴、不够浪漫,叫嚷着"我在家累死累活,你天天外面不着家",甚至怀疑彼此之间的感情是否已经变质。

思的老公是一家小证券公司的经理，平时应酬很多，尤其到了年底的时候甚至天天有应酬，晚上总是回来很晚。时间久了，就忽视了思的感受，于是思有很多的不满和委屈，心里责备老公不关心自己。

一天，老公又有应酬。晚上吃过晚饭后，思觉得浑身没劲，兴许是感冒了，便给老公打电话，让他快点儿回来陪自己。电话那头一片嘈杂，老公说客户还没有要走的意思，可能暂时走不开，思觉得自己太委屈了，便大声地对电话那头的老公叫嚷："我生病了你不回来，我死了你也别回来。"然后就挂掉了电话。

此时，老公也很着急，想马上回到思的身边，但是又得罪不起客户。犹豫再三，他还是赶紧去药店买了一些药，风风火火地回了家。思感觉到了老公的怜惜和急切，她高兴极了，紧紧抓住老公的手，生怕他又丢下自己一个人。

结果，那天由于思的老公走得太急，客户根本没有机会看公司的实力和服务的质量，合作协议不了了之。老公的公司是做证券的，又是一个小公司，客户直接影响公司的运转。资金不到位，思的老公愁得不知所措。看到老公布满血丝的双眼、坐立不安的神态，思心里很不是滋味，有些后悔自己的任性。

的确，男人因为事业忽略了自己，作为女人有很多委屈和抱怨，这是人之常情。但是，你也要懂得，男人也不希望在办公桌前辛苦工作到第二天，也不希望赔笑脸应付客户到深夜。又有哪个男人不想回家安静地陪陪老婆和孩子？不想在黄昏的时候和老婆牵手去散步，享受生活的宁静？

上篇 ——致女人

爱他，不如懂他

125

在男人心目中,工作和事业是最重要的一环,这也是他们建立个人形象和价值的重要途径。要想获得升职加薪的机会,肯定是需要付出很大努力的。如果女人因为男人忙于工作或跟工作有关的应酬而不断地闹情绪,男人会很烦、很无奈。

再想一想,男人奋发图强为了谁?努力工作为了谁?赚钱为了谁?还不是为了给女人提供优越的生活条件,是为了家庭好,只是与女人的方式不同罢了,应该给你的他会毫无保留地给你,应该呵护你的时候他还会用心良苦地疼你。

所以,女人不要让男人在自己和事业中间做选择,不要把自己当做他生命的全部,而是要设身处地为老公着想。在接到男人因为工作不回家的电话时,不要总是冷冷地回复他,不要额外地给他增添压力,不妨多一些关心,多一些体谅。

不管谁做什么事都要专注、有耐心、有动力,那样走在成功的路上才会顺畅。男人也如此,最希望自己最爱的人在背后默默地支持,能够理解和支持他所做的一切,这样他在感情上没有什么困扰,就能够在从事事业时更加专注,进而做出一番成就。

更何况,大多数女人都是贪心的,而且女人本身就是一个矛盾的集合体。当一个男人真的能够与你常相伴,成天围着家庭转,为你煮饭洗衣,分分秒秒与你腻在一起时,你是不是又会觉得他没有志向,缺乏责任心和事业心?

自古忠孝不能两全,男人有义务陪心爱的女人,又没有权利放弃工作。真正懂得男人的女人决不会过分干扰他的工作,苛求他好好地陪伴自己,而是把自己和生活打理好,使男人不受家事所困,雄心勃勃地遨游于事业的天空中。

这个决定和你牵手一生的男人,虽然他不能时时刻刻在你身边陪着你,虽然他不能给你浪漫多情的生活，但他肯定是为了你而舍弃自由跟随你的人，是肯为你担负责任和义务的人，能给你实实在在的生活。

生活本来就让人很疲惫了，当丈夫把大部分的精力放在工作上，妻子应该千方百计地支持他的事业，不该再让他太累。这不仅是一种享受，也是做妻子的一项特权。难道你愿意放弃这项特权吗？

安顿男人的胃，温暖男人的心

笑柳的事业和婚姻应该属于一蹴而就的那种，自然而然、顺风顺水。大学毕业之后她顺利地进入了研究生的行列，在继续深造的过程中认识了自己现在的老公伟豪。毕业、工作、结婚，一切都是那么的顺理成章。

由于上学期间一直都在住校，偶尔放假回家，笑柳的父母从来没有让她涉足过厨房。所以婚后即使厨房里各种用具应有尽有，笑柳也将之当成了摆设，每天都和伟豪出去吃饭，有时公婆来看他们，还得由婆婆下厨。

起初还觉得很好，可是时间长了，就慢慢地出现了问题，伟豪经常去朋友家吃饭，回来后便有意识、无意识地夸朋友的媳妇烧得一手好菜。说话时，满脸充满羡慕和神往的神情，就像回味刚刚吃过的佳肴一样。笑柳很倔犟，"我不会做饭，而且我也讨厌下厨，我想我不会因为爱谁而改变自己这个习惯……"

就这样过了半年，伟豪居然提出了离婚，他的理由很简单："我结婚就是为了过日子，你整日不做饭，我辛辛苦苦奔波了一天，回到家连口饭菜都吃不上，只能出去下馆子，这还叫过什么日子。"

现在的女人大都柴米油盐分不清，五谷杂粮弄不懂，十指不沾阳春水。

在她们看来，现在男女平等，餐厅饭店遍地都是，为什么一定要女人为男人做饭呢？更何况，一个女人在厨房里会慢慢熬成黄脸婆，到那时有谁还会喜欢呢？

的确，女人不会做饭没什么不好，但是所谓过日子就免不了一日三餐。只有传说中的仙女才不食人间烟火，我们既然生在凡世，哪有不沾半点儿油烟之理呢？而且，男人为了实现让女人幸福的承诺，拼命地在外打拼，为男人做一顿可口的饭菜，正是女人给予男人的最直接、最现实、最温馨的回报。

试想，当男人忙碌一天回到家的时候，看到厨房中妻子忙碌的身影，闻到满屋子饭菜的香味，哪怕只是一顿简简单单的晚餐，男人也会感到你浓浓的爱意，感受到家里的温暖，如此，相信他会感觉一切的付出都是值得的。

几乎所有男人心目中的理想女人是"上得厅堂，下得厨房"，张爱玲也曾经说过"通往男人心的路就是胃了"，还有句老话说："要留住男人的心，先留住男人的胃。"想想都觉得这些话都是很有道理的。

男人在外面打拼非常辛苦，作为妻子应该为爱人分担压力。没有人指望你变成大师级的厨师，你也不需要把每道菜都做得非常精致，只要你喜欢下厨，喜欢在做饭上花心思，哪怕做的饭并不可口，也起码说明了你疼爱老公、珍惜家庭，那份浓浓的爱意便从食物里缓缓地流出，甜到男人的心里，而且这种家的感觉会让男人的心立即被浓浓的温暖包围住。

同时，自己做饭既营养丰富，又卫生放心。食品安全卫生问题令人忧心，男人吃得好，身体健康才能有更好的体力为女人更好地

> **男人心语**
>
> 好女人要"上得厅堂，下得厨房"，哪怕你只是做一顿简简单单的晚餐，也会让我感到浓浓的爱意，感受到家里的温暖。如果女人连饭都不会做，我辛辛苦苦奔波一天，回到家连饭菜都吃不上，这还叫什么日子？

生活努力拼搏,不是吗?

依珊总觉得生活是需要感动的,夫妻之间亦是如此。看到老公整日在外操劳奔波,依珊明白老公的努力多半是为了自己,尽管婚前她很少进出厨房,但是现在她开始以"上得厅堂,下得厨房"要求自己。

每天闲来无事的时候,依珊就会认真地翻看食谱书。只要老公说过的好菜,依珊就会放在心上。她很用心地为老公做着每一道菜,还不断地向邻居学习,翻新花样,对其中老公最爱吃的几道菜更是反复琢磨、反复锤炼。

而依珊的细心和体贴也深深地打动着老公,他在日记上写道:"明媚的清晨,老婆准备的那份营养丰富的早餐,让我一天都有好心情;晚上归家时,心仪的食物出现在了餐桌上,扫除了我所有的疲惫;飘雪的冬天,老婆熬的一锅热汤温暖了我整个冬季……有这样的好老婆,我夫复何求?"

依珊是一个慧心施爱的女人,她认真地学习厨艺,在菜里放入爱的作料、在汤里煲出爱的味道,令老公从这些细节中体会出她浓浓的爱意、温柔的体贴。娶妻当娶贤妻,像依珊这样的妻子,没有哪个男人不喜欢。

做饭给心爱的人吃,是一种幸福;吃心爱的人做的饭,更是一种幸福。真正的爱情是要和你最爱的人一起做饭、一起吃饭,男人们坚信这种家庭的温馨氛围是任何酒店餐厅所给予不了的。懂得了男人们的这一渴求,每天在他回来之前为他做好一顿美味可口的饭菜,他一定会深刻体会到平凡生活中蕴涵的爱情的滋味,把你当做宝贝儿。

有人说:"不会做饭的女人不是一个完整的女人!"这种观点听起来有些武断,但做饭的确是一种爱的表达。要知道,就连举世闻名、日理万机的"铁娘子"撒切尔夫人也是因为热衷于下厨而获得事业爱情双丰收的。

为了更好地安顿男人的胃、温暖男人的心,女人不仅要学会做多种饭菜,而且要做出自己的风味,拥有自己的招牌菜。其中,最好的方式莫过于做

出婆婆的味道。大部分男人会怀念母亲做饭的味道，因为其中有发自内心的亲情和关爱。

为此，你不妨虚心地向他的母亲请教如何做饭，用做实验的心情慢慢地学着做做看。当男人看到你这样用心地安慰他对某道菜的"乡愁"，不管你成功与否，他都会异常感动的，也会越来越离不开你。

值得一提的是，即使是在油烟、油星四溢的厨房里，你也要先把自己收拾得干干净净，时刻优雅地出入厨房，做一个令人赏心悦目的女人，做一个聪明又漂亮的"快乐煮妇"，这样才能真正拴住男人的心。

好女人不做男人的"肋骨"

《圣经》上说：上帝趁亚当睡着之时，从他身上抽出一条肋骨创造了夏娃，从此繁衍了人类。也是自那时起，男人的身上就少了根肋骨，男人只有寻到属于自己身上的那根肋骨才是完整的自己。女人真是男人身上的一根肋骨吗？

生活是现实的，它是由一个个我们必须面对的细节构成的，吃饭、穿衣、住房、教育子女、赡养老人、退休养老……这些都是组成生活的最基本和必需的元素。

在这个生存压力巨大的时代，女人也应该独立，别把自己的人生全部压在男人的肩上，要有梦想、有胆识、有不怕吃苦的精神，和男人一起撑起一片属于你们的天空，减轻男人的负担和压力。

更何况，假如你成天坐享其成，依靠男人生活，这样你真的感到快乐幸福吗？你真的认为这样的生活会一直持续吗？你真有足够的安全感吗？当你伸手跟他要钱用，想买什么东西还要跟他说一声，你不觉得自己很卑微吗？

事实上，现代社会的男性其实也是很现实的，他们需要的不仅是生活中的贤妻良母，还有事业上的得力助手。正如张小娴所说："白马王子能把你带上马，也能把你扔下马，除非你自己有马，可以跟他齐头并进，或者比他跑得更快。"

男人心语

女性不管在什么时候都应该独立一点儿，即便是成家后也应该如此。男人表面上不说，其实内心里更愿意女人有一份属于自己的工作，特别是在这样一个竞争激烈、压力重重的时代。

茜茜不仅人长得漂亮，而且多才多艺，吸引了很多异性的倾慕眼光，包括英俊潇洒、事业稳定、年轻有为的蔡，两人一见钟情，随即踏入了神圣的婚姻殿堂，所有人都觉得这一对幸福人儿的前途一片光明。

可是，结婚以后，大家却意外地听到了关于茜茜的负面消息，原来，她把自己人生的希望都放在丈夫身上，没有自己的工作，从油盐酱醋到衣袜鞋帽，时时处处都要老公埋单。神仙眷侣般的生活过了不到半年，蔡觉得生活压力越大越大，尽管他已经很拼命地工作，但是家中的经济时常捉襟见肘，两人开始时有争执。同时，由于两人的感情基础并不稳固，不堪重负的蔡提出了离婚。

女人不是男人的肋骨，一个幸福的婚姻是靠两个人共同承担责任，而非一个人所能承受的。买车、买房等费用两个人一起承担，生活各方面的开支两个人共同分担，让男人少一些压力，这样的家庭才能幸福长久，不是吗？

舒婷在《致橡树》中咏叹："我如果爱你，绝不像攀援的凌霄花，借你的高枝炫耀自己……我必须是你近旁的一株木棉，作为树的形象和你站在一起。"比肩而立、各自以独立的姿态深情相对的橡树和木棉，热情而坦诚地歌

上篇 致女人
——爱他，不如懂他

唱了诗人的人格理想。

这种形象的树立不仅否定了老旧的"青藤缠树"、"夫贵妻荣"式的以人身依附为根基的婚恋关系,同时,也超越了牺牲自我、只注重于相互给予的互爱原则,这种超越对向来仰视、攀附地位的女性来说难能可贵。

人们熟知的羽西化妆品品牌的创始人靳羽西是一位非常有魅力、有个性的成功型女性,她曾被《纽约时报》评选为美国最受欢迎的50个"女性钻石王老五"之一,她认为女人嫁得好也要干得好,独立自主非常重要。

她曾经这样说过:"我现在最大的快乐是我可以自由地从自己的口袋里掏钱买书,买我喜欢的衣服和我喜欢的一切,我认为这是女人最大的尊严和快乐。现在许多年轻的女孩子需要什么东西就对她的男朋友或爱人说我喜欢这个、我喜欢那个,她们是不自由的,也是不会真正快乐的,而且男人也会很累。"

靳羽西还坦言:"我曾经嫁过一个富有的男人,但是说实话,他没有给过我一毛钱。不是他不给,而是我不想要。我有一份自己的事业,我自己挣的钱已经够我自己用,为什么还要依靠别人呢?我想,这样的生活姿态是我最大的骄傲。"

像靳羽西这样,从不甘心做男人的肋骨,而是永远保持自己的独立性,在生活中有一份属于自己的事业,依靠自己辛勤地工作赚钱养活自己,与男人站在同一个水平线上是非常难得的,也会得到男人发自内心的尊重和钦佩。

是的,真正的爱情应该是彼此独立、彼此尊重、彼此帮助的。男人和女人不是因为相互需要,而是因为相互欣赏、相互支持才站在一起的。男人和女人不是为了禁锢对方,而是为了帮助对方在独立和自由中得到更有生命力的成长。

男人已经很累了，好女人不该让男人太累，把自己的人生压在他的肩上。不做男人的肋骨，拥有一份属于自己的事业，努力与男人一起挣钱养家，相互支持、相互搀扶，如此，幸福的路一定能够走得很远很远。

家是男人的城堡、女人的天堂

安憩和宁静终于来临

一天的漫长劳作即将过去

每颗心都在喃喃低语："哦，我的家，我那最终的家。"

——托马斯·胡德：《最终的家》

"我喜欢一出门就为了家人和自己的理想打拼；我喜欢一回家就有暖洋洋的灯光在等待……"家就像这首歌里唱的，是个温暖、幸福的港湾。男人在外面经历了无数的挫折与困难，家是他休憩的场所、温暖的港湾。

营造一个美好的家是男人的基本希望，这需要妻子的努力。需要注意的是，家不一定要有豪华的装潢，不一定要有气派的摆设，但家一定应该是整洁的、干净的，是使男人能够彻底放松身心、恢复平静思绪的最好地方。

试想，假设妻子好吃懒做，家里的茶几上落满灰尘、沙发上乱堆着衣服、厨房里杯盘狼藉、墙角上挂满了蜘蛛丝时，在这样杂乱无章的家庭环境下，男人将会是怎样的一种心情？不言而喻，他会有一种失控的感觉，心情会更加烦乱，从而加剧白天的压力，更加沉浸在焦虑或者痛苦当中。

在别人的眼里，慧欣和毛磊是幸福的一对。慧欣是一个通情达理的女人，对金钱看得比较淡，多了多花，少了少花，从不抱怨毛磊没本事，对毛磊的家人也很好，让所有人都对她说不出个"不"字，对此毛磊在心里一直很感谢

她，所以在生活上尽量多做一些家务。

刚开始毛磊还能适应，可是随着工作压力的增大、年龄的增长和家庭负担的加重，他开始有些力不从心了，家里的事情也做得少了。但是慧欣已经养成了眼里没有家务活的习惯，报纸、书刊、衣服、裤子、袜子等随处可见，整个房间杂乱不堪，就连她自己也是每天一副不修边幅、邋里邋遢的样子。毛磊是个比较喜欢干净的人，经常嘱咐慧欣要多收拾家里和自己，但慧欣对这些并不是很在意。

毛磊努力压抑着自己的情绪，努力回想慧欣对自己多年的好、对自己家人的照顾，努力对眼前的混乱视而不见。但是一想到家里乱哄哄、脏兮兮的情景，他便觉得无法忍受，渐渐地开始讨厌回家了，于是寻找各种借口流连在外。

在这个现代经济发展飞速的世界里，男人必须整天和对手竞争，身体和精神完全被工作控制。劳累了一天的他希望看到一个干净整洁、情意浓浓的家。一旦家庭不整洁，心里会很慌乱。混乱的家会使一个男人感到悲哀。

女人不屑于把家庭环境收拾得干净整洁是天大的错误，婚姻中的女人千万不能犯。你可以浪漫，但浪漫也要给人一种实在的感觉，一种令男人感到温馨的感觉，在家里挂满粉色的气球远没有把家里收拾得整整齐齐舒适轻松。如果爱你的丈夫，就努力保持良好的家庭环境吧。

男人心语

男人在外面经历了无数的困难与挫折，家是休憩的场所、温柔的港湾。妻子能不能保持家里干净整洁是能否使我们在家中获得放松和休息的前提，这也是判断一个妻子有没有真正履行义务的重要标准。

将家里收拾得整整齐齐，干净的地板、没有油污的厨房、整齐的摆设、清新的气味，如此一来，即使是狭小的空间，也会因为整洁有序而显得温馨十足。搭上女人清爽整洁的形象，会勾起任何一个男人回家的欲望。

家是一个男人的城堡、一个女人的天堂。

"苹果之父"史蒂夫·乔布斯的伟大已经被无数人敬仰，而乔布斯成功的秘密也有太多的书在对其分析研究。对于乔布斯的成功，我们不能忽略一个优雅的女人——劳伦娜·鲍威尔·乔布斯，即乔布斯的妻子。

乔布斯39岁时，在哈佛大学和劳伦娜相识，并且很快与她步入了婚姻的殿堂。劳伦娜是一个聪明的女人，她理解乔布斯的工作压力很大、工作很累，她无时无刻不在背后照顾着两个人共同的家，并且坚信整洁的家是幸福生活的基础。

与其他超级富豪相比，鲍威尔·乔布斯的家显得低调得多：居住面积大约只有450平方米，有5个简单的房间、一个露天平台、一个能容纳3辆车的车库。在劳伦娜的打理下，这个家很整洁、简单并且舒适，颇具个人风格。劳伦娜还在房屋周围种上了6英亩的花卉和植物，并开辟了一个小菜园，每天亲自养花和种菜。

对于乔布斯来说，有屋有田、家居整洁，还有妻子对他的温暖呵护就是他长久以来追求的生活。他曾经表示无论自己有多么劳累、烦躁，只要回到家，看到井然有序的一切，心里就会变得平和而踏实。

爱干净、爱整洁是一种生活态度、一种生活习惯、一种生活品位，跟工作忙不忙并没有直接的关系。整洁的家反映出女人勤劳的品质、女人对家的珍惜，更是女人对男人的一种重视与尊重，这是幸福生活的前提。

每天只需花一点儿时间，付出一点儿力气，就能把自己居住的环境弄得整齐干净一些，为此你没有失去任何东西，却换来了一种好心境，收获了一份成就感，能够让奔波一天的男人时时体验到舒适感。

桌面上不要放太多东西,将针线、报纸杂志、剪刀等零碎东西装入盒子和箱子,比如针线盒、工具箱等放在固定位置,东西用过以后要归位。衣服、鞋子等不能乱扔乱放,要放入专门的柜子里。

每天要擦桌子、整理杂物、扫地、拖地板,以保持清洁;坚持每周全面打扫一次,每月或每季度重新布置一次房间格局,简单地将家具挪换位置,或者换换窗帘,使家庭环境看起来美观整洁,而且还可以给人以新鲜感。

要记得家具不要摆放过多,要摆放整齐,最好是使用高度不同的家具,这样形成的角度会使光线发散,呈现出一种很随意、很悠闲的风格,由此帮助你创造一个舒适的家居环境,让你的他置身其中感到安逸和放松。

在房间放置几盆植物。将绿色的植物摆放在家里能营造一个自然的生态空间,如此家才有生气,能够让男人感受到自然的味道和清新的感觉,体味一份宁静的心情。常春藤、无花果、猪笼草和普通芦荟等植物能够除菌消尘,都是不错的选择。

即使再忙,也要将家收拾得干干净净、整整齐齐,把家务当做一丝不苟的事业来做。这一切,只有对家人充满爱心的女人才做得到。谁说平凡的生活中没有英雄,每一个贤妻良母都是生活在男人身边的大英雄。

做好男人的"军师",助他一臂之力

不管是政坛、商界还是演艺圈,许多女性用自身的实力充分证明了女人柔弱的肩膀也能扛起半边天。不过,也有一些女人比成功女性更不平凡,她们站在自己男人的背后,"用心"地将之推向成功。

有一个笑话是这样的:在一条高速公路上,美国克林顿夫妇的汽车抛锚了，路边加油站的工人走上前来，希拉里对克林顿悄悄耳语道："比尔，他是我的初恋情人。"克林顿感叹道："幸好你没有嫁给他，不然你就成不了第一夫人了。"希拉里冷静地回答："不，要是我当年嫁给他，现在他就是总统了。"这个笑话其实蕴涵着深刻的哲理：好女人是男人成功的导师，可以造就男人的成功。

男人心语

年轻的时候，我们也许更容易迷恋女人漂亮的外表，但是随着时间的推移，我们会知道漂亮不能当饭吃，那些充满智慧，能为我们带来无限光荣的女人更具独特的魅力，更值得我们相守一生。

"每一个成功的男人背后都有一个伟大的女人。"成功之路是异常艰辛的，妻子是一个男人成功路上必不可少的伙伴，你要扮演的角色不应该仅是一个协调家务、生活等方面的贤妻良母，更应该是一个帮他出谋划策的"军师"。

大多数男人做事毛毛躁躁，考虑得也不够成熟，也有迷茫的时候，由此很想找一个人跟他一起分担。女人和男人的思维意识和角度有所不同，这时候你不妨利用女性的优势为男人做"军师"，为他出谋划策、运筹帷幄。

对于这一点，我们不妨看看伟大的思想家马克思的妻子是如何做的。

马克思和他的妻子燕妮可谓是一对成功的夫妻，他们十分恩爱。每次马克思的思想著作完成后，燕妮都是第一位读者，马克思也很喜欢和妻子讨论问题，在讨论中，燕妮对许多重大事件和理论问题提出了很有见地的意见，为马克思的理论研究带来了不少有益的启迪，为马克思后来的成就起到了不可忽视的作用。

马克思的政治生涯很坎坷，在马克思被排挤的灰色时期，他们一家人过得非常清苦。在寒冷的冬日夜晚，一家人挤在一张狭小的床上。每天，他们只

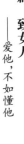

能靠甘薯充饥。因为没有邮费，马克思写好的论文无法寄往城市；因为没有钱，他们的孩子不得不退学……可就是在这种艰难的环境下，燕妮依然很乐观，她在昏暗的灯光下为马克思整理潦草的笔记，还运用自己的丰富知识，帮助丈夫校对清样、代写信件。《共产党宣言》仅存的手稿中，许多字迹难辨的手稿都是由燕妮整理誊写的。

由于燕妮的帮助，使马克思不被这些琐碎之事牵绊，有了更多的时间和精力从事他的著述和革命活动。可以说，马克思一生的伟大成就和燕妮这个伟大的"幕后军师"有着密不可分的关联。

凭借着自己的学识和才干，燕妮将那样琐碎而艰巨的事做得井然有序，帮助马克思解决了种种难题，她所付出的辛苦努力成就了一位前无古人、后无来者的伟大思想家，间接地为人类社会的发展作出了贡献，这种成就难以比拟。

再如，我们熟知的奥巴马的妻子米歇尔在奥巴马竞选总统的时候，她热忱地为丈夫助选，充分发挥自己的口才与智慧，也让我们看到了一个女人在男人事业中发挥的中流砥柱的重要力量。

当奥巴马参加 2000 年美国众议院选举时，他的妻子米歇尔不仅在背后出谋划策，还亲自探访了许多家庭，收到了很多宝贵意见；2007 年 5 月，奥巴马宣布角逐总统选举后 3 个月，米歇尔开始减少 80% 的公职全力为丈夫助选；竞选初期，米歇尔增加出席竞选活动数日，于 2008 年 2 月 8 日内出席了 33 场竞选集会，帮助奥巴马增加声势；2007 年，米歇尔开始协助奥巴马作全国性巡回演说以拉拢选民，同时，米歇尔还雇用了全女班的助手团来为丈夫倾力助选。

最终，奥巴马成功当选为美国第 44 任总统，他是美国历史上第一位具有黑人血统的总统。每当谈及自己的成功，奥巴马都会提道："我要感谢我的妻子,在情感上她是一个能够倾诉衷肠的温柔女人,在事业上她是一个理智果敢的伙伴,她给我提出了很多宝贵的意见和建议。"

不难看出,女人的付出对男人的成败起着决定性的作用。尽管不是每个男人都能够成为马克思和奥巴马,但在平淡的生活中,只要女人做好"杠杆",一样可以把平凡的男人"翘"起来,让他的人生不平庸。

著名作家毕淑敏曾说:"智慧是优秀女人贴身的黄金盔甲,是女人纤纤玉手中的利斧,可斩断征途上的荆棘,可斩断身边的烦恼。"作为男人最亲密和最信任的人,你是否应该考虑利用自己的智慧为他做"军师"呢?比如,时刻提醒他需要完成的工作和各种活动、管理好他的各种物品、协助他整理各种资料,包括名片、书信、稿件、书籍、资料等、做个有心人,尽可能多地收集对他的事业有用的信息、做好公关工作,解决他在工作和生活中遇到的难题。

为此,你应该多去书店转转,选择一些与男人事业相关的知识性书籍,以此来丰富自己的大脑,不断地提升自己;也要时常上网了解当前经济形势,以求不与社会脱轨,从而跟得上男人的步伐,进而读懂男人在各个时期的需要和想法。

试想,男人回到家后想的是怎么扭转公司困境,而你却一心只关注油盐酱醋茶,在旁边唠叨今天的菜价又涨了、哪个超市打折了。社会在进步,你的丈夫在进步,如果你仍在原点,那么你就会很快地被时代甩在后面,那将是一件非常可怕的事情。

做好"军师"的角色,把丈夫的事业视做自己的事业,跟他一起分析、解决问题,用自己的智慧在成功路上助他一臂之力,用心把他推向成功人士的行列,如此,你将会成为那个他要感激一辈子、难以割舍的优秀女人。

爱他的家人，家和万事兴

有一个成语是"爱屋及乌"，表面意思是说，由于爱某个人，因而连他家屋顶上的乌鸦都不以为不祥、不觉得讨厌了。放在婚恋关系中，即既然你深爱这个男人，就要重视他周围的人，尤其是要爱他的家人。

亲情是世界上最永恒、最稳固的爱，最难以扯断的纽带。对于大多数男人来说，家庭的和睦要比任何事业和金钱都重要。只有"家和"了，男人无后顾之忧，才能够抛却所有的私心杂念，心无旁骛地去奋斗，"家和万事兴"，说的就是这个道理。

遗憾的是，很多女人单纯地认为婚姻是两个人的事，结婚后男人就应该是自己的，于是和男人的母亲和妹妹争夺情感，为此上演了婆媳大战、姑嫂之争，弄得男人左右为难，使他们添堵、苦恼、郁闷。这些家庭烦恼使男人的心力被困扰，没办法专心致志地工作，在一定程度上势必会影响事业的发展。

男人心语

任何一个男人在结婚之后也不希望自己的家庭从此只有妻儿，与父母、兄弟姐妹等都断了干系。爱我的同时发自内心地接受我的家人是作为一个妻子的本分，也是维持家庭和睦的法宝。

电视剧《新结婚时代》中，城市女顾小西和农村男何建国相亲相爱，但是在婚后的现实生活中，顾小西与何建国家人之间引发了一次次的争吵，令何建国左右为难、疲惫不堪……看到此，很多人都会摇摇头说："婚姻不是两个人的事，而是要和他的整个家庭融合。"

因此,爱他就不要给他太多的压力,发自内心地接受他的家人,尽量帮他解除后顾之忧吧。

婚姻不是两个人的事,是两个家庭的事情,全体家庭成员的融洽才是最难得的幸福。而这种和睦是需要妻子去经营的。对于一个妻子来说,准确把握自己在婚姻中的角色行为,使家庭更为融洽是必修的功课。

聪明的妻子对新的家庭应该怀有感恩之心,因为你的公公婆婆的精心抚养,因为你的小叔子与小姑子的朝夕相伴,才成就了你优秀的丈夫,他们给予你丈夫的爱并不比你少,你应该感谢他们成就这个优秀的男人。

体谅男人的最好方式就是尊敬你的公婆。男人大多是孝子,也大多要面子。随着年龄的增长,对家人与父母的感情会越深,他们不想背负"娶了媳妇忘了娘"的骂名,他们希望妻子能够使自己的父母生活得幸福快乐。

话虽如此,但生活中的问题还是不少,很多女人和公婆并没有什么隔阂,但从外表看起来,却和公婆之间的关系总显得很疏离,甚至有一些磕磕绊绊。是什么原因导致彼此难以开开心心、温馨平和地相处呢?关键在于两代人的思维和生活方式不同,形成了沟通的障碍。

当公婆对你表示不满的时候,千万不要顶撞,这样只会让矛盾升级,最好是微笑面对,像对待自己的父母一样对待公婆,这样会很容易拉近彼此的心,也是获得他们欢心的良策。

玉颖的丈夫是家里的独生子,公婆对他特别宠爱,却对玉颖这个儿媳不是很满意。公婆也有他们自己的道理,他们觉得身为教师的玉颖太过斯文,没法吃苦,稍微繁重的家务都干不了,这样的妻子只会给家里带来负担。

其实,玉颖是个知书达理的女人,但不管她怎么做都得不到公婆的喜欢,这让玉颖很委屈,有时候也会跟丈夫抱怨几句,丈夫总让她别跟老人计较。

玉颖为了不让丈夫为难,选择了忍气吞声,一如既往地孝顺公婆。

公公喜欢听黄梅戏,玉颖就从音像店搜罗来名家黄梅戏VCD送给公公;婆婆爱穿旗袍,玉颖就给婆婆买衣料做工都不错的旗袍。有一次,婆婆生病住院,玉颖每天下班都会炖上鸡汤,然后转几次车给婆婆送到医院去,在床前尽心尽力地伺候,同病房的病友都误把她当成是婆婆的女儿……婆婆看到瘦小的玉颖日夜奔波的样子,觉得她似乎没有自己想象中那么娇弱,承认了自己对她存在偏见。

经过这件事情后,婆婆对待玉颖的态度有了一点儿变化,再加上玉颖平常对公婆的尊敬,公婆终于从心里认可了这个媳妇,再也没有对玉颖有过任何抱怨了。看着一家人快乐地生活着,老公更加用心地对玉颖了。

打一个形象的比喻,人与人的关系就像一个花园,是需要人来经营和维护的,你经营得好,便能结出满园灿烂的鲜花;如果只是顺其自然,这个花园就会长满野草,久而久之就变成了荒地。

时常给他的父母买点儿礼物或补品,陪老人家聊聊天、说笑话;他的兄弟姐妹有事,你要尽己所能去帮一把;对于他老家来的穷亲戚,你不要露出鄙夷之色……爱男人的同时,接纳并关心他的家人,不让他左右为难,这才是对他的尊重。

人非草木,孰能无情?不是每个人都是天性凉薄,幸福是掌握在自己手中的,只要你能够真心地去对待每一个人,相信总有一天也会换来别人的真心,如此,丈夫也会感激你的贤惠,因此更加爱你,为你们的幸福生活奋斗。

巧理财,理出幸福来

在婚姻中,女人会理财是很重要的。有一段时间,《女人要有钱》这本书很畅销,不仅女人在看,在男性读者中也很抢手。这种现象从侧面可以反映出一个问题:男人对于女人是否会理财还是很关注的。

俗话说:"男人是耙耙,女人是匣匣,不怕耙耙没齿,就怕匣匣没底。"一个家庭的生活状况与其居家女人有着密切关系。如果一个女人持家有道,那么这个家会越来越好;相反,如果一个女人不懂得理财,那么家庭的财务危机随时都可能上演,还可能给夫妻感情造成极大的伤害。

百灵似乎天生对数字不感兴趣,对于理财更是一点儿兴趣也没有,还觉得是一件很烦的事情,避之唯恐不及。而且,她觉得自己的月工资有3000元,丈夫的月工资有5000元,这样的收入在二级城市根本没有理财的必要。

百灵追求时尚和美丽、爱逛街。结婚3年来,一发工资她就会去逛商场,各式各样的化妆品、不同款式的衣服一买就是一大堆,从来不算算钱应该怎么花、能够花多长时间,每次到了月底就捉襟见肘了。而丈夫因为不受百灵管制,花钱更

男人心语

有什么样的权利,就要履行什么样的义务。如果你在结婚后当上了家里的"财政大臣",就要履行管好家里的钱财的义务、满足人生或家庭各阶段的需求,这样我才能真正放心把钱交到你手上。

是肆无忌惮、大手大脚，经常与朋友们出去喝酒、唱歌。

去年年底，婆婆突发脑溢血，住进了医院的重症监护室。百灵和丈夫火速赶回老家，虽然婆婆暂时保住了性命，但需要支付一笔高额的医药费，但百灵一算，家里哪有多余的钱啊，最后还是丈夫的姐姐支付了药费。

"我辛辛苦苦地挣钱，累得精疲力竭，居然没有一点儿积蓄，真是可怕。"最后，百灵的丈夫提出了离婚。在他眼里，一个过度消费、不会理财的女人是不理智、不智慧的，很难有一个安全美好的未来，他不愿意再被拖后腿。

现实生活中，一旦两个人建立起一个家庭，金钱方面的纠葛就会增加，比如房贷、孩子的学费、双方长辈的赡养费，还有家里七大姑八大姨、各路朋友的份子钱……

由此可见，不理财，你们能承载生活的重压吗？不理财，你们有能力让父母安享晚年吗？不理财，你们拿什么供养孩子？

在目前这个处处需要金钱的社会，女人学会理财是很有必要的。理财既是生活所需，也是一个女人必须掌握的持家之道。对于很多男人来说，金山银山，不如有一个会理财的妻子。

理财无法使你一夜暴富，其本质在于善用手中一切可运用的资金满足人生或家庭各阶段的需求，把钱有目的地用到该用的地方去，保证家里每个成员都基本满意，如此男人也就能把更多的时间和精力投入到事业上。

赶紧行动起来吧，当男人满怀信心地把工资交给你的时候，勇敢地担当起来，多了解一下理财的知识，为家庭好好地做一个理财计划吧：规定一下日常开支、目前的生活要达到一个什么样的标准、如何使手中的存折数目不断增加……对这些都要做到心里有数、安排得井井有条。如此，你才能不负老公让你"管钱"的期望。

以下是几个教你如何理财的好诀窍。

1.最简单的理财方式——节约

对于理财而言,与增加收入相比,减少开支简单得多。凡事量入为出,要有计划地开支,该省则省,能不买就不买。为此,你可以试行一段时间记录下所有开销,找出支出去向,要弄清楚哪些钱是不必要花的,从而有意识地减缩这方面的花费。如此,你不仅堵住了漏钱的缝隙,也积累了理财的基础资本。

2.最稳定的理财方式——储蓄

及早学会用银行储蓄的方式打理自己的金钱。储蓄理财虽然收益小,却是风险小、最稳定的理财方式。坚持不懈地去实现你期望的短期储蓄、中期储蓄、长期储蓄目标,如此一来,多年后的财富累积成效绝对会让你大吃一惊。

3.开源式的理财方式——投资

投资理财是一种开源式的理财观念,即通过对已有的财富进行合理适当的投资以获取更高收益的开源,这是一种让"钱生钱"的模式,投资实业、购买债券、投资股票、期货以及外汇等,都可以大胆尝试,"坐收渔翁之利"。不过,投资有风险,赢亏难料,要谨慎、再谨慎,认真揣摩学习。

4.保障性理财方式——保险

保险是生命、财务安全规划的主要工具之一,是一种特殊的投资,它能够解决我们能力之外的事情,让生活更加妥帖随心,就像人们常说的:"平时当存钱,有事不缺钱,投资稳赚钱,受益免税钱,破产保住钱,万一领大钱。"不过,在进行投保之前,你最好和全家共同规划,根据自身的特点量身订做,更要多方兼顾以求获得周全专业的保障和呵护,建议年保费支出一般不超过家庭年收入的 10%~20%。

上篇　致女人
——爱他,不如懂他

145

做到了以上这些，相信这个家在你的打理下不仅能井井有条，更能丰富多彩、有滋有味，如此，相信男人不仅不会沦为挣钱的机器，终日为生存而疲于奔命，而且还能享受到家庭带来的更多的安宁、幸福和快乐。

下篇 致男人
——爱她，就要让她快乐

世界上的女人，美丽的、温柔的、聪明的、可爱的……无论什么类型的女人，她们期待被疼爱的心情都是一样的。只有被疼爱，女人才能展现充满灵性的美；只有被疼爱，女人才有醉人的靡靡情意。给予她细水长流的温情，给予她无微不至的关爱，让她快乐无忧，幸福就会被你们握在手心。

第7章

爱情中，男人对女人最不该犯的那些错

——爱女人，就要照顾她那颗敏感的心

女人很敏感，因为敏感而多情，因为敏感而忧伤。她的心思细腻如粉，你的一个眼神、一个举动都叫她思量许久、备感受伤。如果你真爱一个女人，就要照顾好她那颗敏感的心，不要在爱情中犯不该犯的那些错。

工作再忙，也不要忽略女人

王明在一家跨国公司工作，刚结婚的那几年，他经常与妻子会茹散步谈心，可自从被提升为部门经理后应酬增多，回家的时间越来越少也越来越晚。家对于他来说更像是一个旅馆，每日打拼回来后只想倒头大睡。

过中秋的时候，王明虽说和妻子一起吃饭，但吃完就加班去了；结婚纪念日记不住，每年都要会茹提醒他，他还很不耐烦。生活中种种的忽视让会茹深深伤感，她常常想是不是自己出了问题。虽然生活在一个屋檐下，可是她感觉王明越来越陌生。

就这样，一年后，会茹提出了分居的要求。对此，王明满肚子的委屈："我经常回家很晚,因为公司的应酬太多。我的妻子曾抱怨说她一个人在家很孤独,但我的确是因为工作离不开呀。我有时回到家很累,脾气不好,但她应该理解呀。我这样辛辛苦苦地工作挣钱,还不全是为了她……"

都说事业是男人的根基,一个男人有了事业才称得上是个男人,于是不少男人婚后将工作放在第一位,总是忙个不停,没有节假日、没有休息,丝毫不顾及女人的感受,令女人感到被冷落,于是心生抱怨,感情出现危机。

有些男人也会因为与妻子相处时间少而心存愧疚,但总是想等到工作告一段落再去好好陪家人。可等到有一天真的想去和对方沟通的时候,才发现由于长时间的淡漠,对方已不能理解自己的想法,沟通起来也比较困难。日子一久,彼此之间就提不起说话的兴趣,共同话题也逐渐减少了,于是婚姻犹如一潭死水。

这时候,不少男人会委屈地说,男人是要养家的,男人要考虑的事情太多,我这样辛辛苦苦地工作挣钱,还不全是为了让她以后过上好日子,这难道不就是爱她的表现吗?她应该理解呀!她应该包容呀!

诚然,无论什么时候,女人都应该以男人的事业为重,多一份理解、多一份体谅,可你想过吗?当你将精力和身心全放在工作上时,尽管你可以说是为了妻子,但你了解妻子的真正需要是什么吗?

女人天生就是要人疼、要人宠的,她们的感性多于理性,她们不仅需要

下篇　致男人
——爱她,就要让她快乐

男人从物质上满足自己的需求,更主要的是希望男人能从情感上满足自己。当她烦闷时,你应该是个供她倾诉的对象;当她高兴时,你应该是个和她分享的人,你发自内心地爱她、关心她,她才会肯定自己在你心中的重要位置。

让我们来听听一个女人的心声。

你总是以忙事业作为理由,我想你,你知道吗?我不想要什么礼物,不想听你什么承诺,我只想安安静静地坐在你身边和你一起吃顿饭。从你开始忙起,我们就好久没一起吃过饭了,你答应中午回来陪我吃饭的,可是你又忙……当我看到时钟上的指针走过12点的时候,我就知道你回不来了。我心里好难过呢,你知道吗?我们很久没有一起逛过街了,你一直都不愿意走路,好懒……其实,你不知道,我不喜欢坐在车里看你的侧脸,我就是想牵着你的手慢慢地走走……你不理解这种感觉,你说忙,我明白男人应该有事业,也很理解,可是我真的好想你能抽点儿时间陪陪我。你总是说我是小孩子,我多希望撒撒娇,你就能多陪陪我。我爱你,可我感觉你只爱你自己……

台湾作家张晓风在《一个女人的爱情观》一文中说:"爱一个人,就是不断地想晚餐该吃牛舌还是猪舌、该买大白菜还是小白菜。妻子用心做好的晚餐却等不到丈夫回来一起享用,其心境应该很凄凉吧。"

男人自有男人的世界,一个没有事业心的男人是不完整的,但工作再忙也不能成为男人忽略女人感受的"借口"。如果你真是为了这个家,到头来却以放弃家庭的幸福为代价,那么事业再成功又有什么意义?

人在江湖,武功是安身立命的根本,但《射雕英雄传》中的郭靖懂得最基本的道理:人学武功是为了保护自己和自己的爱人。如果不以这个为目的,再威力十足的武功也会失去存在的意义。第31回中,憨头憨脑、笨嘴笨舌的郭靖对黄蓉说:"我宁可一点儿武功也没有,只要你平平安安,过得开开心心。"黄蓉听了这句话才知道郭靖心中分量最重的根本不是什么"降龙十八掌"，而是他的蓉儿，顿时感到快乐漫溢。

女人不是房间里的家具，放在那里就算了，她需要交流、尊重和体贴，需要丈夫的重视。事业固然重要，但是妻子和家庭也是男人的世界中不可或缺的一部分，好丈夫不会忽略妻子的感受，让妻子总是独自留守在家的。

值得一提的是，夫妻关系的好坏也会影响到男人的事业和健康。最新研究显示，婚姻不美满的男女不论是在家庭或是在工作上，整天都会觉得压力大，这种紧张状态延伸至工作场所会影响到工作的效率，还可能会引发严重的健康问题，如血压会增高，心脏病发作与猝死的风险也会增加。这时，怨天尤人是没用的，男人应该好好想想如何增进夫妻的感情以防止这些疾病发生。

事实上，要想兼顾事业和爱人并不难。例如，你可以在工作间隙发些浪漫的短信，告诉她在你心中是多么的重要；你还可以在加班很晚后去蛋糕店给妻子买上她最喜欢吃的蛋糕，让她知道你并没有忽略她，爱她、疼她、宠她就够了。

只要有心，你就一定能做到。

你有满足她"说"的欲望吗

说实话，在这个世界上，让女人不唠叨，就像让天空不下雨一样不合理。夫妻之间，爱的表达方式是多种多样的，作为男人能善听女人的唠叨也是一种爱，跟一个女人生活在一起就得接受她的唠叨。

事实上，女人生性敏感，婚后对家庭、对工作等各个方面会有很多感悟，自然就有了"说"出来的欲望，她希望将自己的情感说给最信赖的人听，目的

是想与丈夫分享一天的感受,体验舒适和亲密的感觉,更希望从中得到他的首肯、评价和安慰。

当女人絮絮叨叨的时候,如果男人"惜言如金",不认真听她的诉说,或者敷衍了事,或者是逼急了,干脆抱怨她太唠叨、太烦人,女人就会不高兴,感觉你冷落了她、不理解她,甚至认为你不爱她了。

欧莎忙碌了一天,神情倦怠地回到家里,她渴望同丈夫鲁卡交流。

欧莎说:"亲爱的,这份工作真是累人,眼下我要做的事情太多太多了,我的私人时间少得可怜。"

看起来欧莎有些心烦意乱,鲁卡微微撇了撇嘴,说道:"既然如此,放弃那份工作吧,何必让自己如此辛苦呢?"

欧莎说:"可是,你知道,我喜欢这份工作。问题在于,老板对我的期望值很高,希望我在短时间内改变一切。我相信只要我好好努力一段时间,熟悉了这份工作之后,到时候就不会这么累了。"

鲁卡一边看电视,一边心不在焉地答应着:"哦。"

欧莎微微地皱了一下眉头,"对了,我今天太忙了,居然忘记了给母亲打电话。她现在身体很糟糕,我很关心她。但是现在这么晚了,估计她已经睡下了吧?"

鲁卡说:"别担心,她会理解的。"

欧莎说:"可你不知道,她真的需要我。"

鲁卡有些不耐烦地说道:"真是的,你也太操心了。"

欧莎有些火了,说:"我只是偶尔不快乐,你是块木头呀?能不能关心我一下。你是不是烦我了?哼!"

鲁卡也不高兴说:"你还要我怎么样呢?我不是一直在听你说吗?"

欧莎摇摇头:"可我为什么还是那样苦恼呢?"

回到家，欧莎和鲁卡开始谈及自己一天的生活，想从丈夫那里感受到关心和体贴。然而，鲁卡不合时宜地表现出不耐烦的神情，致使她的希望成了泡影。结束这场谈话后，欧莎感觉更加沮丧，这可不是她想要的结果。

实际上，鲁卡并不知道，对于欧莎的倾吐，他应该做到聚精会神、感同身受，尽量理解欧莎的感受，体会她此刻的心情，这样才能让欧莎感受到他的体贴和深情，体验到被疼爱、被呵护的感觉，进而一扫当天的晦气。

如果是这样，那么他们的谈话会是以下的情形：

欧莎看起来有些心烦意乱："亲爱的，这份工作真是累人，眼下我要做的事情太多太多了，我的私人时间少得可怜。"

鲁卡露出关切的表情问道："亲爱的，你今天一定很辛苦吧？"

欧莎说："是的，我有些累，可是你知道我喜欢这份工作。问题在于，老板对我的期望值很高，希望我在短时间内改变一切。我相信只要我好好努力一段时间，熟悉了这份工作之后，到时候就不会这么累了。"

鲁卡皱皱眉头说："我知道你一向很好强，但是不要让自己太累呀，我会很担心的。"

"唉……"欧莎长长地出了一口气，"对了，我今天还忘记了给母亲打电话。她现在身体很糟糕，她很需要我，但是现在这么晚了，估计她已经睡下了吧？我对她的关心太少了，我心里很难过。"

"亲爱的，到我这里来，我想抱抱你！"鲁卡轻轻地抱住欧莎，温柔地说

道，"你总是这么关心身边的人，这我早就知道。明天再给母亲打吧，她知道你现在很忙，一定会理解你的，别担心了，好吗？"

在丈夫的怀抱里，欧莎的身心获得了放松，露出了满足的笑容。

由此可见，女人对生活的敏感性高，她们的喜与乐、忧和愁，都想对丈夫倾诉，她们期望从丈夫那里得到宽慰、体贴和信任，这种需求一点儿也不过分。生活中那些细密琐碎的唠叨都体现了女人对婚姻沉重的责任，以及女人对丈夫深深的爱恋。

如果你认真观察，便会发现爱唠叨的女人往往是那些平日里得不到丈夫充分的关爱，她们想要改变这样的局面却又找不到有效的办法，于是会通过"说"来表达自己的需求，然而男人却充耳不闻，女人于是觉得自己被冷落了，便愈发有"说"的欲望，如此反复就进入了一种可怕的循环。

另外，与爱"说"的女人相反，不爱"说"的女人往往把很多不顺心的事埋在心里，必然会觉得食不知味、睡不安稳，容易使神经系统功能和脏器功能失调，让疾病"乘虚而入"，从而引发原发性高血压、脑动脉硬化、冠心病、恶性肿瘤等。

培根曾说过："把快乐告诉别人，你的快乐就会加倍；把悲伤告诉别人，你的悲伤就会减半。"这样看来，男人不仅应满足女人"说"的欲望，还应积极地参与进来，给妻子更多的爱，让她处处感受到你在关心她、爱护她，这样既增进夫妻的情感，又可有益身心，减少疾病的发生，一举两得，何乐而不为呢？

听女人唠叨尽管有时感到心烦，但女人把自己的一切都交付给你，在家辛勤地操持家务，你不管的琐碎事她"照单全收"，她已经默默地承受了这么多的"心烦"。与之相比，你听"唠叨"时所感到的"心烦"又算得了什么呢？

别让她成为"孤岛",定一个"沟通日"

夫妻之间应该增加交流的时间,经常谈谈对生活、理想的期望,说说自己的建议和想法,但是,男人的独立性强于女人,在烦恼和困难产生时,他们为了不使妻子担心,更多的是趋向于独自解决问题。

这种想法是好的,但当丈夫什么都不和妻子说时,夫妻之间缺少必要的交流,久而久之,敏感的女人会觉得自己对丈夫而言并不重要,会认为你忽略了她、你在疏远她,而她自己则是一座孤岛。这样的想法一旦产生,势必会影响夫妻感情。

这是因为,女性比男性更渴望感情的交流、沟通,比男性更难耐孤独和寂寞,渴望丈夫对自己温存、体贴。而对女性来说,不断交流感情、谈论彼此的关系视彼此"无话不谈"就是一种亲密的表现。

韩鼎在公司里扮演着重要角色,在朋友的聚会上滔滔不绝,是一个很健谈的人,但他却不愿意和妻子谈每天发生的事,即使事业上遇到了什么困难,也不向妻子倾诉和寻求帮助。每当妻子说"咱们出去走走吧"、"咱们聊会儿",他都会说"下次吧"、"我太累了"之类的话,导致妻子也沉默了。

韩鼎从不认为自己的婚姻会出现问题,但这一天回到家,他在桌子上发现妻子留下的纸条:"对不起,我要离开

女人爱言

我很想走入男人的世界,为你分担一份烦恼,你总是说工作太累,回家不想说话,让我安静安静吧。我知道,男人有时需要自己的空间,但为什么你连说话的激情都没有了?我甚至不了解你有什么不高兴?这还是夫妻吗?

几天，把孩子也带走了。我需要时间想一想，你也想想我对你是不是重要，我会尽快和你联系的。"

韩鼎拿着纸条反复地看着，仍然一头雾水，不知道哪里出了错。后来，他在抽屉里发现了一封没有写完的信，是妻子写给朋友的，里面有这样的内容："他难得跟我说几句他的事，我不知道他为什么不开心，他根本就不在乎我的感受，我觉得自己更像个保姆，而不是妻子，我很孤独……"

韩鼎其实很在乎自己的妻子，真没料到妻子会有这样的想法。但是仔细想想，他们之间的交流确实太少了，自己吃完饭就钻进书房上网，留下妻子一人在卧室看电视，两人几乎没什么交流，又怎么能让爱情充满生机呢？

事实上，每一位妻子都有一种强烈的愿望，希望了解丈夫的生活，愿意分担丈夫的一切，然而很多丈夫都没有意识到自己对于妻子来说究竟有多么重要，该沟通的时候不好好沟通，结果伤害了女人敏感的心。

我们不妨来看一个典型的事例。

妻子：亲爱的，你回来了，今天工作忙吗？

丈夫：没什么。

妻子：今天有什么事吗？你心情不好吗？

丈夫：没什么，告诉你也帮不了什么忙。"

相信听了这样的话，大多数女人都会感觉受到了冷落，默默地走开。

如果丈夫改变一下交流方式，情况可能会大有改观。

妻子：亲爱的，你回来了，今天工作忙吗？

丈夫：啊，今天忙极了，晚上还得加班。

妻子：是吗？你心情不好吗？

丈夫：本来挺好的，但快要下班时经理突然塞给我一个新任务。

听了这样的话，女人不但能够实现了解男人心事的目的，而且还有一种被重视的感觉,进而可以增加对男人的信任,心中的情绪得到疏导,理解就不再是什么困难的事了,心心相印也不是可望而不可即的了。

做到有效交流并不困难,你们不妨定一个"沟通日",约定每周或者每月有一两次固定的沟通时间,到时把所有的牵绊都斩断、把杂事都放下,愉快地与她交流,包括你的快乐、烦恼、情绪、工作、生活,等等。

作为男人要记住,凡能促进你们之间交流的事,请你多做一些。这样的交流对她很重要,不要让她觉得你很遥远,觉得自己就像一座孤岛,只站在你的对岸。交融你们的心,你不仅会是个好丈夫,还会清晰地看到快乐的滋长。

不尊重女人,就会招致女人反感

"尊重"这个词,总是带着能让人感到温暖的力量。在婚姻生活中,夫妻间的相互尊重是很重要的。但是,许多男人潜意识中男尊女卑的思想根深蒂固,缺乏民主和平等意识,对妻子不够尊重,甚至将之视为附属品。

曾经有一对英国夫妇到中国朋友家里做客,他们受到了热情的款待。

朋友的妻子一直在厨房里忙来忙去,快用餐了都没有坐下过,于是客人礼貌地说:"夫人忙活了这么长时间了,快请她一起用餐吧。"

那位丈夫随口说:"不用管她,女人不必和男人一起上桌吃饭。我们先吃,让她去忙她的,女人干活,天经地义嘛。"

客人又提醒道:"那么,我们为您的夫人留下一些菜吧。"

丈夫连忙阻止:"用不着,等一会儿让她吃残羹剩饭就行了。"

类似的情景在生活中很常见,这其中确实缺少了一种东西,就是对妻子

的尊重,认为"娶媳妇就是用来伺候自己"的。但仔细想想,哪个女人愿意做一个温良恭谦、低眉顺目,任男人呼来喝去的小媳妇?

女人是凭感觉做事的动物,她们在社会里一直处于弱势的地位,再坚强的女性,上帝所赐予她们内心深处的感受也是柔软与脆弱的,她们从心底里渴望一份独立平等的爱情,无不希望与男人的地位平等,互相尊重。

大脑中缺乏平等观念的丈夫,与妻子进行平等对话尚不可能,更别说给予妻子温情的抚慰了,恐怕只会借爱情和婚姻之名行剥削和迫害之实。如此,只会招致女人的反感,自取其辱,让自己难以下台。不是有句话说:"你希望别人怎样对待你,你就应该怎样对待别人。"更何况她还是陪伴你一生的女人。

如果问及一个没有什么恋爱经验的女人,她心目中的理想伴侣应具备什么条件,你会发现她可以开出各式各样的条件,比如,温柔、体贴、有责任感、孝顺、有钱、有男子汉气概或没有不良嗜好,可以养家活糊口、学历好、身高,还希望要有很好的职业:医生、律师。

但是,谈过恋爱或是踏入婚姻的女人会知道,这些条件再好,也可能只是一时的假象。一个好伴侣的基本品性应该是尊重妻子。只有懂得尊重妻子的男人,才会将女人和自己放在同一个天平上,懂得考虑她的权益,懂得尊重她的人生目标以及生活乐趣,以她的快乐为前提。

一本哲学书上曾这样说:"神没用男人的头造女人,因为女人是不可以支配男人的。神也没用男人的脚来造女人,是因为

> **女人爱言**
>
> 如果上帝赐予我财富和美丽,我一定会让你对我也难分难舍,同我现在对你一样,但上帝他没有。可是我的灵魂,可以和你的说话,就好像我们两人同时穿过坟墓,站在上帝面前完全平等——本来就如此。

不可以让女人成为男人的奴隶而唯独用男人的肋骨来造女人，就是希望女人经常能在男人的心中。"

的确，爱情是两个独立的个体因为相互爱恋而走到一起的一份感动，是两个人的灵魂在平等基础上的对话，谁也不是谁的战利品。男人是人，应该尊敬对方，女人也是人，也应该尊敬对方，爱对方就要互相尊重。

不管在何时何地，男人都要给予女人应得的尊敬。

尊重女人，意味着不在她面前说脏话、不发泄自己的情绪。当她心烦意乱或困惑时要给予理解，凡事尽量让着她，相信她有独特的解决方法，而且在任何情况下，她都有权利得到男人的支持，这是尊重女人的最基本前提。这种尊重都存在于日常生活中的细节当中，平时你只要细心一点儿，完全可以做到。

尊重女人，即在你作任何与她有关或对她有重大影响的决定时，要考虑到她的感受和要求，征求她的意见，不能自己一个人说了算。比如，可以问她："你觉得这样好不好？""我想……你认为如何？"或是"我认为我们应当……你觉得怎么样？"如果双方有什么不同的意见，男人有必要进一步和女人沟通，直到找出两全齐美的办法为止。

尊重女人，还包括认可和帮助她，发现她的价值和特点，花时间了解她再简单不过的想法和要求，甚至是特殊的心理需要。了解了这些之后，男人应该尽最大努力主动满足女人的需要，别总等着她开口请求。

在男人的尊重下，女人会自然感觉男人的平等态度，感到自己在男人心中的重要地位，如此她会发自内心地感到轻松自在、幸福快乐，感谢和珍惜男人为她所做的一切，还会积极地营造一个美好和谐的家庭气氛。

"站在上帝的面前，我们两个人的灵魂是平等的。"尊重能让夫妻的两颗心更紧密地相依，是婚姻幸福的必备条件。中国自古就有"举案齐眉"、"相敬

如宾"的佳话,表现的正是相互尊重的重要。

韩国已故总统金大中是一个懂得尊重妻子的男人,他主张男女平等。他无数次搬家,但自家的门牌上始终并排写着自己和夫人李姬镐的名字,这在以男性地位为核心的韩国社会中并不多见,也广为流传。

1997年总统大选时,负责照料李姬镐的前议员金希宣称:"金大中作为一名政治家,总是对妻子用敬语,尊重妻子的想法,接受妻子的大部分意见,这一点给我留下了很深的印象。"实际生活中亦如此,1996年一天,李姬镐正坐在床头看电视剧,刚好那一时间段,别的频道在播重要新闻。在这种情况下,金大中仍然温和地征求意见说:"老伴,我想看会儿新闻,能不能先调一下台啊?"

金大中经历了6年的狱中生活,10年软禁,两度流亡国外,在此期间,李姬镐几乎每天都给丈夫写信,前后总计600余封。当记者问到她是如何以非凡的意志帮助丈夫渡过难关时,李夫人回答:"我的先生很爱民族和国家,而且他是一个懂得尊重妻子的男人,我非常尊敬他、信任他。"而金大中则毫不掩饰地对身边的人说:"我今天虽然年事已高,仍可自豪地说我们依旧是热恋的情侣,绝不比任何一对年轻人逊色。"

用心捂住胸口问自己:"我舍得让她伤心吗?我舍得离开她吗?"如果答案是否定的,那么请学着尊重她,这样做等于向她表明她的快乐,即使在最微小的方面对你都至关重要。如此,她会爱你更深、回报你更多。

黄脸婆，男人你没有资格说

"黄脸婆"是时下一些男人对自己老婆的称呼。诚然，不少女人婚后，美丽的容貌失去了，骄人的身材失去了，光亮的皮肤也失去了，但是男人永远没有资格说自己的女人是"黄脸婆"，这是爱情中男人对女人最不该犯的错误之一。

女人总希望自己永远都美丽，她们最怕听到的一个称呼就是"黄脸婆"。一旦被说是黄脸婆，顿时觉得人生惨淡，这不仅关乎漂亮的问题，似乎一个"黄"字勾得人连精气神全无，魅力大打折扣。没有哪个女人希望如此。

也许，现在社会中年轻漂亮、小鸟依人、千娇百媚的女人很多，再加上酒红灯绿的生活，男人的眼睛都被蒙了一层朦胧纱；回到家里看到已不再清纯可爱、妩媚动人的女人，而是不饰妆容、臃肿难看的妻子，心里多少会有落差。

可是，男人们在抱怨的同时，是不是也该扪心自问：是谁偷走了女人的青春、可爱、温柔和甜美？妻子是怎么变成现在这个样子的？有心的男人，不用想都知道，那是因为身边的环境不可抗拒地改变了她，她要做的事太多了，她要洗衣服、做饭、打扫卫生，带孩子……忙得昏天黑地。

对此，台湾著名女作家亦舒说过："职业妇女和家庭主妇是世界上最令人厌恶的两种职业。可是中国 90% 以上的女人们都不得不身兼二职，上班赚钱补贴家用、下班打理家务，还要抽空照顾小孩……"

男人是否想过，哪一个女孩儿在家里不是被父母如珍似宝地疼爱着？可是，嫁给你后，她为你生儿育女，为你孝敬父母，为你操持家务，为你打理生

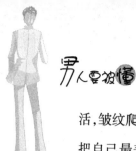
活,皱纹爬上了她的额头,苍老写满了她的脸颊,白发出现在了她的额头,她把自己最美好的青春年华都给了你,她是为了这个家而心甘情愿成为你口中的黄脸婆,而你回报她的不是感激、信心和支持,而是打击她、厌烦她、嫌弃她。试想,哪个女人能够承受这样的不公和伤害呢?

因此,男人不要把"黄脸婆"这类庸俗的语言用在妻子身上,你根本没有资格说。

更何况,那些看起来年轻漂亮、千娇百媚的女人,一旦承担起家的责任,每天买菜、做饭、洗衣服、带孩子、伺候老公,保管不出半年也就变成了"黄脸婆"。女人天生有能够为爱牺牲自己的大无畏精神,这点男人很少能够做到。

只要心中有爱,谁家的女子不是"黄脸婆"?某些女人在社交场合举手投足迷倒众生的样子,其实私底下难保她不是一名"黄脸婆"。谁会在自己家里还整天描眉画眼、穿个低胸露背的晚装?除非她极度养尊处优,或者是从不肯为家庭付出。

有这样一个白领已婚男子,他每天下班都不愿回家,因为在他眼中,他的老婆乃一名经典黄脸婆,整日在油盐酱醋中打转,素着一张脸孔,穿着松垮垮的衣服,尤其是生完孩子后的水桶腰令他生厌。他想不明白,当初那个很有一番"清水出芙蓉,天然去雕饰"的美丽韵味,令自己一见倾心的女人哪里去了?!

公司新来了一位女同事,这个白领女性令男人倾心不已。看到她高贵适宜的服装搭配,精致又自然的妆容,他被她征服了。每天在办公室,他会偷偷看她。他希望24小时

> **女人爱言**
>
> 好女人真的不好当。做个女强人,被老公认为不感性、不女人、不够贤妻良母;做个家庭主妇,生儿育女、孝敬父母、操持家务、打理生活,容颜被琐事摧残,老公天天看到你,又会觉得不漂亮了,厌烦了……

可以加班，好每时每刻都能和她在一起。终于在一个周末的早上，他因为太过思念，竟鬼使神差般来到了女同事的门口，他要向她表白，他不希望自己对她永远只是暗恋。

他鼓足勇气，按了她的门铃，开门的是一个披头散发、衣衫不整的女人。开门的时候，她一只手抓着锅铲，另一只手就在围裙上擦。她并没有认出他是谁，愤怒地叫道："大清早就来推销，有没有搞错啊！"然后"砰"地一声拉上了铁门。

就在那一瞬间，他看见了她蓬头垢面的样子，闻到了她口中不清新的气味，他听到她朝屋内大吼："小美，你洗脸刷牙没有？快叫你爸起来，我再煎个蛋就可以吃早餐了。"至此，男子顿悟：原来自己所倾慕的竟也是另一个男人的黄脸婆。

每天一下班，女人的脑子里就开始盘算家里一日的"工作"程序了，买菜、做饭、洗衣、拖地……所以，当女人回到家里后，第一件事就是换上便服，洗去妆容，然后带着一天的疲惫开始履行贤妻良母的职责。

有一个理论说得好，女人在家是平装书，在外是精装书，男人们平时在外面能看到的都是别人老婆的精装版本，只看到她们光彩美艳的一面……你的她或许在家看似"黄脸婆"，在外却是别人眼中的迷人景色呢，既然明白了这个道理，男人就更没有必要嫌弃家里的"黄脸婆"了，珍惜她，好好爱她吧。

从另一方面来说，如果可以，不要让你身边的那位变成"黄脸婆"，你应该携着她一起步向岁月之尘。为此，不妨主动为她做些什么，设法改变她的观念。因为很多女人一旦结了婚，无形中就变得小气了，为了把家布置得更舒服，为了让你吃好喝好，为了省点儿钱供孩子上学，一年到头都不舍得为自己买好衣服、好化妆品等。

比如,你可以主动给她多买些漂亮的衣服、散发出迷人气味的香水,这样一来,会使她时时亮给你一道全新的风彩;鼓励她去健身房或打打保龄球,那么你就能长久地欣赏到她那迷人的娇躯;或是带着她一起泡吧、旅游,等等,使她跟上时尚的步伐,更富有情趣。

女人为男人付出了太多,她值得这样被呵护、被疼爱,并且无关美丑。

女人很感性,讲大道理没有用

男人和女人的生理构造和社会分工的不同,导致了两者在一般情况下存在不同的思维方式,男人考虑问题偏向于逻辑性,即理性,而女人则偏向于感觉性,即感性,而男人恰恰是帮助女人进行感性之旅的主角。

男人的理性思维决定了男人习惯深入地分析各种现象,认为能找到合理解释的是真理,否则便不能成立。在男人的世界里,对错是他们的核心价值观,认为任何事可分对错,每件事的发生都该有可解释的原因和逻辑。

但是,女人是以一种感性的模式思考的,她们习惯以个人感情好恶和当下的感受来判断周围的人和事,女人的思维没法用统一的模式去认识和理解。

女人爱言

女人太感性了,注注凭直觉办事又多愁善感,经常处于优柔寡断、心思不定的状态,甚至口是心非、反复无常。这时候,男人和我们硬讲道理是行不通的,但一句安慰、一个拥抱就可达到目的。

有人曾经把女人比作尤物,也有人把女人比作一只猫。不管比作什么,女人天生就是很感性的,也没有任何做作的成分在里面,她们的感情世界里总是充满着多愁善感,而且对每一件事都很敏感,尤其是感情方面。

可以说,拥有感性思维的女人是丰富的,一首诗、一首歌、一篇文章、一句话都能勾起她们无限的遐想,她们可爱、温柔、撒娇、吃醋……。拥有感性思维的女人用心感受这个世界,她们不一定是最热情的女人,有时候口是心非、反复无常,甚至骨子里有一股淡淡的忧伤,不是谁都能跨进她们的内心世界。

当明白这些后,男人应该多点儿留意和重视女人每刻的感受,理性地对待她们的感性,如果硬要与她们讲道理,用一大堆理由告诉她们的抱怨和生气是无理的、是错的,那么你便不可能从女人那里得到认同和尊敬。

经典著作《围城》里,方鸿渐与孙柔嘉订婚后从湖南转战香港回上海时,途遇故交赵辛楣。赵辛楣热情地邀请他们一块共进晚餐,孙柔嘉因为身体不舒服,建议方鸿渐一个人去。方鸿渐真的一个人去赴约,回来后孙柔嘉却是一副不高兴的样子。

见此,方鸿渐很不满,于是大摆道理:"既然你有病,那就谢绝赵辛楣的邀请嘛,干吗非要我一个人去?你让我一个人去,说明你并不介意。你要是不愿意,当初完全可以说出来嘛。你现在这种态度,很明显是没事找事、莫名其妙……"结果两个人为此大吵一架,感情出现了危机。

这是谁的错?谁都有错,又谁都没错。方鸿渐的逻辑是一种典型的男人的理性思维,而孙柔嘉则是感性思维,她不仅自己不想接受赵辛楣的邀请,而且压根儿就不希望方鸿渐去,她的真实想法是:"如果你方鸿渐足够爱我,就应该主动谢绝赵辛楣来陪我。如果你在我的怂恿下接受邀请,那么你就对她还有感情。"

女人的心实在是太难捉摸了,"这个女人简直是太不可理喻了"。这是方鸿渐对孙柔嘉的看法。可以说,在这一点上他不是一个优秀的男人,因为他

不仅不理解孙柔嘉的感性思维,而且还说一些风凉话,恶语相向。

因为感性,女人很少深入地分析理解复杂的事务,更多地在乎自己的感受,往往凭直觉办事,心情和表现随着事情的进程起伏,经常处于优柔寡断、心思不定的状态,也许会有些任性,但这些是她们的资本之一,散发出迷人气息。

这个时候,男人要理解女人的感性思维,不要一味地向她说明事情的道理和是非对错,更不要心烦地排挤她,而要给她适当的安慰和关心,哪怕只是一个温柔的拥抱,这样女人一定会觉得你很贴心,婚恋关系也可得到改善。

扁担不能偏,一头父母一头妻

婆媳关系是这个时代永远不褪色的话题,婆媳之间的矛盾也一直是婚姻关系里的"痼疾"。前文中说过,女人要懂得爱屋及乌,发自内心地接受男人的父母,主动拉近彼此之间的距离,能忍则忍、能让则让。

但是,妻子对婆婆有不满也会和丈夫抱怨。这时候,有些男人一听老婆说他妈的不是,也不管自己的妈是不是真的有错,便一相情愿地觉得自己的妈很好,马上跳起来,像捍卫国家领土完整一样捍卫自己的妈,指责批评媳妇,或者干脆说一句最让女性讨厌的话:"那是我妈,我能怎么样?"

谁人背后不说人呢?谁人背后不被人说呢?从古到今,连圣人还发牢骚呢,更何况普通人?妻子私底下和你诉诉苦、背地里和你聊聊天未必就是恨婆婆,也没让你和你自己的妈进行批评,无非就是想让你理解自己的苦衷。

当所有的问题出现时都让妻子忍耐,万事都以爹妈和原有的家庭为主,对妻子不公平的待遇视而不见，如此一来，男人的孝心是得到满足了，但是妻子的一腔怨气无处宣泄，又得不到男人的体贴和照顾，她会敏感地认为你不拿她当一家人，容易在情感上感到孤单、失望和伤心。如果明知母亲过分挑剔，还要难为原本无辜的妻子，只能造成妻子寒心，甚至可能会从忍让转向反击，这些都是造成婆媳矛盾、夫妻矛盾的重要原因。

我们来看一个例子。

文文的男友王佑是家里的独生子，王佑在生活、工作上的表现都不差，甚至是很优秀。当初，文文除了看上王佑的优秀外，还有一点是因为王佑很孝顺。文文想，"孝顺的男孩子懂得心疼人、理解人，再坏也坏不到哪儿去吧。"

但是结婚后，文文才发现自己根本享受不到小鸟依人、被人呵护的感觉。原来婆婆一辈子强势，独断专行，掌管家庭的一切，而且认为女的就应该让着男人、男人不应该做家务等。所以，王佑下班回到家后，一旦文文指使他做些家务，婆婆就横加阻拦，说文文太娇贵、不知道心疼人，更让文文感到委屈的是，每当自己对王佑抱怨时，他总是那么一句："老人都那样，你就忍忍吧……"

无奈之下，文文只好提出了离婚，领完离婚证的时候，她意味深长地对王佑说："我实在忍受不下去了，你什么都听老娘的，让自己的老婆满腹委屈，也不知道当初娶老婆回家到底是要疼老婆还是虐待老婆的。"

下篇 ——致男人——爱她，就要让她快乐

167

可见，男人不能够理解妻子面对婆婆时的感受，所有的问题出现时都要妻子忍耐，这样的处理方式绝对不会起到立及消除矛盾的作用，即使只能控制一时，但不可能从根本上消除矛盾，只会加重女人的怨气，激发矛盾的爆发。

妻子需要你的理解和支持、关怀和疼爱。要知道，如果没有你，她根本不会遇到"婆媳关系"——离开与自己相处二三十年的父母，以一个陌生人的身份融入一个陌生的环境。而且，这个环境是否接纳她，有时不以她的意志为转移。

比如，有些婆婆总是在儿子在家的时候做好吃的，儿子不在家时对付一下算了。偶然如此没什么，如果总是如此，媳妇心里肯定会不痛快，抱怨自己吃得不好，此时男人不要认为女人耿耿于怀、挑剔、小肚饥肠。其实，女人不是看重吃什么，而是看重后面的心意。如果你在丈人家住好几年，每次吃饭如果妻子不在场，岳父岳母就对付对付算了，时间久了，你心中会不会有些不悦？

因此，真正的好男人除了孝顺父母之外，他还要有主见、负责任。当妻子抱怨婆婆的时候，不应该压制和打击她的说法，也不要一味地替老妈辩护和解释，尽量给妻子一个客观公正的平台，让她把自己的不满和怨气消除掉，不让她受到伤害，这样婆媳关系才能健康发展，夫妻关系也才能理顺。

比如，婆婆看到儿子和媳妇分担家务，心中不愉快，认为家务事应该由媳妇全部承担下来，儿子应该休息，"做一下家务事，让一个大男人洗衣服做饭，让别人知道了笑话。"妻子听从了婆婆的安排，但几次下来，心中肯定会对婆婆不满。此时，男人应该学会表明立场："她和我一样要上班下班，她也挺累的，我一个大男人干这点儿活儿没什么，而且丈夫和妻子分担家务事本来也是无可厚非的。"

比如，大部分婆婆一向节约，认为媳妇也要勤俭持家，当媳妇稍微买贵一点儿的衣服时，就看不太惯："哎呀，你怎么买这么贵的衣服？"这时候，男人就应该对母亲说："现在女人都打扮得漂漂亮亮，您就让她多买几件衣服也没什么。您媳妇出去人人夸她漂亮，咱们家脸上也有光，是不是？"

男人作为扁担，一头挑着父母，一头挑着妻子，要想走得稳，必须让两头平衡才可以。作为男人不能全靠在父母的一头，采取"两面倒"的方法缓解矛盾是改善婆媳关系的不错选择。

在一部时尚情感大戏中，当老婆和亲妈出现矛盾时，男主角化身"两面派"，一边甜言蜜语地哄着自己的妈妈，一边回到房间后给老婆大人跪地"负荆请罪"、"变魔术"讨老婆欢心。如此两个女人都不得罪，两个女人都被哄得高高兴兴。

女人生性敏感多疑，总是害怕被忽略和不重视，和妻子单独在一起时，你不妨经常在妻子耳边吹吹风，告诉她你和你的家人都很疼爱、很在乎她，比如："妈妈很喜欢你，老念叨你的好"、"你有什么不满意的地方就说，我不想让你受任何委屈"……这些贴心的话语都可以让她心头一暖，即使真有委屈也会一笑而过。

总之，妈妈是无法选择的，妻子是自己相守一生的人，男人有责任让妻子幸福快乐。

第 8 章

女人99%的不快乐,都是因为缺少安全感
——爱女人,就要给她一份踏实的感觉

女人因柔弱而缺乏安全感,一个女人的快乐感往往与安全感是联系在一起的。何为安全感?安全感是一种被尊重、被宠爱的需求,是男人的行为让女人产生的一种踏实感,那么男人们具体该如何做呢?

既给她爱情,也要给她"面包"

爱情代表着唯美、浪漫、温馨,给我们无限的快乐和甜美的愉悦感;而"面包"则代表着琐碎、庸俗、势利等一些现实压力。选择"面包"还是爱情?这是一个困扰过无数女人的古老话题,是女人最难作出的抉择。

几乎每一个男人都有着这样的梦想:心爱的女人笃定地认为只要两个人相爱就好, 哪怕自己口袋里连10块钱也没有, 再苦再累也愿意跟自己一起过。似乎只要这样,才能证明女人对自己的忠贞,两个人情深不渝。

但是,男人有没有想过,爱情需要"面包",你情我愿、甜言蜜语是美好爱情的开始,但它不能填饱肚子。若没有""面包""只有爱情,看着他人锦衣玉食,自己却节衣缩食,那种感觉会让女人辛酸不已、惴惴不安。

刘佳自己看好的爱情没有得到父母的认可,因为男友晓军是农村出来的,家庭条件很不好,而且近30岁的人仍然三天两头换工作。父母哪肯让女儿嫁给一个穷光蛋受苦受累,但刘佳坚持只有有爱就是一切,遂不顾父母的反对嫁给了晓军。

婚前借遍了几乎所有亲戚朋友的钱,晓军才买了一套新房,不过只是付了首付,还要按揭还贷15年,每月2000元。婚后,刘佳夫妻的收入加在一起只有5000元,只能满足基本的生活需要。面对一系列的实际问题,刘佳不得不学会如何勤俭持家,为了柴米油盐与小商小贩们斤斤计较。但眼看着朋友们花枝招展、吃香喝辣,自己只能节衣缩食;同事开着名贵车上班,自己则整天挤公交……刘佳心里很不是滋味,自然免不了抱怨几句。谁知,晓军居然气呼呼地说:"你不是不在乎受苦受累,怎么着现在就开始嫌弃我了?若是这样,我劝你干脆去傍一个大款吧!"于是两人发生了争执,晓军开始夜不归宿,刘佳依然为生活奔波。

这样过了几年,晓军的事业有了起色,刘佳欣慰了不少。一天深夜,刘佳给晓军打了一通电话,"嘟嘟"的声音过去之后却是一个甜美女人的声音,她的心一下子被揪得紧紧的,几乎说不出话来。"爱情不是'面包',不能当饭吃。现在活得这么累、这么尴尬,我真后悔当初没有听父母的话……"

凭心而论,哪个女人不想过上衣食无忧的生活呢?没有""面包""只有爱情,跟心爱的人一起吃苦受累,大部分女人还是愿意的,可在以后的日常生

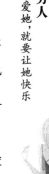

171

活中,难保会因为柴米油盐而发生争执,如此,两人又怎么去更好地谈情说爱呢?而且,诺言真的能一辈子不变吗?电视上有多少曾经恩爱的患难夫妻,一旦男方有钱了就抛弃跟自己共患难的糟糠之妻的例子,这些无不令女人没有安全感,心惊胆战、充满恐惧。

婚姻可以跟着恋爱的感觉走,可是面对一次又一次的现实冲击,越来越多的女人感受到了一个血淋淋的事实:没有"面包"的爱情是寒酸的、摇摆的,爱一个人是一回事,可是要不要和他结婚是另一回事。

要知道,不要"面包"的婚姻只是童话。要知道,饥肠辘辘、居无定所的爱情,以成熟的眼光来看,并不代表浪漫与伟大,而是对自己和别人的不负责任,毕竟我们不是生活在电视剧般的虚幻之中。

""面包""虽然没有像爱情被渲染成一种崇高的境界,它虽然有些世俗,却是生存的必需品,是获得快乐的基本保障,能让女人感觉踏实,甚至在关键时刻能够改变女人的一生。

扪心自问一下,女人不顾世俗的眼光,为了你飞蛾扑火,她承受的压力和尴尬,你能理解和感激吗?当生活的压力日渐增大,你能保证自己的激情不被锅碗瓢盆交响曲慢慢冲淡吗? 你为她许下的诺言,真的能一辈子不变吗?你能对女人一辈子好下去吗?

如果你不能保证,那么就不要让女人非要在爱情和"面包"之间作选择。一个男人没有权利要求他的女人陪你一起受苦。更何况,你要求女人要漂亮、要聪明、才貌兼备,女人为什么就不能左手爱情,右手"面包",一样都不能少呢?

选择爱情,生活将充满荆棘,艰辛地度日!选择"面包",能够填饱肚子却填不饱人心。如果你真爱一个女人,既要给她爱情,也要给她"面包",如此,女人感受到真真切切的疼爱,才会有实实在在的安全感。

男人不该要求心爱的女人跟着自己受苦，可现实生活中不乏爱情至上、愿意跟着男人吃苦的女人，如果有幸遇到了，那么你一定要好好地珍惜和照顾对方，更不能在贫穷中过得心安理得，要努力给予她舒适的生活条件，让她感到很安全、很快乐。这不仅是对女人的关心和爱护，也是男人的责任——爱的责任。

结婚证书，世上最好的情书

从18岁到24岁，最美丽、最浪漫的6年，她都陪在他身边。他是一个贴心的男人，他会精心为她准备一顿丰盛的晚餐，会为她洗换下的衣服，在她生病时整夜在病床前守候，在她不开心时会耐心劝导……但是，对于婚姻大事他却迟迟没有确定。

虽然她一再地催促，可男友总以种种理由推托："不忙，还早呢，咱们等等再说。"这样的话已经不记得说了多少次了，于是她的心再次沉入谷底，终于歇斯底里般爆发了："我跟了你6年，连张承诺的纸片都没有。我只是想安定地生活，只是想拥有一个属于自己的家，为什么不能实现？何况我们彼此相爱。"

他阴沉着脸回答道："我们认识又不是一天两天，都好几年了，我又没说不跟你结婚，只是现在没有心思考虑这个问题。再说了，结婚证不过是一张纸，你那么注重形式干吗？你现在怎么变得这么俗气！"

于是，她不再说话，就像什么也没有发生过一样，他们仍然生活在一起，他对她的关爱一如往昔，可她却日渐沉默，"我不知道究竟是什么原因，他始终不愿兑现给我婚姻的承诺。这样的等待何时才是尽头？我真的累了，

感情就快耗尽了,耐心已经用完了……在这平静生活下隐藏着暗涌,随时会有决堤的一天……"

在年轻人的脑子里,"婚姻"这个概念已经越来越模糊了,从刚开始彼此间的喜欢慢慢发展到相爱,然后同居,一年、两年、三年……女孩们总是在最甜蜜的时候不由自主地问男人:"咱们什么时候结婚?"而男人的回答总是"再等等吧。"

有些女人会因为爱这个男人而傻傻地等待,也有些女人则失望地离开男人。这时候,男人们总是抱怨:在女人的眼里,难道爱情不如一张结婚证书?我那么爱她,为了这张纸,她就要跟我分开吗?

如果你这样想,那是你不懂得爱情和婚姻的意义。两个人相爱,结婚并不是终点,但是不结婚,爱情很难永恒存在。

爱情是什么?爱情是发自于心的、不可言说的情感;一个眼神、一个微笑,两心相知,我给你 100% 的诚意,你给我 100% 的热情,但是爱情又只是一时的荷尔蒙升高,并不能保持太长的时间,一般的保鲜期是 18 到 30 个月。

婚姻是一份契约,是因血缘或伦理关系赋予的责任和理智,即一个男人只能和一个女人相亲相爱,它受道德和法律的约束。结婚证书怎么可能只是一张纸? 它是婚姻大事的最直接、最有效的见证。

女人爱言

谈恋爱是你情我愿的事情,彼此因为相爱而在一起,而婚姻事关责任,岂能视若儿戏?如果爱我却不能娶我,相爱却不能结婚,无名无分的日子谁过得都不踏实。这个世界上最动听的 3 个字不是"我爱你",而是"嫁给我"。

谈恋爱是你情我愿的事情,彼此因为相爱而在一起,而婚姻事关责任,岂能视若儿戏?如果爱她却不能娶她,相爱却不能结婚。这种情形,恐怕绝大多数女人都不愿接受。毕竟女人的青春有限,如果男人连这张纸都不肯给，没有契约，无名无分的日子谁过得都不踏实，那么她还敢指望你做什么呢？更何况，男人大多喜新厌旧，谁知道你以后会不会看上更年轻漂亮的女人？你随时都可以找个借口把她给甩了，甚至连借口都不需要，因为你根本不需要负任何法律责任，到时她找谁去诉苦？

爱情经不起一季又一季的等待，女人是禁不起时间耽搁的。没有期限的等待是很痛苦、很绝望的。你可以给女人很多希望，但是永远不要让她绝望。当女人的感情耗尽、耐心用完，一旦绝望，她会选择永远地逃离，而你只能空留遗恨。

一所房子并不是家，和心爱的人在一起风雨无阻地一起生活，共担婚姻的责任和义务才是家、才是爱。在女人心里，男人肯娶她是对她的最大爱惜和尊重。所以这个世界上最动听的3个字不是"我爱你"，而是"嫁给我"。

只要是女人，就永远需要男人用婚姻给她一个爱的承诺。

当今社会，男人都面临着很多的诱惑，经历太多，选择也多，甚至有的年轻人患有恐婚症……一个男人愿意为一个女人许下一辈子承诺真的需要一种勇气，也是目前许多人难以做到的。

所以，你要是真爱一个女人，想好好呵护她，就不要自私地让她继续等待，给她一张结婚证书吧。结婚证书是爱不爱一个女人的最好证明，是男人给女人最大的诚意，也是世界上最好的情书。

忠诚是爱情存在的条件，是男人的天职

对女性而言，所谓经营婚姻其实就是追寻一种安全感。而婚姻的安全感来自男人的忠诚，如果男人没有忠诚，那么这座婚姻大厦也就没有了地基，如同建立在沙滩上的雕塑，无论有多美、多宏大，最终会坍塌。

男人可以没钱，可以长得不帅，也可以没有太好的工作，但一定要对爱忠诚，这是一个男人的底线，失去了这个底线，再好的男人又有什么用？带给女人的一定不会有欢笑，而是整夜地以泪洗面、诸多的担心和恐惧。

这是因为，婚姻中的感情是绝对的私人物品。在女人的爱情世界里只容得下一个男人，再慷慨的女人也无法容忍男人的背叛，她们更信赖和托付忠诚于妻子、忠诚于婚姻的男人，而男人的天职正是给心爱的女人这种安全感。

见到她的第一面，他被深深地吸引住了，但没人看好这段姻缘，他是高大英俊、成名远播的将军，而她是个军人的遗孀，容貌平平，还带着两个孩子，连她自己都不敢相信："如果你只是同情我就请走开，我不需要你的同情。"将军严肃地拔出了手枪，许下誓言："如果我背叛了你，我愿死在这枪口下。"她被他感动了，两人结为了夫妻。因为不能时常陪伴她，他感到愧疚，并保证："等战争结束了，我们就一直在一起。"

可惜的是，生活有时比战争还残酷。一天，她在海边散步时，被一只有毒的虫子咬到了脚，伤口不大，但毒素的入侵让她感到锥心的疼痛。当将军闻讯赶来时，她已经永远地闭上了眼睛。将军紧紧地抱住了她，一句话也没说，也没有流一滴泪。很多人都开始怀疑将军对亡妻的感情，不然，为什么将军连一滴眼泪都没有流？

战争终于结束了，这时将军几乎拥有了一切：名誉、地位、权力……但是，将军一直坚持独身。连英国首相都替他担心："将军，你已经为英国付出了一切，全国人民都不希望你孤独地度过下半生，愿你有一段美好的爱情。"将军很认真地回答："作为军人，我要忠实于自己的祖国；作为男人，我要忠实于自己的妻子。"

多年后，将军在自传里谈起过世的妻子，他写道："流泪并不是表达爱情的最好方式，而忠诚是对爱情的最好证明。爱上一个人就不能再爱另一个，这就是我所能给予你的爱情。"这位将军，就是"二战"中盟军最优秀的将领之一蒙哥马利。

关于英国"二战"将军蒙哥马利，相信很多女人会将他当做心中的大英雄，不仅因为他的丰功伟绩，更因为他对爱情的忠诚。毫无疑问，这样的男人是魅力男人，会让女人获得一种踏踏实实的安全感、快乐感。

忠诚是爱情存在的条件，男人要想让女人快乐，可以靠外表、靠金钱和地位，但是要想让女人对你全心全意投入感情、不离不弃地与你共度一生，要做的第一件事就是保持忠诚，为妻子建造一座忠诚可靠的城堡。

"人心换人心，四两换半斤。"给女人一份忠诚的爱，并不是你的恩赐，你付出的同时也会有相同的回报。婚姻中的双方应该为彼此保持一份一生一世的忠诚。是啊，正是这份忠诚诠释了"愿为双飞鸟，比翼共翱翔；丹青著明誓，永世不相忘"的感动，才有了"君当如磐石，妾当如蒲草，蒲草韧如丝，磐石无转移"的誓言，才有了"天可崩，地可裂，乃敢与君绝"的承诺，才能拥有"白头

女人爱言

我们的爱情世界里只容得下一个男人，我们再慷慨也无法容忍男人的背叛。你可以靠外表、金钱和地位取得我的欢心，但若想让我全心全意投入感情、不离不弃地与你共度一生，你要做的第一件事就是保持婚姻中的忠诚。

不相离"的美满婚姻。

婚姻之美在于忠诚,随时光流转,不离不弃,不以任何之名而消散。

为什么我们身边总有那么多能共苦却不能同甘的孽分,为什么总有那么多本是同林鸟却大难临头各自飞的错缘?正是因为在新的价值观的冲击下,许多人丧失了忠诚的底线,将爱情甚至婚姻几乎都当成了快餐。

殊不知,一旦背叛产生,你会把自己陷于内忧外患的窘境,生活绝对不会轻松。何况,衣不如新,人不如故,你还会有"新人虽完好,未若故人姝"的追悔。更关键的是,背叛对妻子造成的伤害是难以弥补的。

人生苦短几十年,谁不想有个幸福的婚姻?那么就在这一生一世的承诺里做个忠诚的好男人吧。坚守婚姻的城堡,珍惜所拥有的一切,让与妻子在一起的时光尽量充满欢乐,让妻子觉得跟你在一起是快乐的、踏实的。

那么,怎样做一个忠诚的好丈夫呢?有几个方面值得注意:

1.珍惜和妻子的感情

佛家有句话说:"百年修得同船渡,千年修得共枕眠。"两个人在人海中相遇、共同生活是很不容易的事,要加倍珍惜。夫妻之间的情感就像建筑物,如果它够坚固,就能经得起风吹日晒甚至他人恶意的推摇;如果它千疮百孔,就不堪一击了。夫妻二人情深意笃比任何防范措施都更有效。

2.杜绝可能产生的诱惑

很多背叛发生时并不是事先想好的,只是在天时、地利、人和的情况下,不知不觉就发生了另一段不该有的感情。如果你不善于把握自己,就要事先预防,杜绝可能产生的诱惑。比如,不与妻子之外的女人分享私密心事、在和异性朋友交往时保持适当的距离、当女性展现魅力风采和殷勤体贴时要适可而止等。

3.度过情感潜伏期

无论夫妻感情多么甜蜜,生活中都会经历一段感觉不到爱情的时候,这是情感的潜伏期,属正常现象。这时你不能单靠感觉来判断这段婚姻的质量,更不应对你的婚姻抱怨或失望甚至在婚姻里迷失自己,给彼此一段时间调整,多多进行感情上的沟通,如此,你会重新回到理想的婚姻状态中。

婚姻是一生一世的承诺,要坚守这份承诺,要坚持不掺杂任何虚伪、任何沾污的爱。这令人想起教堂婚礼上的誓词:"你要遵守主——耶稣一夫一妇的道理,无论贫富贵贱,无论生老病死,无论在什么环境都永远爱惜她、安慰她、尊重她、保护她,不离不弃,直到死亡将你们分离。"

好丈夫的必修课:勇于承担责任

女人和男人由相知、相爱逐渐走向谈婚论嫁,伴随着快乐的感觉而来的还有对现实生活种种的忐忑不安以及对未来的茫然。尽到自己的责任,给她一份踏实的感觉是好丈夫的必修课之一。

所谓的有责任心就是具备这么几点:一是对家庭有责任心,就是要对家庭承担责任,能把家庭照顾好,能把家庭支撑好。二是对妻子要有责任心。要担负起一个丈夫的责任,爱护妻子、照顾妻子,更重要的是不见异思迁,经得起诱惑,对妻子不弃不离。三是对子女有责任心。要对自己的子女尽到哺育的义务,创造良好的学习环境、家庭环境,让他们健康愉快地成长。四是对父母要有责任心。尊重长辈,尽到赡养老人的义务,让他们幸福快乐地度过晚年。五是要对社会有责任心。承担起社会赋予的责任,把工作干好,干出事业来,让妻子和孩子过上好生活,这就是男人的责任。

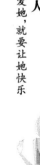

现实告诉女人，男人最重要的品质是责任感，纵使他家财万贯，纵使他面若潘安，纵使他口齿伶俐，如果他不能够对自己负责、对女人负责、对家庭负责，那么就算他条件再好也不值得爱，更不值得嫁。嫁给一个有责任感的男人，纵使生活无法大福大贵，女人内心的踏实与平静也足以让快乐溢满心田。

的确，当爱情的美妙旅程抵达下一站——婚姻的时候，一切幻想都"尘埃落定"，相爱的两个人铿然回归到现实生活面前，角色的转变伴随着责任的增加，也许会经历"山重水复疑无路"的窘迫，逃避责任的男人只能导致失败或糟糕的婚姻。

李诚是个急性子，做事总是静不下心，容易不耐烦。婚后两年，他们的孩子出生了，在带给全家巨大喜悦的同时也带来了更多的麻烦事。妻子既要照顾家人，又要照顾孩子，忙不过来时经常求助于李诚，指派给他一些简单的"任务"。

李诚也明白妻子的辛苦，这时候帮忙做点儿事情是他分内的事，但是他实在受不了孩子哭哭闹闹的声音，也懒得做那些换尿布、冲奶粉的细致活儿，所以做妻子吩咐的事时总是一脸的不耐烦。后来，为了避免被妻子"指使"，他干脆以工作忙为借口，经常很晚才回家，还坚持在客厅沙发上睡觉。

渐渐地，妻子看出李诚不情愿帮自己的忙，心里很不舒服。"当初是他催促我赶紧要一个孩子的，现在倒好，有了孩子，他却把照顾家人和孩子的重担都扔给我。现在孩子还小倒好说，以后孩子学走路、学说话、上幼儿园、上小学……什么事不需要父母照顾，他现在的态度让我很担心以后的生活……"

有句谚语说，妻子需要的不是你的嘴，而是你的肩膀。对丈夫来说，妻子就是你的责任，家就是你的责任。如果在为妻子、为家庭做每件事时你都"怨声载道"、闷闷不乐，甚至消极逃避，生活会变成什么样子呢？

作为一个男人，不管你即将踏入围城，还是已经身处围城之内，都应该检验一下自己的肩膀，看它是否够强壮、能否成为家庭的脊梁，支撑起家的重量。尽快进入角色并承担起自己的责任，很多时候就能步入"柳暗花明又一村"的佳境。

许娇长得很漂亮，但她有个缺点，那就是非常爱丢东西。从小到大，除了她自己，几乎什么都丢过。结婚以后，雨天她上班忘记带伞，丈夫不得不提前下班，绕很远的路接她回家；因为忘带钥匙，她不停催促丈夫赶紧回家，她甚至经历过吃完饭忘带钱的窘境，丈夫只好风风火火地带着钱包前来"救急"。

一次两次还可以，但许娇老是这样一塌糊涂，让丈夫跟着跑来跑去、担惊受怕的，丈夫有些吃不消了，他气急败坏地大吼道："你为什么老是这样没有记性？你干脆把我也丢了算了！"然后甩开门，扬长而去。

一天、两天过去了，许娇一想到丈夫就来气，自己从小记性就不好，他又不是不知道，干吗发那么大的火？后悔自己当初结婚选错了人；三天、四天过去了，她开始有些后悔自己太愚蠢了，丢三落四太过分了；五天、六天过去了，他的影子已经挥之不去了。一个星期没见面了，他是不是真的不担心自己了？许娇的心开始忐忑不安。

门铃在这个时候响了，打开门，看到满脸胡子拉碴的丈夫，"这几天我已经想明白了，你就是我的责任，我决定痛改前非。"他保证似地说，接着拿出两个小巧精致的本子在她眼前晃了晃，"这是备忘录，一人一个，你有可能忘记的一切我都为你记上了，以后我会随时提醒你，也不会因为你的健忘而让

你难堪了，你放心吧。"

"你就是我的责任。"这句话消融了许娇所有的怨气，也让她感受到了踏实和安全。

花言巧语或是绵绵情话都过滤不了生活的艰难，唯有一副结实的肩膀，勇于担当、承担责任、阻隔烦恼，这样爱情才能获得足够的生长空间，爱才能成为"常绿乔木"，不泛黄、不枯萎、不停滞。

法国文学家萨特说过："选择了就要承担。"尽快进入丈夫的角色，做家庭的脊梁，愉快地承担自己的责任，为她做自己应该做的一切、做值得她依靠的人，快乐才会在身边开花吐蕊、芳香四溢。

男人，既然你选择了结婚，就应该承担起家的责任。

男人，既然你选择了女人，就应该给予女人无限的爱。

男人，既然你选择了生子，就必须为子女提供良好的生活与教育环境条件。

······

责任重于泰山，负不起责任，就请收起你的贪恋。

做一棵大树，保护你的女人

每个女人都有这样的期望，期望心爱的男人能成为自己最温柔的支撑、最亲密的依靠。

某杂志做过调查，问女人们，如果把男人比喻成一种物品，她们最希望自己的男人成为什么？比如大海、太阳、大树、雨伞、房子、车，等等。在没有备选答案的情况下，几乎六成以上的女人选择的是大树。

这些女人给出的理由惊人地相似：大树不仅可以遮风挡雨，还能放心地倚靠。它根深叶茂，挺拔地站着，有力量也有风度，历尽岁月磨砺却屹立不倒，永远守候在那里，不用担心它会突然间消失。

男人比女人更有力量，除了高大的身体，还有坚忍的性格、磨难时的坚强，面对突发事件时的镇定，等等。犹如大树，枝繁叶茂、根深蒂固，静默中透着一种威严气势；风雨不惧、宠辱不惊、巍然屹立……浓密的枝叶为娇弱的花草挡住了风风雨雨，强劲的树干为青藤撑起了一片蔚蓝的天。

只要不是极端的女权主义者，女人的心底总还是希望有一个男人可以依靠的，而且将之视为一件很快乐的事。好男人就要做一棵树，一棵为自己心爱的女人遮风挡雨的树，正如歌词所言："头顶一片天，脚踏一方土，风雨中你昂起头，冰雪压不服。"好好地保护女人，让她放心地依靠。

每到上下班高峰期间，公交车厢里的人总是非常多，到站时上来一对大约50岁左右的夫妻，丈夫搂着妻子的腰，几乎是把她抱上车的，而且上车后丈夫的手并没有松开，而是紧搂着妻子的腰，好像他一松手，妻子就会摔倒似的，还不时低头跟妻子耳语几句。看得出来，他们的感情很好。

如果是年轻人也就罢了，都老夫老妻了，在众目睽睽之下还表现得如此亲密，难免招来周围乘客诧异的眼神，有些人嘴上甚至带着戏谑的笑意。可是，就在汽车转弯的那一刻，人们惊讶地发现：女人的一只袖管是空的。在如此拥挤而又颠簸的车厢里，她的一只手臂是难以支撑的，怪不得那个男人始终搂着她。

女人爱言

大树风雨不惧、宠辱不惊、巍然屹立。好男人就要做一棵树，一棵为自己心爱的女人遮风挡雨的树。在我需要的时候，你伸出有力的手；在我失望的时候，让我在你的眸子中看到生活的希望。

又过了几站，这对夫妻要下车了。车子停稳后，男人依然如上车时一样几乎是把女人抱下车的。女人虽然失去了一只手臂，但她并没有失去生活的依靠，丈夫的手臂会给她支撑，就这样搀扶着走过人生，该是多么幸福的支撑啊。这对老夫妇的身影已经消失了，乘客们还在为那搀扶的爱感动着。

当然，这里的依靠并非是女人事事都靠男人，而更多的是一种精神和情感上的依靠。比如，你也许没有一个俊秀的面庞，却一定有一副魁梧的身姿为女人扛起辛酸雪雨；你也许不会有温柔的倾诉，却一定会在女人最无助的时候默默相守。

"小鸟依人的女人并不是说非得找个比自己高大的男人不可，凡事依赖别人，而是一种更智慧、更懂得生活的精神状态。"香港凤凰卫视著名主持人、凤凰卫视资讯台副台长吴小莉早已喜结良缘，当初她择偶的标准就是，"男人要像一棵大树，在他身边，我愿意永远是一只快乐飞翔的小鸟，自由自在。"

关于女人对男人的依赖，有一篇文章是这样写的："在我需要的时候，你随时出现在我身边，伸出你有力的手；在我失望的时候，让我在你的眸子中看到生活的希望；在我流泪的时候，不必我做出任何示意，你就能紧紧地抱紧我；在我痛苦的时候，用你的也许不太雄健但一定十分坚定的臂膀为我顶住那向我压下的满天乌云……"

那年她29岁，经过一场轰轰烈烈没有结果的恋爱后，她接受了一个追求她多年的男人。他长得不英俊，还有些木讷，却对她照顾得无微不至，但她心里依然不安，在心里问自己：他是我生命中的那个男人吗？

一连下了几天的大雪，她和他走在大街上，突然左前方一辆超速行驶的汽车迎面冲来，她吓得尖叫起来，男人一把将她推到马路内侧，幸好车及时停了下来。男人回头跑过来一把抱住她，惊魂未定地说："幸好你没事。"

刚才惊险的一幕让她顿时明白了，在生死的瞬间，他会把保障生命安全的距离留给自己，她在那一刻作了有生以来最坚定的决定：一辈子跟着他，有他在，什么都不害怕。"对，天塌了我替你顶着。"他说。

女人理想中的丈夫是充满力量的。当生活复杂到"剪不断，理还乱"时，当遇到各种意外的麻烦时，果断而坚强地为她主持大局，为她承担起酸甜苦辣、风霜雨雪。如此一来，你不仅是好丈夫，而且是伟丈夫。

在女人坚持不了时陪她坚持，在她撑不下去时替她撑下去。让她知道，你是她强有力的后盾，是她生活中的依靠、生命的支点，给她一种安心的感觉，让她知道你在乎她、关注她、保护她……男人，本就该如此。

说到做到，别让她被"忽悠"

女人喜欢男人对自己有所承诺，而多数男人认为女人是用来"哄"的，乐此不疲："工作太累了，你回家安心地做全职太太吧，我养你"、"你嘱咐我的事情，我一定会做到的，你放心吧"、"晚上我做饭，你就等着吃大餐吧……"

俗话说"说者无心，听者有意"，男人大多是兴之所至，随口说说，但女人却会认真，潜意识里会把它当成生活中的一个目标，期待着男人实现他们所许下的承诺。男人无法兑现的承诺多了，女人的失望多了，就会觉得自己被"忽悠"了，对你没有了信任感，自然就没有了安全感，最终感情遭到破坏。

李琴和顾枫在一起很多年了，共同经历了很多事。顾枫对李琴很好、很照顾，耐心体贴。可是有一个缺点越来越突出，他总是说话不算话，答应李琴的事情或者他说要做的事情总是转眼就忘记了。

婚前李琴参加了公务员考试，录取率很低，她感觉压力挺大。顾枫说没

事，就算最后没录取，他拿钱两人一起做点儿小生意。最后李琴真的没被录取，可顾枫并不是像以前说的那样，考不上就一起做些小生意，他什么都没提，好像根本没有这回事。李琴不好意思提，只好自己找工作，在一家公立学校做起了代课老师。

女人
爱言

在男人诸多的优良品质中，说到做到、一诺千金是相当关键的一项。在做承诺的时候真诚一点儿，更要认真对待，哪怕是浪小浪小的承诺。"君子一言，驷马难追"，和这样的男人在一起，我们的心将会是踏实的、快乐的。

结婚以后，李琴更郁闷了。顾枫对于自己承诺从不吝啬，大到买房买车，小到一个电话，数不胜数，但是总是不了了之。比如，李琴怀孕时他说两年内要买一套新房子，但是现在孩子都上小学了一家人还挤在旧房子里；李琴不喜欢雨天，他曾保证过每逢下雨天他会到学校接李琴回家，但是当李琴效仿"抱柱而死"的守信之徒时，每次都等到饥肠辘辘、浑身瑟瑟，也不见顾枫的身影。

对此，李琴满腹委屈，"他说话不算话，要么就别说，说了就要做，这样不守承诺，让我对他说过的话都产生了怀疑，对他没有了信任感，我也没有了安全感。怎么办，我都觉得自己不爱他了……"

无论是恋人还是夫妻之间，男人偶尔哄哄女人可以促进亲密感、增添情趣，但很多男人都在承诺上犯过无心之过。比如，和恋人约好了晚上一起吃饭却失约了；许诺了妻子送她某个生日礼物却忘记了。

对女人说过的话全然不放在心上，事后拿"忘了"来搪塞，试想女人会做何感想呢？要知道，女人很在乎自己在男人心中的地位，又习惯"以小见大"的思维方式，她会将之看作是你不在乎她、不重视她的征兆，恐怕还会认为你满嘴跑火车、乱放空炮，对你的感情和信任大打折扣，如此她还会有什么安全感、踏实感呢?

因此,你若想给女人安全感,让她过得快乐一点儿,在做承诺的时候就要真诚一点儿,更要认真对待,哪怕是很小很小的承诺,千万不能对那些承诺掉以轻心,否则无意中就会伤害心爱的女人,影响自己在她心目中的形象。

在男人诸多的优良品质中,说到做到、一诺千金是相当关键的一项。正所谓"君子一言,驷马难追",遵守承诺的男人给女人的感觉是山一般的沉稳和可靠,和这样的男人在一起,女人的心是踏实的、快乐的。

具体来说,你需要做到以下几点。

1.对自己的每个承诺认真负责,在许诺之前一定要周密考虑,参考自己的情况和现状,衡量自己的话是否能够兑现,不能兑现的话绝不说。事无巨细,能够做到的,再大也可承诺;不能做到的,再小也不要承诺。

较之于习惯说"我保证"的男人,女人更喜欢说"我尽力"的男人,后者虽然不曾有十分的承诺,却是让人可信的。说话做事留有几分余地并非圆滑世故,而是成熟担待,这样的男人可信可靠、沉稳如山。

"在对别人做出承诺的时候一定要求实、讲真话,做得到再说。如果在承诺与交付的结合处画一条水平线的话,那么我们对别人做出的承诺应该低于这条线,而交付给人的结果则要高出这条线。"这是百度公司董事长李彦宏的管理学言论,这样的理论同样适用于男人对女人的承诺。

2.只要是说出口的承诺,就要铭记在心,不分大小,按时履行承诺,说到做到,让她知道你尊重她、在乎她,每一句话都让人觉得放心、可靠,这才是大丈夫的行为。相信她会更加信赖你,更加爱你。

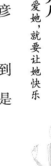

记住,岳父母也是父母

刘英和陈泰结婚的时候,几乎所有人都夸他们是郎才女貌、天造地设的一对,可是结婚没多久,两个人就战火不断,原因是陈泰不愿赡养岳父母,认为赡养父母是儿子的责任而不是女儿的责任。

刘英的父亲身体一直不好,刘英结婚后经常会去看望和照顾父亲。后来,又查出父亲患了尿毒症,需要一大笔钱治疗。父亲生病了,做女儿的怎么能见死不救?况且刘英的弟弟刚刚大学毕业,哪有这个能力?刘英便想拿一些钱为父亲治病。

但是,陈泰却不愿意,怨声迭迭:"嫁出去的女儿,泼出去的水。你平时对自己的父母已经够好了,我没有说过什么,现在这笔钱哪有让女儿女婿负担的道理。我父母年纪也大了,难不保会生病什么的,到那时需要钱怎么办?"

听了这话,刘英觉得陈泰不孝顺,不是个好女婿,陈泰自然觉得刘英不是个好媳妇,于是两人大吵了一架,刘英心里非常难过,对丈夫的意见很大:"陈泰平时对我还是不错的,但是不让我照顾父母,父母过不好我怎么能安心和他过呢?"

婚后许多男人会理直气壮地要求妻子为夫家奉献一切,生儿育女、孝敬公婆、操持家务,可是"父母"只是指自己的父母吗?你想过没有,她的父母又得到什

> **女人爱言**
>
> 可怜天下父母心。当父母的都会为了自己的儿女奉献一切。你现在的好老婆从哪里来的?是我的父母生的、养的。没有他们,哪有我?因为爱我而爱我父母是真爱、是最好的证明,如此,我会觉得更踏实、更快乐的。

么了呢?把岳父母排除在外,这种做法对吗?

事实上,你的妻子在未出嫁时,她的父母同样爱她、疼她、宠她、惯她,让她受教育,从小捧在手里怕摔了,含在嘴里怕化了,所付出的爱丝毫不亚于男孩子。但在她穿上婚纱的那一刻全身心却都给了你,你是她这辈子的寄托与依靠。

女人结婚后,却要让其父母将女儿当做泼出去的水或者就当压根儿没有生过这个女儿一样,让女人"嫁了老公忘了娘",不管亲身父母好歹。想想这是不是有点儿令人寒心?哪个女人能安心踏实呢?夫妻失和也就在所难免了。

女人是感情动物,通常很容易被身边的人影响,如果你轻视了女人周围的某一个人,而恰巧这个人正是她所重视的,女人很可能会认为你不在乎她、不够爱她,即使你没这么想,也是"哑巴吃黄连",很难辩解清楚了。

女人天生依赖父母,父母是她生命中非常重要的人,她对父母的感情绝对不亚于相伴一生的男人,她的喜怒哀乐都与父母紧紧相连。在女人眼里,若一个男人不爱自己的父母,女人会将之视为一种自私自利的表现,她会怀疑这份感情的忠诚度,进而对男人没有信任感、缺乏安全感。

打一个比喻,如果女人是一朵玫瑰花,她的亲人则是环绕在她周围的花花草草,尽管看起来有些杂乱,但你要学着接受整个花园。如果你因为不喜欢这些花花草草而把其他的花草拔掉,那么这朵玫瑰花会感到孤单,会枯萎。

更何况,赡养父母是法律赋予子女的义务。女儿有义务,女婿同样有义务。人们常说,女婿如半子,男人不能只要求妻子对公公婆婆好,也同样应对岳父岳母尽到赡养的义务,如同对自己的父母一样恭敬、孝顺,如此女人自然会获得一份踏实的感觉,在心里感激丈夫,进而会更加孝顺公婆。

首先,男人要克服传统思想,不要认为赡养父母是儿子的责任而不是女

下篇　致男人
——爱她,就要让她快乐

189

儿的责任；其次，避免用不合适的词语来谈论岳父母，让岳父母感受到你对他们的尊重。在各种场合都要称岳父母为爸爸、妈妈，而且要自然、亲切。做女婿的嘴甜，意味着亲近，能起到沟通感情、融化心理隔阂的作用，也是亲密感的填充。

再次，从各方面给予岳父母照顾和帮助，特别是逢年过节要孝敬双亲，钱多花一些，事多做一些。平时定期到岳父母家拜访问候、谈谈心，如果时间不允许也要定期与家里电话联系，要知道老人都很在乎这些。

另外，如果有条件的话，还可以把岳父母请到自己家中住几天，调剂一下彼此的生活。长辈走过的生活道路长、经验多，你应该允许岳父母过问小家庭的生活，允许他们指责和挑剔，欢迎他们的指教。

总之，对妻子好并不仅仅是对她一个人好，还要对她的父母好。把握好益得失，尽自己的孝道，照顾和赡养好岳父母，如此，女人一定会获得踏踏实实的快乐感，给你"礼尚往来"的大回报。

第9章

用欣赏的目光告诉她,她在你心中最美

——爱女人,就要给她多一些赞美和肯定

> 女人需要男人的赞美和肯定,渴望在男人心目中占据完美女神、无与伦比的地位。一个女人若得不到心爱男人的欣赏,无论她做什么都会觉得索然无味,又怎能感受到你的疼爱和呵护呢?!爱她,就用心一点儿,努力去发现她身上的闪光点吧,赞其所长、赞其所好、赞其所想……

赞美她,为她"搽脂抹粉"

女人都愿意听别人夸奖自己,尤其来自男人,特别是自己心仪男人的夸奖。男人的赞美是对女人价值的肯定,更是对女人美丽的一种欣赏,会使女人得到心理和精神上的满足和享受,正如一句话所说"一句赞美足以让我高兴一星期"。

赞美对女人有美容作用,那种迷人劲儿就如同"搽脂抹粉"般。为什么说恋爱中的女人最美?正是因为有男人执著地对她投射深情关注的目光、吐出赞美的情话,促使女性荷尔蒙分泌,自然由内而外地散发美丽。

191

花儿不能没有水，女人不能没有赞美。

台湾著名女性情感作家吴淡如在她一本新书里坦承：女人是喜欢听好话、靠想象力维生的动物，她要靠男人不停地赞美来证明自己有多么迷人。她总是把自己幻想成童话王国里人人羡慕的公主，就像酸涩的梅子也会在糖的助兴下发酵，变成浓醇的梅子酒。而男人的赞美无疑就是糖、就是酵母。

> **女人爱言**
>
> 爱要做，更要说。爱必须通过某些途径来表达，把你对我的欣赏转化为赞美的言辞吧。这样，爱才能在阳光下绽放，否则只能像假花，没有香气、没有生命力，更不能在我心中激起感动和热情。

一位孀居的老女人应邀去参加一个别开生面的恋人的舞会，舞会的组织者借此机会使参与者们能够回忆起他们的年轻时代。舞会上，老女人曾经的两位情人也来了。第一位情人见到她情不自禁地说："你和年轻时完全不一样了，真的变成一个老太婆了。"第二位却对她说："嗨，人们都说岁月残酷，可它丝毫未能摧毁你的美丽，你简直太美了。要是你不介意的话，我愿意做你的舞伴。"

舞会开始了，老女人在第二位情人的邀请下走上舞场，舞曲一支接一支地放着，两人一支接一支地跳着。老女人脸上散发着满足的微笑，她的步伐变得轻盈，身姿变得柔美，仿佛又回到了年轻的时候，很多人惊讶于她此刻的美丽。直到舞会结束，老女人礼貌地向两位情人道别，便转身离开了。

3天以后传来了老女人的死讯，两位情人及时赶到，并分别得到一封信和一个包裹。在给第一个情人的信里，老女人说："你是一个诚实的人，现在我把一生的日记全部留给你，从中你可以看到一个女人真实的内心世界。"在给第二个情人的信里，老女人说："感谢你一席美丽的谎言，它让我度过了一个美好的夜晚，并足以把我一生的梦幻带到另一个世界，为此我将留给你我全部的财产。"

有些男人虽然知道赞美能给家庭带来很多好处，却总是不能付诸实施。他们抱怨：现代生活压力很大，我天天忙着赚钱养家，哪里还有心思去赞美她呀。再说了，爱她就要努力工作，为她提供好的物质保障。

殊不知，爱要做，更要说。爱必须通过某些途径来表达，把你心里对她的欣赏转化为赞美的言辞就是一种有效的方式。这样，爱才能在阳光下绽放，否则只能像假花，没有香气、没有生命力，更不能在女人心中激起感动和热情。

有一个男人整日忙于工作，他的妻子为了能让丈夫全心全意地工作，便辞掉心爱的工作回家做起了全职太太。女人每天忙来忙去的，而男人似乎也习惯了，日子一天天过去，但是男人很明显地感觉到女人看起来对自己冷淡了许多，两人之间似乎出现了一种隔阂，男人心想，难道她不爱自己了吗？

恰好在这期间，男人读了一本关于欣赏与赞美的书，里面提到"爱需要含蓄，但更需要表达"。突然间，他意识到自己已经很久没有对妻子说过情话了。一天下班回家，当妻子像往常一样开门时，他轻轻地说了一句："老婆，你今天真漂亮，我好爱你。"

顿时，女人的眼睛突然湿润了，他也很感动，紧紧地拥住了妻子，他知道她还是爱他的，爱意就那么暖暖地流淌着。他在想，以后我一定要对妻子所有好的地方加以赞美，对妻子的照顾表示感谢。渐渐地，两人的关系充满了一种新鲜的和谐，女人被一种久远的恋情所笼罩，那是快乐的感觉。

是欣赏与赞美让真爱变得更加牢固、永远不老。一个心理学家更是非常明确地说："作为丈夫的你，不去赞美妻子，那么让别的男人赞美她，岂不是傻子？把赞美留给妻子的男人才是最明智的男人。"

下篇 致男人——爱她，就要让她快乐

　　"被疼爱、受重视的感觉"是女人在婚姻中最基本的需要。满足女人的需要,就要从每天的赞美开始。用温情的话经常赞美她,表达你对她的爱和感谢,让她知道自己在你心目中有多重要,如此,你们的感情会越来越甜蜜。

　　即使是旋转的陀螺也有停下来的时候,就算工作再忙,男人也要时常留出时间赞美心爱的妻子,时常给你们的情感加加温,而实际上赞美妻子并不会占用你太多的时间和精力,也不像你想象中那样困难,不需要华丽的辞藻,只要一颗真诚体贴的心。记住,以下这些赞美的话永远都不过时:

　　"你真会打扮,看起来真有气质。"

　　"任时光飞逝,任岁月老去,在我心中,你始终最美!"

　　"和你在一起,我真的好幸福、好快乐。"

　　"你这么聪明能干,真不愧贤妻良母。"

　　"你好细心,什么事情都能想周全,让我减少了不少负担。"

　　……

　　一句赞美的话语犹如冰山里涌出的温泉,任何一个女人在听到这些赞美时都会为之感动,感受到生活的甜蜜,心里踏实而舒畅,洋溢出女性的魅力,如此你也会拥有一个娇媚可心的妻子。何乐而不为呢?

每个女人都是一座"门罗金矿"

　　两个男人在茶馆见面了,聊得很投机。

　　甲:"兄弟,你很有福气啊,你老婆很能干,而且做得一手好饭菜,真是令人羡慕。不像我们家那位就知道瞎打扮,害得我天天吃食堂。"

　　乙:"谁不知道你老婆是个美人胚子? 每天一回家就看到天仙一样美

丽的老婆，什么烦恼都没有了，你是身在福中不知福啊。现在这社会，只要有钱，还愁没有好饭好菜吃吗？要是我，宁愿她不做家务事，省得弄得一身油烟味儿。"

于是，两位朋友彼此长叹一声："老婆为什么总是别人的好呢！？"

"孩子都是自己的好，妻子都是别人的好。"经常可以听到男人们在一起开玩笑，虽是调侃，其实这就是婚姻中生活归于平淡的真实写照。不过，这种奇怪的心理往往会使男人陷入不满、痛苦之中不能自拔，有时还会影响夫妻感情。

其实，这种想法早在几千年前便被古希腊哲学家苏格拉底和他的弟子柏拉图证明是错误的了。

有一天，柏拉图问他的老师古希腊哲学家苏格拉底什么是爱情，苏格拉底叫他先到麦田里摘一棵全麦田里最大的麦穗，其间只能摘一次，并且只可以向前走，不能回头。柏拉图照此做了，结果两手空空地回来了。苏格拉底问他为什么摘不到麦穗，柏拉图说："因为只能摘一次，又不能走回头路，其间即使见到大的麦穗，但考虑到前面有更好的就没摘，最后又发觉总不及之前见到的好，于是什么也摘不到。"

苏格拉底说："这就是爱情。"

之后又有一天，柏拉图问苏格拉底什么是婚姻，苏格拉底叫他到树林里砍一棵全树林最大、最茂盛的树，同上次一样只可以向前走，不能回头。柏拉图照此做了，带回了一棵普普通通，不是很茂盛亦不算太差的树回来。苏格拉底问："你怎么带这棵树回来？"柏拉图回答："有了上一次的经验，当我走到大半路程仍两手空空时，看到这棵树还不算太差，便砍了下来，免得最后又什么也带不回来了。"

苏格拉底说："这就是婚姻。"

哲人说过，世上没有两片相同的叶子，更何况是人，更不可能一样了。男人最重要的是要有一颗包容的心，不要以挑剔的眼光看待妻子，拿自己的妻子和别的什么人比来比去，而是要以欣赏的心态看待对方。

> **女人爱言**
>
> 我有优点，也有缺点，你要学会转换视角，不能把注意力集中在我的缺点上，而要多关注、欣赏我的优点。这样一来，你就会发现，赏心悦目的事情发生了，你可以拈花微笑，可以对酒当歌。

每个女人都有优点和缺点，男人要学会转换视角，不能把注意力集中在女人的缺点上，而要多关注、欣赏她的优点。这样一来，你就会发现，赏心悦目的事情发生了，你可以拈花微笑，可以对酒当歌。

我们再一起来看看苏格拉底和他妻子的故事。

苏格拉底的妻子是一位性情非常急躁的人，往往当众给这位著名的哲学家以难堪。有一次，苏格拉底在同几位学生讨论学术问题，妻子不知何故忽然对他叫骂起来，接着竟然提起一桶凉水冲他泼了过来，致使苏格拉底全身湿透。学生们十分尴尬而又不知所措，而苏格拉底却笑着说："我早知道打雷之后一定要跟着下雨的。"

有人问苏格拉底为何娶这样的女人为妻，他笑道："她就像一匹可爱又执拗的小马，勇敢大胆、桀骜不驯。如果你能驯服一匹烈马，那么其他的马又有何难以驾驭的呢？我能忍受她这样凶的人，天下人谁不能做我的朋友呢？"

苏格拉底辞世前，对妻子表达了自己的挚爱之情。他对她说："我知道你有缺点，但我爱着你的一切。当你对我唠叨时，我心里就会好受些，你也知道我甚至乐意听你唠叨……等着吧，我们会在极乐世界见面的。"

婚姻如同美玉，即使有微瑕，也无法遮掩光彩。这位伟大的哲学家用自己一生的行动诠释了何为一个好丈夫,对于自己的妻子,他一直保持着宽容的心态,这也是他能收获一段美满婚姻的最重要原因。

其实,更多情况下,夫妻之间只是存在一些差异罢了,与优点或缺点无关。好男人要真心接纳妻子的全部,爱那些你欣赏的,也爱那些你不能改变的,因为妻子正用同样的方式爱着你、宽容着你。

古人说:"满目山河空念远,落花风雨更伤春,不如怜取眼前人。"妻子的身上肯定有吸引你的地方。不妨回想一下恋爱时、新婚时,妻子哪些地方吸引了你、哪些是你向往的东西:或禀性温柔、或相知相悦、或勤劳朴实、或幽默风趣……

再说了,别人的老婆毕竟是属于别人的,与你无关,只有你的老婆才是真真正正属于你的。当你贫穷的时候,她默默地在你身边陪着你、支持你;当你生病时,她坐在你的旁边,整夜守护着你……这样的女人舍得牺牲自己休息和享受的时间,为你和家人营造一个舒适温馨的家,难道不值得欣赏吗?

法国思想家泰恩说:"互相研究了 3 周,相爱了 3 个月,争吵了 3 年,彼此忍耐了 30 年,这就叫婚姻。"这种说法有失偏颇,但却说明了这样一个道理:不是美好的东西从妻子身上消失了,而是它们被杂乱的生活覆盖起来了。

报纸上曾刊登过这样一则故事。

一个秘鲁移民在美国有一座山林,当美国掀起西部淘金热时,他毅然决然地卖了那片山林,在西部购买了大片的土地进行钻探,最后把家底都折腾光了也没见到金矿。当这个移民垂头丧气地重返故地时,却发现那里机器轰鸣、工棚林立,原来他当初卖掉的那片山林已经成了美国著名的金矿——门罗金矿。

每个女人都潜藏着独特的天赋,这种天赋就像那座"门罗金矿"。不会欣

赏妻子的丈夫就像这位秘鲁移民,明明拥有一座无价之宝的金矿,但不用心挖掘,甚至置之不理,结果就是失去这座金矿,因此用你具有穿透力的眼神,重新来发现与挖掘妻子身上的闪光点吧。

两个人能在茫茫人海中相遇并相知相爱,的确是件不容易的事。如果不懂得珍惜,反而这山望着那山高,快乐又怎么会在你这里停留呢?每个女人都是一笔宝贵的财富,关键是看男人的心态,看他是否呵护她、珍惜她。

为此,你可以在一张纸上列出妻子的优点,例如,她虽然不漂亮但笑起来很可爱、她总是那么温柔、她做的饭味道很好、她是那么爱你,等等。哪怕这份清单中只有一条优点,也要记在心里,在适当的时候马上说出你对她的赞美,你会发现她会赞同这种说法,会很开心,也会对你更好。

当然,男人还需有这样的思想认识:"那些赞美妻子的话是发自内心的,决不是为了讨好她才说的。得到的就是最好的,我会一直这么认为下去。"有了这样的思想高度,你们的生活就会真正发生变化,朝着理想的方向发展。

说声"你真棒",让她心花怒放

每个人都有这样的体会,当我们经过精心准备,积蓄了很多热情,然后很努力地完成一件事情时,我们心里非常希望得到别人的欣赏和肯定。这种期待心理一旦被满足,完全可以用"心花怒放"来形容。

女人更是这样。一般来说,已婚女人的工作都是围绕丈夫和孩子展开的,她会认真地考虑怎样做对自己的家人更好、怎样使他们更开心。她在做的过程中倾注了爱心和关心,她自然更期待得到家人的赞赏,而且是快乐而不安地期待着。

遗憾的是,大多数男人在这方面做得并不是很好,他们通常会无视女人的付出,即使发现了女人的努力也会视而不见,认为这没什么大不了的,又不是惊天动地的大事,结果就造成了女人的不愉快。

有这样一对夫妻,他们曾经很相爱。但是,最近男人觉得妻子的话少了,情绪也不太好,就连做饭的味道都大不如以前了。一天晚饭后,他问妻子:"你最近怎么了?不舒服吗?还是有什么事?"

没想到妻子白了丈夫一眼,气呼呼地回答道:"哼,我要是生病就好了,这比生病要让我难受得多。实话告诉你吧,在过去的几个月里,我已经证实了一件事情,你根本不在乎我,甚至不爱我。"

丈夫听了颇感意外,连忙说:"你说什么呀,此话从何说起?"

妻子回答道:"我为这个家做了那么多事,你连个'好'字都没说过,好像一切都与你无关。天冷了,我忙碌了一天,把窗帘换成暖色调的,好让你觉得待在屋子里面能舒服一点儿,你却说我闲得没事干;我辛辛苦苦给你做既营养又可口的饭菜,问你好吃吗,你却说管他好吃不好吃,饿了吃什么都一样……"

丈夫打断妻子的话,有些无辜地说:"我都是无心的,我不知道你会计较这些小事。"

女人爱言

为你做某些事情的时候,我倾注了我的爱心和关心。不管是多么微小的事情,我都希望得到你由衷的欣赏和肯定,而且是快乐而不安地期待着。

"你难道没听过'一叶知秋'吗?小事是最好的放大镜,是你是否在乎我的有力说明。再说了,我能有多少机会做大事呀?你知道吗?我现在连做小事的心思都没有了。"妻子依然气愤地说。

这种情况在不少家庭里

都发生过。当女人在男人面前展示自己的"成果"时，粗心的男人没有体察到妻子努力背后细密的心思，认为没必要费口舌和心力。诚然，女人付出的努力确实都是很多小事情，但正如上文所说"一叶知秋"，女人善于从这些小事中判断男人是否在乎自己。

好男人必须深谙女人的这种心理，由衷地赞赏她，对她的努力说声"你真棒"，并向她表示感谢。比如，当你因故晚归，妻子把一碗热腾腾的面条端到你的面前时，你应该及时地说上一句："真香啊，一点儿也不比饭店做的差！"当妻子把家里收拾得干干净净时，你应该及时地说一声："你要工作，还要照顾家，真是太辛苦了！"……对这些细节的欣赏，不仅使女人开心，还让她觉得贴心。

欣赏女人所付出的努力，还要注意一种特殊情况，即她很努力去做一件事，但结果并不理想。这时候，你要慎重地发表意见，重视她付出的努力背后的诚意，学着对她的付出说声"你真棒"，你的妻子一定会感到温暖和快乐，对生活充满热情，下次再遇到这些事情时，也一定会努力做到最好。

比如，妻子很认真地照着菜谱学做你最爱吃的糖醋鱼，但第一次实践不是糖放多了就是醋放多了，味道非常古怪。这时丈夫不能简单粗暴地说"太难吃了"，或者用难以下咽的表情表达自己的失望，这些都有可能使她就此放弃，以后便不会再有这样充满兴趣和爱心的尝试了。如果你说声"辛苦你了，第一次做已经算很不错了，你真棒"，那么妻子一定会心花怒放，下次继续给你做糖醋鱼，而且会更加用心。

有这样一则故事，可以说是最恰当的说明。

一日，两个男人相约外出打猎，傍晚各自猎获了一只兔子。第一个人的妻子见到兔子后非常高兴，夸奖自己的丈夫能干，连飞奔的兔子都能打中，丈夫听后心情愉悦；第二个人的妻子满脸怒气，责备丈夫无能，一天只打中一只兔子,丈夫听后非常愤怒。第二天,受到表扬的丈夫想,今天我一定要多打几只兔子带回家,让妻子更加高兴;受到指责的丈夫则想,我今天要找一个树荫的地方躺上一天,然后空手回去,让她明白兔子也不是好打的。结果,前者捕获了更多的兔子,后者却一无所获。

不同的语言可以导致不同的结果。多数丈夫在面对妻子时不自觉地扮演了故事中后者妻子的角色,没有看到妻子背后的努力,没有考虑到妻子的心态,吝啬于自己的赞美,情况自然不会好。

女人的初衷是为你好,不管结果如何都应该得到赞赏。好好回想一下,当女人为你做某些事情的时候,你是不是经常忽略她的付出和努力?即使发现了也会视而不见?对于这一点,希望男人们有则改之,无则加勉。

她值 9 头牛的价

有一个村庄有一种风俗:求婚时用牛的多少来决定姑娘的身份,最漂亮、最贤惠的女子需要 9 头牛的聘礼,这也是最高规格的聘礼。

王老汉家有 3 个女儿,大妞和二妞既聪明又漂亮,最小的三妞就逊色多了,她非但不漂亮,还很懒惰。大妞和二妞出嫁时都是被人用 9 头牛做聘礼娶走的,但三妞却一直没人肯出 9 头牛来娶她,人们顶多出 3 头牛,王老汉夫妇既着急又伤心。

后来,邻村一个叫小四的人来到王老汉家里,说:"我愿意用 9 头牛娶你们家的三妞。"王老汉夫妇自然高兴,便把三妞许配之。半年后,他们决定去看看三妞,没想到三妞不仅由从前的丑女孩变成了一个气质超俗的漂亮女人,而且还亲自下厨做了一桌子的美味佳肴来款待父母,她足足能与 9 头牛

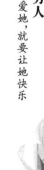

画等号。

王老汉很震惊,问小四:"难道你有魔法吗?你是怎么把三妞调教成这样好的呢?"

不等小四开口,三妞说:"从小到大,所有的人包括你们和我本人都感到我是一个很普通的女孩子,顶多只值3头牛。可小

生活中,我们都有这样的心理,对于那些看重我们的、给予我们深切期诗的男人,我们绝不忍心辜负他们,在他们面前我们一定会竭力保持自己的形象,并不断地完善自己,以回报他们的期诗。

四却把我当成最漂亮、最贤惠的女人,认为我值9头牛的价,并用9头牛娶了我,欣赏我、赞美我,所以我就一直按照9头牛的标准来做,就这么简单。"

这是一个美丽的故事。每个女人都想成为"值9头牛的价"的最漂亮、最贤惠的女人,但是她们能不能实现自己的目标,很关键的一点在于男人的关注和认可程度如何,或者男人将她们摆在了什么位置上。

在前面的章节中,我们已经提及到心理暗示的神奇作用,即"你想让他成为什么样的人,你先告诉他,他就是那样的人"。这样的道理适用于男人,更适用于女人。

苏联的霍姆林斯基曾说过这样一句话:"爱情不仅是兴高采烈地欣赏和享受为你创造的美,而且也是在心爱的人身上无止境地创造美。"要做到这一点,关键是丈夫对妻子要有欣赏的心态,有如获至宝的心情。

打一个形象的比喻,不是每个女人一开始就是金子,但只要你能够像对待金子般地呵护她、善于用心地"擦拭"她,那么对方就会在不知不觉间朝着金子的方向努力,即使变不成金子,也能回报你一片金灿灿的美丽。"世界第一夫人"安娜·埃莉诺·罗斯福就是一个很好的例子。

安娜·埃莉诺是美国第32任总统富兰克林·罗斯福的妻子,她不是以传

统的白宫女主人的形象,而是作为杰出的社会活动家、政治家、外交家和作家被载入历史史册的,她之所以能够取得如此显著的成就,关键因素之一是她与罗斯福的婚姻关系。

年轻时代的埃莉诺相貌平平、口才平凡,她自己一度很自卑、很忧郁,她觉得自己配不上名声显赫、地位崇高的丈夫,更担心对方不喜欢自己,甚至害怕出入各种社交场合。但罗斯福却不这样看,他对妻子说:"知道吗?你是个很有思想的女人,你内在的高雅气质比那些相貌出众的女人更有吸引力。"

罗斯福的话具有魔法般的力量,深深打动了埃莉诺,从此她开始更加注重自己内在的气质,并试着把自己看做一个与众不同的女子,她大量地阅读各种有意义的书籍,积极地参加政治和社会活动。渐渐地,她释放出惊人的能量来,于是她身上快乐的一面盖住了忧郁的一面,自信的光芒遮住了自卑的窗口,因此她成为美国历史上最有气质、最有才华、对社会生活最有影响的第一夫人之一,为后来的第一夫人们所效仿。

罗斯福的欣赏、肯定和鼓励改变了埃莉诺。在我们身边,其实绝大多数女人都像年轻时的埃莉诺一样是普通平凡的,但如果男人们用不平凡的眼光来看待她们,适当地给她们戴戴"高帽",赞美她们是最优秀的、最美丽的、最与众不同的女人,她们会不自觉地抬头挺胸,她们会想"原来我也是非常优秀的"、"原来我在他心中很重要",如此,她们会以更高的标准来要求自己,于是,改变、进步就顺理成章了。

试想,当年轻时代的埃莉诺为自己相貌平平、口才平凡而苦恼的时候,如果富兰克林·罗斯福也承认她就是不如别的女人美丽、优秀,不以欣赏与赞美的方式对待她,那么埃莉诺就会永远活在不如别人的阴影中,夫妻感情势必会受到影响。

记住,没有哪个女人不喜欢"戴高帽"、不喜欢受到男人的赞美。即使你的女人不是多么优秀,不是多么美丽,你也要适当地用9头牛的高价赞美她,相信你的欣赏和赞美能让她展现出十分迷人的魅力。

练就一双"慧眼",发现她的改变

爱,是有魔力的,它会让一些不可思议的事发生。比如,爱一个人,你会为他尝试做任何改变。女人相比较男人而言,更在意心上人怎么看自己,更容易做出让步,把自己变成对方想要的样子,正所谓"女为悦己者容,士为知己者死"。

不管是多么朴素的女人,当遇到自己喜欢的男人时,她都希望你眼中的自己是漂亮的、有活力的,以"上得了厅堂,下得了厨房"来要求自己,于是爱美的心顿时勃发起来,花在打扮上的时间多了起来。她会因为你的一句话就把短发留长,或把长发剪短,这就不难理解为何热恋中的女人通常造型多变、光彩照人了。

而步入婚姻殿堂,开始真正的家庭生活时,不管婚前女人是多么的不食烟火,她也会为了照顾好你的衣食住行以"下得厨房"要求自己,将改变的中心转向家庭,开始学着过日子,衣食住行家庭化。比如,男人喜欢吃什么饭菜,她就学着做什么;男

女人爱言

女人肯为男人做出改变,最大原因在于想得到男人的肯定。不管我做出的是外貌、衣着或行为习惯上的改变,如果你能够尽己所能来肯定、赞赏我为你所做的改变,这就是一件令人快乐的事情。

人经济不太宽裕,她就学着勤俭节约。

这里要提醒男人的是,你一定要练就一双"慧眼",多多留意女人的改变,尽己所能来肯定、赞赏她的改变,因为她的这些改变很多是为你才做的,这正是女人感性、可爱的地方,也是最值得欣赏的细节。

某一天,杨小闵无意中听到丈夫说女人留短发看起来干净利落,于是她忍痛剪掉了陪伴了自己多年的长发,留短发的她的确别有一番风味,回到家,她在丈夫面前晃来晃去,期待着丈夫发现自己身上新的亮丽之处,欣赏自己的新发型。

但是,丈夫一直忙着赶一篇策划报告,注意力根本不在杨小闵身上,还说"别打扰我工作",因此,杨小闵感到一点儿也不开心,只好一脸失望地忙别的事去了。后来,她终于憋不住了,问丈夫:"你没有注意到我有什么不一样吗?你不是说喜欢我留短发吗?为什么我为你换了新发型,你却……你不爱我了吧?"

这时,丈夫也有些醒悟。的确,今天的杨小闵换了新发型,她少了一份长发的柔美,多了一丝短发的干练清爽,自己居然粗心地没有发现。于是他积极承认错误,请求杨小闵的原谅,好不容易才平息了这场风波。

女人肯为男人做出改变,最大原因在于想得到男人的肯定,你漠不关心的态度或否定的言辞会使敏感的她陷入坏情绪中,以为你不在乎她、不疼爱她了,即使最后证明是她多想了,但她也许很多天都走不出来那种被坏情绪困扰的阴影中。

没有经历过爱恋的人生是缺憾的,拥有一个肯为爱而改变自己的爱人是快乐的。

不管女人做出的是外貌、衣着或行为习惯上的改变,如果你对她表示欣赏,对她说"很漂亮"、"这样好多了"之类的话,女人知道自己的心思没有白

费,也感受到了你的关注和尊重,会觉得自己所做的一切都是值得的,这是一件令她快乐的事情,也是她继续改变自己、变得更完美的动力。

妻子是一个很干脆的人,每次给他打电话,简要地说完要讲的事情之后,总是不等他说"再见",也杏嗇对他说"再见"就匆匆挂断电话,使他已经到口的"再见"如鱼刺鲠喉,吐不得又咽不得。

有一次,他问妻子:"你不习惯说'再见'吗?"

妻子轻轻地一笑,回答道:"跟你熟了才这样,一家人用不着吧?怎么,你不喜欢吗?"

他没有说话,算是默认了。

后来再打电话的时候,男人发现,妻子在挂电话时虽然还是不习惯说一句"再见",但是她总会温柔地问一句"好了,你还有其他什么事吗"之类的结束语,而且总等他说完"再见"才挂掉电话。

"谢谢你。"男人对妻子说。

"谢我什么呀?"妻子故作不知地问。

"谢谢你尊重我的意见。虽然你还是没说'再见',但是我听着舒服多了。每次你问我'还有什么事吗'时,我都会想我老婆肯为我改变自己的习惯,真是细心、温柔、周到,你是天底下最好的妻子,我……"

妻子有些不好意思了,不等他说完就打断他:"行了,行了,老夫老妻的,你说得这么肉麻干吗呀。"虽然嘴上这么说,但妻子还是很开心,因为从丈夫简单的几句话里,她感受到了丈夫的尊重和感激。

相恋的男人和女人生活在完全不同的家庭里,几十年下来已经养成了一定的行为习惯,许多习惯无所谓"好"与"坏"。为了迁就你的习惯,为了营造良好的感情氛围,当女人做出适当的改变时,你是否赞扬过她"孺子可教"呢?

把"花"放在合适的地方

婚恋中的男女双方相互欣赏,爱会愈来愈醇厚。可是,你真的会欣赏眼前的女人吗?对于这个问题,你也许会说:欣赏这么简单的事,谁不会呢?不就是说她好、赞美她吗?

是的,关于如何欣赏女人,我们在前面提到了很多方面,但这里要说的不是具体的某个方面,而是提醒男人们必须注意的一个问题:在赞美之前,要清楚女人最欣赏自己哪些方面、她更希望别人欣赏自己什么。如果称赞不得法,不但不会令女人高兴,反而会引起她的反感,甚至遭到排斥。

比如,她一直为自己脸上的婴儿肥而苦恼,羡慕着那些巴掌大的小瓜子脸,你却说:"嗨,你的小脸肉嘟嘟的,真可爱。"那会产生什么结果呢?她很可能会认为你是在对她进行嘲讽,她又怎会由衷地高兴呢? 也许还会板起脸说:"什么?我最讨厌脸上的嘟嘟肉了……",这样一来,你只好在一旁苦笑了。

赞美本是锦上添花的事,你的赞美就是送给女人的"鲜花",那么为什么要完全按照自己的方式进行呢?为什么不先顾及她的喜好,明确她喜欢什么"花",然后把那朵"花"放在最合适的地方呢?!

我们来看一个寓言故事。

有一位画家以其作品富有生命气息而闻名,他画的水果很容易引起人们的食欲,他画的开满鲜花的田野让人感觉身临其境、清风拂面、花香扑鼻,他笔下的人物更是血肉丰满、栩栩如生。

一天,这位画家遇见了一位美丽的女士,顿生爱慕之情,而女士也钦佩

207

他的优秀，两人喜结良缘。婚后不久，画家渴望把妻子的美丽展现在画布上，他表示要将她画成世界上最迷人的女人。她顺从地微笑着，按照他的要求扮成一位高贵的淑女，很快她便感到疲惫不堪，有时她真想大声说："我喜欢自由自在、开怀大笑，我讨厌

女人爱言

赞美本是锦上添花的事，你的赞美就是送给女人的"鲜花"。顾及我的喜好和感受，欣赏我自我感觉良好、喜欢被人称赞的那部分，把"花"放在最合适的地方，你的欣赏才会更加深入我的内心。

这样拘谨地坐着！"而画家却称赞妻子做得很好，他完全沉浸在绘画中。

日复一日，画家并没有发现，尽管妻子微笑着，但她内心正在经受着折磨，身体在衰弱下去。画布上的人日益鲜活美好起来，而他真实的妻子却逐渐衰弱下去。当画家画完最后一笔时，他的妻子却病倒了。

画家的悲剧在于，他只用职业的眼光、从自己的角度欣赏妻子的美丽，而不是从丈夫的角度去欣赏她、去照顾她的感受，那不是妻子想要的欣赏，所以她不仅感觉不到快乐，内心还备受折磨。

欣赏女人和欣赏一幅书画不同，后者是客观的，你完全可以由着自己的喜好给予评价；而每一个女人都是独立的个体，有完整的人格，她有主动自我评价和欣赏的能力，并希望得到男人对自己评价的回应。

她对你展现出柔情，你就欣赏并赞美她的温柔妩媚；她对你表示出关爱，你就赞美她的细心体贴；她对你宽容，你就不失时机地夸奖她的雍容大度。这些"量身订做"的赞美"花"，都会令她有特别的感受。

另外，如果她年轻，你就夸她青春靓丽；如果她人到中年，你就夸她风韵犹存；如果她身材适中，你就夸她是魔鬼身材；如果她很胖，你就夸她丰满富态；如果她聪明，你就夸她智慧；如果她很不聪明，你就夸她可爱；如果

她坚强,你就夸她侠女豪情、不让须眉;如果她软弱,你就夸她小鸟依人、大智若愚。

　　总之,欣赏是有一定诀窍的。男人在赞美女人的时候,不能只顾自己的感受,完全按照自己的方式进行,要发现女人的长处和特点,并结合她的感受,重点欣赏她自我感觉良好、喜欢被人称赞的那部分,把"花"放在最合适的地方,这样做不仅表示了对她的尊重,还能使你的欣赏更加深入她的内心,如此,她会相信自己在你心中是最美的,也会更加爱你!

下篇　致男人
——爱她,就要让她快乐

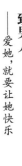

第10章

细节上的关爱更能让女人体味幸福

——爱女人,就要在生活点滴中宠爱她

女人需要男人的呵护与关爱是很简单的,她不会要求你给多少物质上的享受,而在意你在生活中的一抬手、一投足之间所体现出来的爱意,那足以让她用一辈子的爱来回报。是的,很多时候爱意是在不经意间流露的,可能男人自己没感觉,女人却将点点滴滴都记在了心底。

特别的日子给她特别的爱

有一位中年妇女要求与结婚十多年的丈夫离婚,她神情绝望地说:"我和你在一起这么多年了,尽管我不愿意承认事实,但现实告诉我你从来不曾留意过我,你一直都不曾重视过我们的感情。"

丈夫很吃惊:"你凭什么说我不重视我们的感情?"

妻子说:"我和你结婚这么多年了,你从来就没有为我买过一件礼物!即使是我过生日或者结婚纪念日这样有意义的日子。我一直都在等待你能有一天突然记起来,为我买一束花或一点儿别的虽然不贵重但能表达情意的东西,可惜这样的事从来没有发生过。从这些事情上就能看出你对我根本就没有感情。"

丈夫听了妻子的话后，非常不解，也很气愤："我承认自己工作太忙了，连周一周五都记不得，更别说清楚日期了。可是，我将自己挣的钱全部都交给你保管了，这难道不是在乎你、重视你的证明吗？你缺什么东西不会自个儿买吗？不就是一个节日嘛，你斤斤计较什么呢？"

因为工作的原因、生活的压力等现实问题，很多男人常常容易忘记妻子的生日或者结婚纪念日等特殊日子，并且对此不以为然：不就是个有点儿特别的日子吗？有什么大不了的呢？为此搞个庆祝有什么意义呢？

可惜女人们不这样想，她们的心思细腻，对特殊日子抱有一种远远超乎男人想象的情结，比如，她们会认可特殊的日子有着非同寻常的重大意义，因为那些点点滴滴构成了你们爱的见证，她们喜欢这种感觉，甚至往往把男人是否记得自己的重要纪念日和他"爱不爱我"联系起来。

一位妇女曾这样解释自己对于这些重要日子为何有如此执著的偏爱："我并不是因为贪图一次美味佳肴或一束鲜花，就对我的丈夫是否记住了我们的结婚日而耿耿于怀。我只是认为，假如一个男人能够记得我们一起走过的重要日子，那么他一定是真心爱他的妻子的。"这该是大多数女人的心声。

是不是好男人，自己说了不算，别人说了也不算，只有妻子最有发言权。要想成为妻子心目中的好丈夫，就千万不能忘记你们重要的纪念日，还要表现出应有的重视，以表明对妻子的重视和尊重。女人要的就是那种被男人珍惜着、呵护着、宠爱着的感觉，那种被看重的一瞬间的满足。

庆祝的方式要考虑妻子的喜好，不宜太主观。如果你的妻子生性开朗、富有幻想，应该选择能突出浪漫情调的方式，如烛光晚餐外加浪漫的音乐和鲜花；如果你的妻子比较务实、性情温和，就比较适合充满温情的方式，如亲

自下厨，精心为妻子做几样小菜，让其享受一次周到的服务。

男人也许会在此时给女人买礼物，甚至买很多价值不菲的礼物，但女人其实在乎的不是礼物本身，而是礼物所蕴涵的那份关爱、那份幸福。一顿大餐和一顿家常便饭在表达心意上并没有什么差别，而是一束玫瑰、一件好看而不贵的衣服甚至一个香吻就足以让妻子的双眼放出异彩，然后惊喜地扑进你的怀里。

女人爱言

我并不是因为贪图一次美味佳肴或一束鲜花，就对我的丈夫是否记住了我们的结婚日而耿耿于怀。我只是认为，假如一个男人能够记得我们一起走过的重要日子，那么他一定是真心爱他的妻子的。

早上出门时，老公轻轻地拍了薇薇一下，喜滋滋地说："对了，今天下班后尽量早点儿回来哦，我也会的，到时候在家等你。""老公有点儿神秘兮兮的，今天怎么了？"一路上，薇薇百思不得其解，直到中午她才想起来今天是自己的生日。"哇，他工作那么忙，居然记着我的生日。"薇薇莞尔一笑。

下班后，薇薇迫不及待地赶回家，想象着等待她的会是怎样的礼物：一束火红的玫瑰、一套高级化妆品，还是自己心仪已久的香水……她心里竟有了些许的醉意。打开房门四下张望，没有想象中的礼物，只有菜香味扑鼻而来。

老公说："回来了，来来来，我给你烧了你最爱吃的椒盐虾。"

薇薇虽然期盼有一些华丽甚至奢侈的礼物在等着自己，但看见老公系着围裙、满头大汗的样子，还有这一桌佳肴，她觉得很欣慰、很满足："老人说夫妻之间的爱是盛在碗里的，椒盐虾真好吃！老公，我爱你！"

于是，在椒盐虾的香味中，他们度过了一个美好的夜晚。

在中国的传统文化里，值得夫妻纪念的日子很多，如三八妇女节、结婚纪念日、对方的生日、定情纪念日，等等，如果你能够精心地庆祝，适时地向妻子展现你的温柔体贴，不仅可以让她体味到幸福的感觉，还印证了你对她的关爱和呵护，有助于增进夫妻感情，甚至弥补过去的不愉快和伤痕，由此可见，这真是一举数得的好事，聪明的丈夫实在不该就此错过。

给她幸福，从满足她的小愿望开始

人生说穿了只有几个字：生老病死是状态，喜怒哀乐是情绪，衣食住行是消费。人生要吃得饱、穿得暖、睡得香。人活着体会的是一种感觉，品尝的是一种滋味。何为幸福？幸福就是对愿望的满足。

我们每个人都有实现愿望的经历，那是愉快而美妙的心灵体验。为你爱的人、你的妻子实现一个小小的愿望，这是男人体贴女人的好方式，如此，她会感受到你浓浓的情意，深刻地体味到幸福的味道。

女人有时候就像个孩子，担心被丈夫疏远，所以需要男人不断地证明。她抱着一个空盒子来到你面前，等着你把为她实现的愿望放进去，眼里全是期待的目光。你每放一下，她都会对自己说：看，他是爱我的，他在乎我、他对我多好。

关注妻子的生活，主动去了解她，学着满足她的愿望吧。向她表明：我正跟随着你的愿望，和你肩并肩走在一起。给予她浓浓的爱意，体现出你对她的宠爱，这样夫妻间的交流还会进一步加深。

他是从事数学研究工作的，每天都有周密的安排，生活得一板一眼、按部就班，就像在做一道数学公式。妻子是从事音乐创作的，她的性格就像一串流动的音符，欢快明朗，他们 16 年的婚姻犹如晶莹剔透的水晶让人无法

抗拒。

最开始的时候，他们的感情也曾出现过裂痕。周末，妻子总是充满期待地问他："你有什么安排？"他则头也不抬："不干什么，在家休息多好呀。你有什么计划？""我有计划又有什么用，你的时间又不肯分给我。"妻子常这样抱怨，眼神落寞。

女人爱言

女人有时候就像个孩子，担心被男人疏远，所以需要男人不断地证明。我们抱着一个空盒子来到男人面前，等着你把为我实现的愿望放进去，眼里全是期待的目光。而给予幸福，正是从满足我的小愿望开始。

一次参加讲座回来，一张音乐会的海报吸引了他。妻子很喜欢听音乐会，跟他说过好几次了，他却从来没有带她去过一次，怪不得她老是看着不高兴呢，他突然意识到自己为妻子做得太少了，于是，买了两张票递到妻子面前："下周的音乐会，我提前约你，不能失约哟。"妻子兴奋地拥抱了他。那些天，妻子特别开心，对他也格外的好。

丈夫心想：满足她一个愿望原来会让她如此快乐幸福，于是他很是留心。只因她的一句感叹：现在的年轻人真幸福啊，能有这么一场隆重的婚礼，能有一次穿婚纱的机会……于是，他瞒着妻子日夜奔波于公司、酒店、婚庆公司之间，只为想要圆她一个梦想中的婚礼。

当她走进饭店的那一刹那，聚光灯全部对准了她，她惊讶了，她怎么也想象不到，今天婚礼的主角会是自己。换上了自己期待已久的婚纱，缓缓走进自己期待已久的隆重的婚礼现场，她羞涩了，比所有的新娘都美丽。

体贴是很实际的事，越实际的体贴越能使妻子感觉到温暖。男人们要了解这一点，女人虽然浪漫，但还不至于浪漫到无边无际，在生活中，她们很多时候是很实际的。给她幸福，从满足她的小愿望开始。

有这样一个年轻漂亮、才华出众、落落大方、各方面都很优秀的女孩,许多男子被她的才貌双全所倾倒,慕名前来。女孩一时间无法作出选择,于是问那些仰慕者:"为了表达对我的爱,你们愿意为我做什么?"

第一个仰慕者回答:"我愿意为你去爬最高的山、游最深的海、走更远的路,哪怕你要天上的月亮星星,我都愿意为你去摘。"

第二个仰慕者回答:"世界上最华美的房子、最高贵的车子,我都愿意给你。"

第三个仰慕者说:"你喜欢鲜花,我保证以后会在花园里种满你喜欢的花。"

结果,女孩选择了第三个。

前两个仰慕者近似誓言的表白虽然豪迈,但高不可及,听上去那么虚无缥缈,几乎没有实现的一天。而第三个仰慕者的表白就很实际,"我保证以后会在花园里种满你喜欢的花。"做女孩喜欢的事,满足她的愿望,深情自然流露。

多数的女人也和那个女孩一样,希望得到丈夫无微不至的体贴,希望丈夫能偶尔满足自己小小的愿望,而不是听丈夫遥不可及的许诺。她们的愿望也许是阳台上的一盆花、一个有你陪伴的安静而美丽的黄昏、一顿你们一起做的晚餐……

列一张单子,写上妻子希望你为她做的事,随时发现,随时补充,如果你不知道,不妨婉转地问问她,每隔一段时间为她做一件事。满足妻子的小愿望不会花费多少金钱和时间,却可以使夫妻之间的感情得到意想不到的升华和融洽。

每一个最微小的愿望都能让她得到满足,一个愿望实现后,接着的就是另外一个惊喜。持之以恒,你会看到她快乐的样子,生活发生了明显改观,你也会在不知不觉中成为一个体贴妻子的好丈夫。

陪她逛街,做个快乐的跟班

"恋爱ing,陪你熬夜聊天到爆肝也没关系,陪你逛街逛成扁平足也没关系。"台湾音乐组合五月天的这首《恋爱ing》的歌词曾感动了无数恋爱中的小女人,但现实却让很多恋爱中的女人失望伤心。

"要逼疯一个男人很容易,拉上他逛逛街就可以了。"这是诸多男人对待陪女人逛街一事的态度和感慨。在不少男人看来,陪女人逛街简直是一种精神和经济上的折磨,而女人对购物的态度则完全相反,她们对于"男女搭配,逛街不累"的组合乐此不疲,更认为"他不陪我逛街,肯定是不爱我"。

对于刚过去的国庆长假,陈先生备感郁闷。他本来对这个长假非常期待,也和女友想过多个共度长假的计划。但是,为了一个助兴节目——逛街,热恋中的小情侣引发了一场"恶"战,直至闹到要分手。

除了安排几次与同学旧友的聚会外,陈先生和女友基本上都是处于两人世界中。看电影、吃饭、唱卡拉OK……休闲内容还颇为丰富。而女友提出了逛街的要求,虽然以前每次逛街陈先生都会逛得晕头转向、心烦气躁,但本以为这只是助兴节目,便答应了下来。谁知,女友则几乎天天要逛街,虽然没买什么值钱货,可手上大包小包负重太多,连吃饭的力气都没有了,如此坚持了两天,陈先生有点儿吃不消了,忍不住提出了异议。

听了陈先生的话,女友很是生气,一抹眼泪,赌气地甩下一句:"你不去,我自己一个人去。没有想到，你居然这么不在乎我，那不如我们分手算了。"陈先生没想明白，自己平时对女友呵护备至，一直以她的开心为快乐，为什么她会因为逛街这点儿事和自己闹到分手的地步。

一个男人若想让心爱的女人体味快乐的感觉，最有效的一个方法就是要经常陪她逛街，做个快乐的小跟班。因为对于女人来说，逛街并不只是买东西这么简单，她们逛的不是街，而是一种品位和乐趣，类似于"虽不得肉，贵且快意"。

众所周知，爱美是女人的一种本能和普遍要求，不分年龄、身份、地位，上到总统，下至平民，只要是爱美的女人就有逛街的嗜好，她们利用美好的商品对自己进行美化。而且，在逛街中满足了自己的好奇心以及对时尚走向的把握，那种心境伴随街道的延伸越发爽朗地快意，更是一种愉悦身心、缓解压力的最佳方式。

有人曾经对女人们做过一个问卷调查，询问她们为何喜欢购物的感觉，很多人的回答是，购物并不在于单纯的"购"本身，为了选择哪怕是一条围巾、一件饰品，穿梭于各种各样的商店和步行街，本身就是一件非常惬意的事情。

虽然男人和女人对购物的态度有巨大差别，但这种惬意的感觉是男人无论如何也找不到的，但男人也不得不承认，逛街是增进彼此情感的好机会。当女人逛街回来后，她的心情会随之好许多，对自己的态度一下子也会变好很多。理解了逛街对女人的意义，你的态度就不会那么反感或激烈了。

做个好男人，有了理解女人逛街的心

女人爱言

爱我就不要拒绝陪我做任何事，何况区区的逛街？连逛街都没有耐心陪我，又怎么可能陪我走完人生路呢？更何况，逛街并不只是买东西这么简单，我逛的不是街，而是一种品位和乐趣。

理还不够,还要有理解的行为。毕竟她辛苦打扮自己是为了让你喜欢、让你赏心悦目,你不陪谁陪?"爱我就不会拒绝陪我做任何事,何况区区的逛街?连逛街都没有耐心陪我,又怎么可能陪我走完人生路呢?……"以上种种,都是女人让男人陪她们逛街的充分理由。

周一早晨,同事们聚在一起谈论陪妻子逛街多么让人难以忍受。

老马说:"大包小包的,又是拎又是挎,拿我当苦力。"

老杜说:"出力也就罢了,最烦人的是看上了也不买,非要从头一家店逛到最后一家,然后再返回去,真让人头疼。"

老李叹道:"最要命的是,不停地问你这个好不好、那个合不合适,我看都一样。"

听了这么多牢骚,老王插嘴道:"我得作个总结性发言。先说老马,老婆买了东西不让你拿,让别人拿你愿意吗?再说老杜,嫂子那是给你省钱,连这个都看不出来。最不应该的就是老李,问你哪个好是在乎你的看法,真是身在福中不知福。我老婆经常夸我是模范丈夫,对我特别好,因为我从不摆着一张臭脸陪她逛街。"

不知最后这段发言能不能起到"一语惊醒梦中人"的效果。在这个情景对话中,老马、老杜和老李代表了男人们对陪女人逛街的不同看法。那些抱怨可以理解,但最后老王的观点更受女人们的认可。

其实,在陪女人逛街的过程中,你能做很多的事,比如,当她在不知购买哪一个物品的时候与你商量、征求你的意见时,你可以顺便了解她的喜好,加深彼此的默契;你还可以做她的参谋,当她想买不必要的东西时,给她及时的提醒,让她体会到你的体贴和照顾;逛街还可以创造一起在外面吃饭或者在逛街归途中喝茶的机会,由此可以进行一些与平日不同的情感交流,往往可以带来巨大的快乐。

不要不容分说地认为逛街是一件麻烦而且令人厌倦的事情，本着与女人分享逛街乐趣为出发点，和和气气地陪她逛街，心甘情愿地做她的跟班，你会发现双方都从中得到了心理满足，收获了快乐感。

不时地设个"惊喜"小圈套

锅碗瓢盆所演绎的琐碎生活，总会将风花雪月尘封在时光的沙漏里。有的故事只发生在最开始的那一秒，当生活逐渐趋于平淡，当彼此的激情日益消退时，婚恋中的男女也将遗失掉最初的美好，将彼此的真心忘掉。

这时候，女人会敏感地意识到"二人世界"并没有想象中那般美妙，不但淡如止水，而且有时烦琐得吓人，她们感叹最初的温馨浪漫为何就消失得无影无踪了呢？感慨"人生若只如初见，何事秋风悲画扇"，变得忧怨甚至麻木。此时，倘若不用一些惊喜来点缀平庸的日子，彼此之间的爱就会在平淡中消耗贻尽，婚姻就会过早触礁。

如何改变这种状况呢？男人需要尝试着为妻子设个"惊喜"小圈套，想方设法使婚姻生活变得更有意义。婚姻是需要惊喜的，它犹如沙漠中的一片绿洲，让我们疲劳的眼睛感到美和希望；它犹如冬日里的一朵鲜花，让我们真切地感受到婚姻的美好……如果说忠贞是爱情的堡垒，那么惊喜则是婚姻的灵魂。

艾铭与陈昊是初中同学，大学毕业后两人又在同一家单位上班，青梅竹马、喜结良缘，彼此熟悉得连呼吸频率都十分相似。婚后两年过去了，尽管艾铭知道陈昊是一个好男人，但婚姻中的沉闷与压抑使她不满。

终于，艾铭鼓足勇气向陈昊说："我想离婚！"陈昊充满疑惑地问为什么。

男人要被懂 女人要被爱

艾铭不假思索地回答道："别人的男人都是那样有情调，而你为何连一点儿情趣都没有呢？我讨厌过这种死水般的生活。"

陈昊愣了一下，"那就让老天来决定吧，如果今晚下雨，就是天意让我们在一起。"

女人爱言

婚姻是需要惊喜的，它犹如沙漠中的一片绿洲，让我们疲劳的眼睛感到美和希望；它犹如冬日里的一朵鲜花，让我们真切地感受到婚姻的美好……如果说忠贞是爱情的堡垒，那么惊喜则是婚姻的灵魂。

到了晚上，她刚睡下，就听见雨滴打窗的声音，她一惊，真的下雨了？她起身走到窗前，玻璃上正淌着水，望望夜空却是繁星满天。她爬上楼顶，竟然看见陈昊正在楼上一勺一勺地往下浇水。她内心一震，从后面紧紧地把他抱住。

从这个故事中，我们可以看出，艾铭之所以感到不快乐，是因为丈夫陈昊没有情趣，婚姻生活沉闷压抑，而后来陈昊通过制造一场"人工雨"的惊喜，深深地打动了艾铭已经麻木的心，有效地增进了彼此之间的感情，从而挽回了自己即将破裂的婚姻，足见惊喜的奇妙功效。

相爱很容易，相守到老很不容易。所以，聪明的男人应该学会为妻子制造一些惊喜，让婚后平淡琐碎的生活"时时有惊喜，分分有新意"，妻子会因此体味到你的体贴和疼爱，明确自己在你心中的重要性，这样她就会充满感激，保持热恋时的深情，永葆爱情的新鲜美好，让你们的婚姻大厦永不倾斜。

莫希和丈夫李昂已经结婚6年了，但他们的婚姻生活不但没有日益平淡，反而越来越有情调、越来越快乐，周围的人都说莫希看起来依然像一个热恋中的小女人，而莫希知道这一切都要感谢李昂善于不时地给自己制造惊喜。

李昂经常出差不能陪莫希，但他是一个很细心的男人，他知道莫希喜欢吃零食，每次出差前都会留个纸条："好东西都藏在家里的不同地方，想知道都有什么，就努力地寻找吧，找到之后会有惊喜哦。"于是，莫希立刻开始东翻西找，竟然找到了不少好吃的东西，比如，牛肉干、锅巴、瓜子……每找到一种食品时，都有李昂附加的小纸条，上面写着一些温馨的俏皮话，莫希看着会不自觉地笑起来。

每次出差回来时，李昂都会送莫希一些精美实用的小礼物，比如一只可爱的玻璃杯、一个具有地域特色的包包、一条漂亮的表链等。他说："这些东西你随手就能拿到，你用它们的时候，会感到我和你是在一起的。"莫希不时地能收到这样或那样的惊喜，她被李昂的温情感动着，在生活中也给了李昂无微不至的关怀。

对此，李昂解释道："美好的婚姻是呵护出来的，而呵护有时也需要一点儿智慧。如果能在平淡中时不时地送上一份惊喜，用爱编织一件礼物，让她看到你的心思，她会感到自己是快乐的，生活才会更有朝气。"

从李昂身上可以看出，时常为妻子制造一些惊喜，既可以使她找到轻松快乐的感觉，又能使婚姻生活五彩缤纷。而这其实是一件轻而易举的事情，只需对于一些事情进行细心的"包装"，设个"圈套"，就能变为莫大的惊喜。

比如，原本出差应该今天回来，却告诉她明天才能返回，然后突然出现在她的面前，那种惊喜是很戏剧性的；偶尔打扮一下，穿上你最帅气的衣服，手捧一束漂亮的鲜花，突然去她单位接他下班，她一定会非常感动；或者买点儿她想买又没有买的东西送给她，并写上对她的爱恋之情；当她时常念叨某个远方的亲朋好友之时，在情况允许的情况下，你可以瞒着她，约那个人来家里玩……

只要你用心去发现，惊喜无处不在。男人们，好好开动自己的智慧，发挥

你超常的想象力,给心爱的女人设个"惊喜"小圈套,展示你的体贴和疼爱,在不断的惊喜中掀起欢腾的爱情热浪吧。

特殊生理期,关爱必不可少

人的身体结构精密细致,月经是女性特有的生理现象。所谓月经,是指有规律的、周期性的子宫出血,其周期平均为 28 天左右,正常月经会持续 7 天左右,在女性的一生中占了 1/4 的岁月。

由于激素的作用,女人在月经期间,其生理和心理上都会发生显著的变化,一般表现为浑身无力、厌食或疼痛、情绪异常等,这也是女性最虚弱的时候。所以,这时候正是男人表达温情、关爱的关键期,应给予她细心的照顾和呵护,让她感受到幸福感吧。具体如何做呢?

作为丈夫,首先要记住妻子的月经周期,你可以在台历上悄悄标注上妻子经期的起始和结束日期。这不仅有利于更好地参与妻子的经期保健,还可以掌握其月经规律,对及时发现月经异常很有益处。

生理期间,女人的心情起伏很大,脾气容易急躁或伤感,烦躁不安、歇斯底里,甚则无事生非、胡搅蛮缠、没事找事,这些都是一种生理的病态反映,有时候她也无能为力,这些症状在月经后自然消失。

因此,丈夫不要责怪她反复无常的小脾气,不要嘲笑她随时可能落下的眼泪,更不要和她吵闹,要表现出足够的宽容和耐心,给予妻子一定的体谅与帮助、鼓励和安慰,尽量利用休闲时间陪妻子谈心、散步或共同欣赏轻松愉快的音乐,尽一切可能使妻子在经期内保持良好的心情。

月经期间,性腺的变化会影响女性的免疫系统,抗病能力会有所降低,生病的可能性较平日更高,极易患伤风、感冒、腹泻等,对此,你一定要辅助她做好保暖工作,少吹冷气、多穿衣服;煮驱寒的姜汁可乐给她喝,还可以准备一个热水包给她暖小腹,或者用自己热乎乎的手轻揉她的小腹,这样不仅能照顾和安慰她,还能促进你们的感情。

经期中的几天内,女人的精力和体力也会有所降低,负重量大、消耗量较大的运动不仅会增加经期的不适,还可引起经量过多和经期延长,你不妨多让妻子卧床休息,主动帮忙分担家务劳动,不要让妻子参与重体力劳动,尤其是接触冷水的家务活,如洗碗、洗衣服等,这类活儿你要多做一些。

月经期的饮食应以温热、新鲜、清淡为主。血得热则行,得寒则滞。进食冷饮或生拌凉菜等食物容易使人体产生内寒,不利于经血的排出和畅行,甚至引发痛经,你要帮助妻子管好嘴巴,暂停吃这些食物。

此外,月经期间容易出现全身性血液丢失,进补含铁丰富和有利于消化吸收的食物是十分必要的。鱼类、各种动物肝、血、瘦肉、蛋黄等动物类食物含铁丰富、生物活性高,容易被人体吸收利用,尤其是动物血不仅含铁丰富,而且还富含优质蛋白质,是理想的月经期保健食品。

特别引起注意的是,月经期间阴道防御病菌的能力减弱,过性生活容易引起妻子生殖器官感染,造成宫内感染,甚至引发附件炎、盆腔炎等严重后果,因此,丈夫一定要从爱护妻子的角度出发,克制自己的性欲,不干蠢事儿。

如果发现妻子在经期出现显著异常,如倒经(阴道出血很少或不出血)、便血(经血反其道由肛门

女人爱言

在特殊生理期间,我会表现得敏感而脆弱,是最需要照顾的时期。如果你真心爱我,请不要责怪或嘲笑我,更不要和我吵闹,表现出足够的宽容和耐心、给予我细心的关爱和呵护,帮我顺利度过这一时期吧。

男人要被懂 女人要被爱

流出)、经期浮肿(眼睑、手指、足踝部等出现浮肿)以及小腹部疼痛不适等，要陪妻子及早就医。

经期保健做得如何，将直接影响女人的身心健康。若能在特殊生理期给予妻子足够的关心和呵护，妻子不仅能顺利度过生理期，也一定会感激你的善解人意、细致周到使你们的婚姻更加幸福美满。

第11章

懂得了包容，才算真正懂得了什么是爱

——爱女人，就要学会理性地包容与让步

每个女人骨子里都是一个公主，你不可能要求她每次都顺着你的意愿，相反她还希望你能够事事顺着自己。婚姻中没有赢家，男人要时刻懂得做输家，学会理性地包容与让步，如此，许多事情都会迎刃而解，你也就有可能赢得真爱和幸福。

掌握"哄"功夫，化干戈为玉帛

有一种说法：女人好哄。

我们常常听女人对男人这样说："嗨，你就不能哄着我点儿嘛？"你在生活中见过大人哄小孩吗？"哦哦别哭，再哭狼来了。哦哦，别哭，我给你买糖……"瞧，这就是哄。男人哄女人，其实跟大人哄孩子差不多。

女人之所以要哄或好哄，是因为不论她们年老年幼，永远都有孩子般的天性，希望是你心中的小女人，需要爱与呵护，而一些乖巧的美言则能"沐浴"她们脆弱的、敏感的神经，满足她们内心的渴望。

经常看到这样的情景：女人向男人发脾气的时候，有些男人会针锋相对、大吵大闹，"战争"还没有结束，男人就甩手走了，留下了眼里噙满了泪水的女人独自无助地蹲在角落，满腹的委屈化为沉默。

殊不知，女人向你发脾气是因为爱你，把你当成最亲的、最贴心的、最有安全感的人，千万不要和她发脾气，更不可一走了之。这时候女人需要安慰和包容，耐心地劝哄一下她，一切矛盾将会化为乌有。

事实上，凡是日子过得挺自在的男人、在家里活得优哉游哉的男人，一般都熟谙"哄"的功夫，是哄女人的"大内高手"。婚恋中的矛盾在他们哄之下，一次次轻而易举地化解了，彼此间的感情也就升温了。

好孩子是夸出来的，好妻子是哄出来的。

许镐和妻子结婚已经两年多了，刚有了一个可爱的儿子。兴许是带孩子心浮气躁，妻子现在动不动就发脾气，经常指责许镐："我整天忙里忙外的，你一声也不吭，以为自己是啥？是爷们儿呀？"面对妻子的"无理"质问，许镐针锋相对地顶撞，结果两人经常大吵特吵，妻子常常"稀里哗啦"地哭个昏天黑地。

后来，一个朋友知道了许镐的家事，向许镐传授"哄妻秘籍"，他说："女人吃软不吃硬，你得多哄哄她，哄得越夸张，她就越心花怒放，自然就会乖乖地变得温柔起来啦，矛盾也就没有了。"许镐半信半疑，决定以身试法。

那晚许镐回家晚了点儿，妻子又习惯性地嚷道："这么晚才回家，干吗去了？看你哪里像个爹、像个丈夫？"许镐赶紧笑嘻嘻地说："是，我简直像个孙子嘛，老婆太人，下次我可不敢了，你消消气啊。"说完，又是鞠躬又是道歉，把妻子弄得莫名其妙，却又忍不住想笑，便娇声娇气地骂了句："神经病！"

从此，当两个人免不了要闹矛盾的时候，许镐一发现苗头儿不对，便立马改口，说："对，对，就按老婆大人的意思做。我现在才发现你的想法太棒了，我坚决服从老婆。"这常常把妻子弄得不好意思，反过来温柔地听丈夫的，然后乐颠颠地去干她的家务活儿，嘴里还哼哼唱唱的。

许镐是一个聪明的男人，但说到底，他没有别的高招儿，最重要一点就是他知道"女人好哄"

的道理，拿捏住了女人身上的这种天然的弱点，然后见风使舵、投其所好。明明即将发生"战争"的事，经过这么一哄，就化干戈为玉帛了，还哄得妻子乐颠乐颠儿"摸不着北"。

对于电视剧《婚姻保卫战》，相信很多女人都会比较喜欢"家庭煮夫"许小宁，却不太喜欢郭洋，因为郭洋总是喜欢板着脸和老婆讲道理，而许小宁却宠爱老婆，每次发生矛盾的时候，他总是又道歉又赔笑脸地哄老婆，他的经典台词就是："男人对付女人就得摩挲、摩挲，顺着毛儿捋、顺着气儿撒。"正是这种小处忍让、大处疏导的"哄"功夫，许小宁的婚姻能够维持住令人羡慕的幸福状态。

事实上，女人很容易满足，并不是想象中那么难对付。"哄"女人很简单，就是当她闹情绪的时候尽量安慰她，多说几句甜言蜜语，心平气和地与她沟通，任她怎么责骂，你都要摆出一副受用的样子。几次下来，但凡通情达理的女人都不好意思再"虐待"你了，她的快乐感和幸福感也会上升许多。

女人需要哄，就像女人需要爱。不要忽略了"哄"的功夫，时常慰藉一下她的心，她一定会变成你怎么爱都爱不够的温柔女人，任何干戈都能轻松地化为玉帛。哄得"皆大欢喜"，换来"家好月圆"，何乐而不为呢?!

小事上装糊涂，给她充分的决定权

"时代不同了，男女都一样"、"丈夫的权利不能比妻子多一点儿"，这样的观点使得大多数男人惶恐不安，认为这是对"当家人"的挑战，诸如"丈夫和妻子究竟谁说了算"的问题更是众多家庭纷争的导火索。

在北京"漂"了5年多，泽航和爱英终于在北京郊区买下了一套新房，终于结束了租房的日子，小两口很开心。但没想到因为装修新房引爆了小两口之间的全面"战争"，因为两个人的审美观截然不同。

爱英出生在城市，生性浪漫，喜欢富丽堂皇的装饰柜、华丽的吊灯、豪华的吊顶，在她看来，家应该是个富有情调的地方。泽航在农村长大，他的想法却不同，他坚持选择实用性和功能性的家具，不想装饰得那么奢华，为此两人经常动不动就争吵。

爱英伤心地说："爱我就要听我的，你连装修个家都不愿意听我的，你对我好是假的。"而泽航也气愤地说："这是我们两个人的家，怎么能由你一个人决定怎么装修呢？太不把我放在眼里了，再怎么说我也是个大男人啊。"

在现代家庭中，认为家务事要符合自己的意愿，并不是只有爱英是那么想的，很多妻子都这样认为，她们觉得男人既然爱自己就要充分尊重自己的意见，凡事尽量顺从自己的想法。

这时候，如果男人非要纠结于"当家人"的身份，认为听从妻子的话就是失去了家庭主导权、耿耿于怀不肯让步的话，双方势必会引发争论，就算不影响"安定团结"的大局面，也会为夫妻关系破裂埋下隐患。

家庭中的很多事其实无所谓对与错，正如爱英和泽航的装修观念一样，各自都有道理,根本没有必要为此大动干戈。好男人不妨更多地考虑一下妻子的感受,适当地装装糊涂,给妻子充分的决定权。

要知道,女人其实在意的不是一件具体的事该怎么处理,而是你对她的态度,一旦她确定了你尊重她、在意她之后,她自然不会处处与你为难,而是顾及你的想法和喜好,主动征求你的意见、主动"委曲求全"。

更何况,女人在很多方面比男人们更具判断力,而且待在家中的时间要更多一些。从这一点来说,丈夫更应该理性地做出适当的让步,以一种宽容大度的姿态让女人享受主导家庭的权力,既省力又省心。

"今后我们结了婚,家里的大事你做主,家里的小事我做主。"结婚时,妻子和王旭订了一个"分工协议"。于是,油盐酱醋、吃喝拉撒、走亲送礼,家里添置个家具、卖点儿什么废品都是小事,自然这些也都由妻子做主。妻子做主做惯了,办事就显得很有魄力,王旭就在旁边微微笑着。

他人在背后对王旭说:"你们两个人的家,怎么能让她一个人当呢?再怎么说你也是个大男人啊!""她那样做,不仅是把你不放在眼里,而且也是把我们都不放在眼里!""再不要这么窝囊了,拿出你做男人的霸气来!"可不论别人怎么说,王旭都只是微微笑着,说:"那些小事都是由她做主的,我这个大男人只在大事上做主。"

王旭的妻子好像也意识到了什么,她总是对着众人说:"我们家王旭可是个了不起的人,我们家的大事都是交给他做主的。别看我整天老忙东忙西的,其实都是和他商量过的。"说着还特意朝王旭微微笑了笑,王旭更是做出

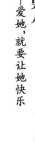

一副管大事的样子,在妻子为一些小事做主的时候,他脸上露出来的表情除了欣赏与赞许,还有快乐与幸福。

一直活到 60 岁,王旭虽然头发全白了,但活得很精神、很硬朗。这时候,他喜欢对人说:"其实,一个家庭也没有什么非要你做主不可的大事。""作为一个男人,有一个女人愿意帮助你料理家事,活得多省心?这可是天大的福气。"

在家庭事务的处理中,小事上装装糊涂,给她充分的决定权,可以换来更巩固的"一家之主"的地位,又能做个妻子心目中的好丈夫,还能拥有幸福和睦的家庭。此等好事,岂能不为?何乐而不为?

换位思考,经营出幸福的婚姻

因为生活中一些鸡毛蒜皮的小事,导致夫妻之间产生摩擦与猜忌、误会与矛盾发生争吵是常事。事实上,双方互不满意仅仅是表面现象,其中的主要原因在于夫妻间没有进行换位思考,缺少情感上的沟通。

所谓换位思考,是指站在对方的立场上看事情,以对方的心境来思考问题,进而理解对方的想法和感受。如果我能够如此深入体察对方的内心世界,或许很多争吵都能达成谅解,这是一种理解、一种宽容。

女人需要疼爱、需要呵护。在家庭里,男人更应该主动进行换位思考。比如,女人经常会为了一些小事情吵吵闹闹,生活中也常常唠唠叨叨,许多男人觉得这是在无理取闹,但是你有没有想过这样一个问题:"假如我是她,我会怎么想、怎么做呢?"

当你在外面推杯换盏地应酬时,当你在外面载歌载舞的交际时,你也许忘记了家中的妻子在为你担忧，怕你喝醉酒伤了身体、怕你言语不慎伤了朋友、怕你移情别恋忘了家庭……当你工作上遇到不顺心的事，女人还得小心翼翼地照顾着你的感受，但是当她不顺心的时候，你有没有给过她一丝的安慰呢？

马虹和杜凯享受的是二人世界，杜凯平时很少按时下班，做晚饭的任务就落在马虹一个人身上。柴米油盐酱醋茶的生活，全然没有了恋爱时的浪漫与憧憬，取而代之的是无休止的争吵，两人深感身心俱疲。后来，马虹提议以后的一个星期杜凯在家做饭，如果两个人依然矛盾不断就和平离婚。

这天杜凯买菜、洗菜、做饭……但饭菜飘香许久了，马虹依然没有回来，给她发了两三个短信，得到的回复是："我在开会，还得忙一会儿。""催什么催，你真麻烦。""好了，好了，你自己吃吧。"看到这些短信，杜凯心里特别窝火。谁知，马虹回到家后，居然还横挑鼻子竖挑眼的："就咱俩吃饭，又不是冲锋陷阵，你催什么催呀"、"哎呀，这个菜太咸了吧，哪能吃呀！"……

杜凯忍无可忍，发连珠炮似地吼道："我问你什么时候回来，是想做饭有个计划，总不能让你回来吃凉的饭菜吧。还有，我等了你这么长时间，你怎么不问问我吃了没有呀？菜咸一点儿怎么了？怎么就不能吃了呢？我辛辛苦苦做饭容易吗……"

马虹沉默了一会儿，回答道："那些短信你没觉得'眼熟'吗？我只是把你之前发给我的短信'回赠'给你，嫌菜做得咸了或淡了，这不都是你的口头禅吗？我问你回家吃饭的时间，也是想让你吃上新鲜的、热乎乎的饭菜呀……"

此时,杜凯才突然意识到往日自己给妻子带来的烦恼和伤害。原来自己对妻子体谅不够,没有从内心深处了解她,也没有充分考虑过她的感受,因此他决定要改变一下自己,以后要对妻子好好的。

鸟儿在天上飞,不理解地上的蜗牛为什么爬得如此笨拙;蜗牛在地上爬,不理解天上的鸟儿为什么飞得如此浮躁。如果它们能够换一下位置就会明白:蜗牛在地上爬,不是笨拙而是成熟;鸟儿在天上飞,不是浮躁而是自由。

换一个角度、换一种思维,站在女人的立场上看待事情,亲自体验她为你做的事情,你会体会到她纤弱细腻的内心,会明白她为家庭付出得相对较多,她也有难处和苦衷。她的脾气、她的唠叨、她的抱怨等并非无理取闹、空穴来风,无非是出于对你的关心和照顾,需要你多些重视、多些抚慰、多些体贴。

两个人在一起生活,摩擦与猜忌、误会与矛盾在所难免,夫妻间免不了进入唠叨、争论、妥协,再唠叨、再争论、再妥协的循环,此时如果能够站在对方的立场上去面对这一切,还有什么是不能理解的呢?

理解一点儿,包容一点儿,少了一分怨气,少了一分怒气,多一些嘘寒问暖,多一些体贴照顾,多做一些自我牺牲,双方的关系会变得富有弹性和轻松,事情能轻易化解,如此,拥有幸福美满的家庭生活并非难事。

主动说："我们讲和吧！"

男女之间发生冲突时，一般都有这种心态：自己绝不开口，等对方先道歉，谁撑的时间长谁就比较"有面子"。殊不知，这种想法是使双方言归于好的一大障碍，这种冷战的态度对双方是一种痛苦的折磨。

这时候，男人尽快主动讲和才是最明智的做法。当不愉快的情况发生时，谁对谁错暂且不论，很难进行理性思考的女人通常会觉得恼怒和委屈，她们往往已经不在意问题本身了，而是在意男人的态度。

男人也许会有不平之鸣："为什么我要先开口？""为什么我要先让步？"但仔细想想就会明白，主动讲和不正表现了男子汉的宽大胸襟，表现了大丈夫能屈能伸的气度吗？好男儿理应如此。更何况，一般情况下，事情的发生多半不会只错在一个人的身上。

男女相处本来就像是一块共振板，一个巴掌是拍不响的，除非真的遇人不淑，女人是个蛮横不讲理的自大狂，否则在冲突中有几个人敢说全都是对方的错，自己一点儿也没有错呢？为一件鸡毛蒜皮的小事而发生争执，谁也不先让步，只会让矛盾激化，最终伤害感情、丢掉幸福。

艾米和鹏结婚一年多了，他们之间偶尔会发生争吵，但这一次吵得很凶，其实也不是什么大事儿，就是为了谁去洗碗而发生了争执。以前都是鹏默不做声地去把碗刷了，就算向艾米主动讲和了，但是今天他决定硬上一回，一动不动地坐在沙发上看电视，丝毫没有去刷碗的意思。

"你对我不好了，你是不是不爱我了？"艾米一边质问鹏，一边哭着跑进了卧室……见鹏不仅不去刷碗，还不安慰自己，艾米感到很恼火，她开始收

下篇 致男人
——爱她，就要让她快乐

拾衣物，并扬言要离开家。虽然这么说，她的动作却是迟缓的，她希望鹏能主动求和，但鹏依然坐在沙发上，什么也没说、什么也没做。

艾米失望了，真的离开了这个家，去了娘家。其间，鹏想起了艾米对自己的种种好，他想给艾米打电话，但又想："是她主动要离开家的，除非她先认错……"于是，僵持继续着，直到艾米提出了离婚的要求。此时，鹏想全力挽回这份婚姻，却已是"爱到尽头，覆水难收"了。

就因为纠结于"谁去洗碗"这个问题，夫妻两人谁也不肯让步，尤其是鹏抱着"除非她先认错……"的想法，结果错过了讲和的最佳时机，导致婚姻关系的破裂，太死要面子活受罪，想想真是让人感慨万千。

富有理性的男人，懂得争吵是两个人的事，他们会包容和让步、及时检讨自己：或许我还没弄清楚状况就误会了她，或者打断了她的话；或许我自己的口气很差，脸上充满不耐烦或"我看你也不怎么样"的表情；或许我也有很多不合格的地方……

只要男人放低姿态，态度诚恳，摆出友善的姿态，心平气和地说些"软话"，积极地保持沟通，承认自己的责任并及时作出道歉，向你心爱的她发出讲和的信号，基本上就能缓解她激动的心情，和解是很容易达成的。这是成本最小的解决之道，而且相信她一定会愈加地珍惜和爱你。

有这样一个故事。

那是一个周末，丈夫忙着赶工作进度，妻子则忙着安装窗帘的横杆。她在墙上不停地打眼，却连续几次都打错了地方，丈夫对她的行为很恼火，因为那面墙看起来就像用机

> **女人爱言**
>
> 婚恋中的矛盾是不可避免的，琐事也很难评出对错。别和我计较谁该先认错，更不要盲目地冷战，尽快主动和我讲和吧，这不正表现了男子汉的宽大胸襟，表现了大丈夫能屈能伸的气度吗？好男儿理应如此。

枪扫射过一样，而且客厅里到处散落着窗帘、横杆、工具和各种包装盒。

"为什么你就不能将窗帘固定到位？你在做之前为什么不先看看说明书？你看你都干了些什么？"丈夫发出一连串的抱怨。"我已经很努力了，谁知道那些该死的说明书这么难懂？操作起来也这么费劲儿！"妻子同样大声地抱怨，你一言我一语，争吵就这样开始了。狂风暴雨过后，他们互不理睬。

气消了以后，丈夫意识到刚才的"战争"是自己先挑起来的，而且这项工作对妻子来说确实挺困难。于是，他试探着说："喂！亲爱的，对不起，我刚才错了。我想我们需要休息一会儿，不要让它破坏我们今天的生活，怎么样？"听了丈夫的话，妻子觉得没有必要继续生气，于是说："好吧，明天再做吧，到时我们俩的心态会更好一些。"

于是，他们放下了手头的工作，带着两个孩子出去打球了，他们玩得非常开心。第二天他们接着干那些活儿，一切都非常顺利。本来可能是冷战的一天，却因为男人的主动讲和变成了愉快的一天。

婚恋中的矛盾是不可避免的，琐事也很难评出对错。男人必须明白一点：和女人盲目地冷战永远不能解决问题。而妥协则是为了更好地生活，退两步是为了进三步。既然如此，为什么不学着妥协一次呢？

不要计较谁应该负主要责任，宽容的男人会为了挽回彼此的良好关系，在第一时间向心爱的她发出讲和信号，主动做出一些让步，心平气和地解释争执的起因和状况以及自己的想法，使之成为彼此沟通和自我反省的机会。

值得注意的是，越早讲和越好，最好别拖到第二天，别让你和她都带着怒气入睡。而且，宽容是相互的，相信你不会每次都有机会先让步，也许她会融化在你宽容的阳光下，也许下次主动讲和的就是她了。

适当改变自己，为幸福"添砖加瓦"

夫妻双方都是独立的个体，每个人的生活习惯、生活态度、思想观念都已随着成年而逐渐定型，在人的潜意识里，这个价值体系是各自存在的依据。组成一个家庭时，肯定会多多少少存在一些差异。

这时，夫妻双方只能通过适应和调节来达到和谐。而一个聪明的男人应该学着理性一点儿，对于妻子不能改变的差异要包容一点儿，可以改变的就该做些改变，主动来适应妻子的习惯，而不是在她的要求和强迫下改变。

要知道，妻子希望丈夫做的改变，基本上都是生活细节上的，如她希望你少抽点儿烟、注意个人卫生、把东西放整齐等。对于这些小事，改变一下不会牺牲尊严和人格，反而是为幸福"添砖加瓦"，何况妻子的初衷也是为你好。

约瑟和凯特结婚了，在外人看来这是一对非常般配的夫妻，但很快约瑟发现自己和凯特有很多不同的地方。比如，他喜欢在早餐时看电视，并且保持了很多年，但凯特却认为边吃饭边看电视不利于消化，她更喜欢和他谈论一些事情。约瑟是一个聪明的男人，他明白在婚姻中彼此协调是很重要的。于是，他放弃了看电视的习惯，在过去5年的婚姻生活中，他没在早餐时看电视。当他走向餐桌时，便提醒自己："约瑟，记住啊！

女人爱言

两个人在一起是一个不断磨合的过程，毕竟是两个不同的人，会存在很多差异。美好的爱情在很大程度上应该建立在相互协调的基础之上，明白了这一点，你会为了实现双方的和谐而主动改变一下自己吗？

吃早餐的时候,你要认真听太太说话。"

交流得多了,约瑟又发现一个问题,凯特喜欢把一件事情的始末详细地讲给他听,她从不忽略某个细节,并且描述详细,但他只想知道事实和结果,对细节根本就不感兴趣。开始的时候,约瑟有些心不在焉,他总会问:"你讲了这么多,这件事的主题在哪里呢?还不如直截了当地说呢。"凯特很生气:"我希望你照我的方式来听,你是在听我说话,而不是在和别人说。"于是,约瑟开始明白,事件的细节对妻子来说很重要,于是当妻子说细节时,他表现出了极大的耐心,努力记住更多的细节。

一段时间下来,约瑟发现吃早餐时不看电视似乎吃得更香了,头脑也变得比以前清晰了。而且,耐心地听妻子的说话细节,时常能够听出她对这些事的看法和态度,于是,他更了解她了,他们的通话更舒畅了,夫妻关系甜甜蜜蜜。

在婚姻中,彼此协调是很重要的。一桩健康的婚姻应当处于包容的状态中,主动改变一下自己、努力配合对方的需要并不是软弱、没骨气或者退缩,而是为了实现双方的和谐,为幸福付出的努力。

女人是最感性的,当她看到、感觉到你的宽容,明白你在为了双方的和谐不断改变自己时,她也愿意改变自己来适应你的习惯,而且她会比你做得更好。夫妻之间不断改变自己、适应对方,自然默契就会越来越多。

为此,你需要注意听妻子说过的话或主动询问她,看她希望你在哪些方面做出改变,尊重她的意见,这样的改变有利于加深感情、减少矛盾,婚姻生活也会离你们理想中的样子越来越近。

下篇 致男人
——爱她,就要让她快乐

第12章

把轻松和快乐带回家，让快乐在岁月中不断增长

——爱女人，就要懂得和她一起经营生活

女人希望看到的是你下班回家的轻松和微笑，而不是一张疲惫而忧虑的脸。尽量把轻松和快乐带回家，多参与一些营造幸福生活与婚姻的活动，和她一起经营生活，让快乐在岁月中不断增长，这该是一件多么惬意和享受的事情啊。

摒弃"大男子"主义，家务事你也有分

生活中有一些持"男尊女卑"、"夫权第一"等严重思想观念的"大男子主义"的男人，他们认为男人不该操心家里的事，于是把家务、子女教育等一切事务都推给妻子，将妻子当做一个仆人对待，这种男人是极端自私的。

要知道，生活原本是由洗衣、购物、做饭、抚育孩子等家务事串连起来的，为什么要把家务事一股脑儿地交给她呢？根据统计数字显示，女人每周花在料理家务事与养育小孩等杂事上的时间比丈夫多出 20 个小时，这几乎是一天的时间，没完没了的家务事是女人结婚后最沉重的负担。

更何况，现代女性扮演着双重角色，上班时努力工作，下班后家务缠身，就像一支两头燃烧的蜡烛，分身乏术，情绪上会非常烦躁，快乐感也就随之被扼杀了。这已经成为不少妻子抱怨丈夫的根源，也很可能是家庭矛盾的导火索。

冠佑一天到晚过着优哉游哉的日子，早上起床后妻子把饭做好，他吃完把嘴一抹就上班去了，中午经常是呼朋唤友到饭馆里去大吃一顿，晚上回家吃晚饭后要么就是看电视，要么就是蒙头大睡，家务活从来不干。

有时候，妻子实在是忙不过来，想让他帮忙做点儿家务事，冠佑把眼睛一瞪："反了你了！你想干什么？家里的活儿不都是女人做的吗？难道还需要我一个大男人来操心吗？你要是忙不过来，慢慢干就是了。"

天长日久，妻子的怨气越来越大，提议要与冠佑离婚。"不光活儿我不干了，日子我也不和你过了。我和你结婚到现在，你自己吃饱了什么事都不管，你洗过一件衣服吗？你做过一顿饭吗？孩子从生下来到上幼儿园，你帮我照看过一次吗？明天咱们就去办离婚手续，谁愿意给你当牛做马你找谁去。"

事实上，女人需要的是一个能够担负起婚姻和家庭责任的丈夫，需要丈夫的体贴关怀和温情抚慰，那种只管自己吃饱、不分担家务事的男人，即使在别的方面非常优秀，也无法长久地吸引住女人的心。

一个温馨的家庭是快乐休闲的乐园、是规避风险的港湾、是修身养性的处所、是天伦之乐的摇篮、是感情的结合点。在这个家庭里不仅要有一个贤淑、能干的好妻子，而且也需要一个顾家、负责的好丈夫。

下篇　致男人
——爱她，就要让她快乐

239

不是因为有了女人才有了家务，而是因为有了家才有了家务。一个体贴的好丈夫从不会大男子主义地认为家务事与自己无关，他们会主动替妻子做一些事情，让她从家务事中解脱出来，兼顾一下事业和兴趣，哪怕只是让她休息一下，喘一口气。

在家庭琐事面前与爱人"共进退"，和她一起好好经营生活，这不仅是一种对家庭负责任的表现，而且会让妻子充分感受到你的爱意，觉得你体贴而温情、暖心又迷人，如此，两个人的关系和谐顺畅，家庭自然快乐而美满。

"做家务既为爱人减负，又促进家庭幸福和睦，何乐而不为？是男人就得做家务。"这是林生的现身说法。他和老婆小周在当地中学当教师，当初结婚离开父母独立生活的时候，他们也曾因为家务事争吵过，但后来林生认识到家务应该共同承担。

有一段时间，小周的母亲生病了，小周只好回老家照顾母亲，于是做饭、浇花、收拾房间、扔垃圾等家务事都落在了林生头上。第一天，他累得头晕眼花，第二天，他开始怀念小周在家时自己的安逸，一个星期过后，他深刻地体会到了小周工作之余还要操持家务的辛苦。待小周回来后，他开始主动承担家务。

虽然做饭炒菜是小周负责，但洗菜、切菜、洗碗这些粗活都是林生干。小周洗衣服，林生就负责拿出去晾晒衣服。打个比方，如果妻子算是大师，那他就是一个打杂的，也不闲着。这样一来，夫妻两人相处的时间多了，交流也多了，生活比以前更和谐，幸福的说笑声经常从他们家中传出。

爱一个人光靠嘴上说说不行，要体现在实际行动上，做家务就是直接的表现方式。如果你真的爱她，就要摒弃"大男子"主义，积极主动地分担一些家务，成为她的贴心伴侣，而不是无动于衷地看着心爱的人受苦受累。

要知道，就连曾经在全球范围内颐指气使的美国前总统小布什，退休后在家也要负责刷盘子、倒垃圾、割草坪、上街买杂物等家务活。总统也是人，工作再忙也得老老实实去做家务。我们能说什么呢？衡量一个男人是否是好丈夫的标准，不仅在于你是否英俊潇洒、位高权重，主动分担家务才是必需。

将相关的家务列出来，并制订一个计划，养成做家务的习惯。这些事必须非常明确，既能让妻子开心，又不会令两人的产生冲突。例如，"每天倒垃圾"、"妻子做饭时能帮忙照顾小孩"或"周末帮忙打扫房子"等。

每天即使再忙，也要抽时间做一件单子上的事，项目可以根据具体情况变化。这是一个长期的、艰巨的过程，要坚持下去才会有所改变，而坚持的原动力是对家庭的责任心、对爱人的感情以及自我改变的决心。

进门前，请抛掉坏情绪

男人为了家庭的幸福在外努力打拼，难免会遭遇各种各样的不如意，同时还要承受来自各方面的压力，不可避免地会产生坏情绪。只是，如果你是个爱家的人，别忘了把坏情绪挡在家门外，到家那一刻把乱糟糟的心情都忘掉。

这一点很重要，因为坏情绪是有传染力的，你绷着一张"苦瓜脸"回去，或者胡乱发泄坏情绪，妻子原本愉快的心情就会转为担忧。如果她和你是一样的人，因你闹情绪而和你对着闹起来，只会两败俱伤。

在一家外企就职的董先生最近工作不顺利，遇到了一些麻烦，在和客户进行谈判时由于手头信息掌握得不够，被竞争对手占了上风，结果受到了主管的严厉批评。为此，他一肚子的不高兴。

晚上回到家，赵刚灰头土脸地进门，妻子正在厨房忙着做饭，他一句问

候的话都没有。他看着什么都觉得烦，看谁都不顺眼，一会儿横眉竖眼地抱怨妻子菜炒得咸，一会儿又指责女儿写字姿势不正确……

渐渐地，妻子的火气也被点着了，开始与他大吵起来，结果全家人很不高兴。

董先生在工作上受了批评，心情十分不畅快，并将坏情绪带回了家中，一味地宣泄，结果不愉快的情绪像水波一样，以董先生为中心向四周荡漾开来，无辜的妻子被激怒了，这就是情绪的传染性和破坏性。

每个人都有自己的心理空间，妻子和你一样，奔波于繁忙的工作中、周旋于复杂的人际交往中已经身心疲惫，又怎能忍受你没来由的怒火呢？何况，你在外面受到了委屈，你不高兴、你很愤怒并不是妻子的过错，你没有资格将不好的情绪发泄给妻子，妻子也没有义务担当你的"出气筒"。

一个男士事业成功、家庭和睦，有人请教他经营生活的秘诀，男士回答："我从小家境贫困，从 12 岁开始每天放学后都要到一个富人家里打几个小时的零工。一天，我因工作的事情向父亲不断地发牢骚，父亲告诉我：'听着，工作是工作，家庭是家庭，你并不生活在工作中，你生活在这儿，和你的亲人在一起。抱怨除加重口舌之争和矛盾激化外别无他用。'多年来我只是按照父亲的话在做，事实证明他是正确的。"

家是心灵的绿洲和歇息之地，每个人都想从家里得到放松和安慰，不只是你，还有妻子和孩子。好丈夫除了做"中流砥柱"支撑起这个家之外，还要顾及家人的感受，善于调节和控制自己的情绪，学着把坏情绪挡在家门外，不让它波及家人。

我们都听过很多有关神仙眷侣的故事，所谓神仙眷侣，在中国人的心目中象征的是"无忧无虑"、"幸福无比"的夫妻。假如你能及时地调整情绪，让她时刻看到你的笑脸，这样即使她情绪低落也会被你感染，家庭氛围就会快乐许多，"仙履奇缘"之类的佳话并非无法触及的梦幻。

他们的生活曾经很拮据，那时丈夫在一家工厂当司机，妻子是保洁员，两个人整天感到疲惫不堪。但只要一回到家，丈夫展现给妻子的始终是积极热情的精神风貌，即使对方爱答不理，他也热情依旧。

"我很高兴，"丈夫快乐地说，"虽然每天的工作很累人，但快到家门的时候，我就会想我的妻子和孩子正在等待着我回去，想想她充满关切的眼神，想想孩子天真无邪的笑脸，还有一顿丰盛的晚餐，我就会提醒自己不许带着烦恼和怨气回家，我的格言就是'进门前，请抛掉烦恼；回家后，带快乐回来。'"

他的热情和快乐，使妻子疲惫的心在家里得到安慰，也渐渐地变得快乐起来。他们相互扶持着走过了最困难的岁月，终于苦尽甘来。回想起当年，妻子感慨万千："如果当初他情绪不好的话，我们也许早就分开了，更不会有现在的快乐。"

男人要给家带来快乐，而不是忧伤。女人都喜欢不乱发脾气又能妥善处理问题的丈夫。做个好丈夫，别忘了进门前抛掉坏情绪，带着微笑回家，让快乐从到家那一秒开始，和她一起经营快乐生活。

要知道，家庭氛围越积极快乐，你就越容易走出烦恼的情绪，并获得积极向上的精神力量。利用好积极的情感代替消极的坏情绪比大发脾气有效得多。任何时候都不要忘记对家人的情感投入，用心爱他们、珍惜他们，如

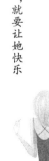

此,相信这些简单的快乐足以抵御工作生活中的任何不愉快。

抛掉坏情绪并不是不可能的事,只要有意识去做就可以。比如,你可以在下班途中花上几分钟做自己喜欢的事情,比如听一些欢快、好听的音乐,去健身房锻炼、去公园散步,或者找朋友诉说一下,也可以找一个安静的地方尽量让自己平静下来,思考一下自己为什么心情不好、自己要解决什么问题才能走出坏情绪……总之,只要尝试着去做,这些方法都有助于缓解和控制坏情绪。

家是最温暖的地方,是心灵的绿洲和歇息之地,请你考虑家中其他人的感受,把一切的坏情绪都关在家门外,管好自己的情绪,不让它外泄给别人,这是成熟的表现,也是男人的责任。

学会装假的艺术,"装"出一份好心情

人人都会有情绪低落的时候,感觉做什么都不愉快,这是一种正常的生理现象。但是,如果你想把轻松和快乐带回家,让快乐在岁月中不断增长,就要学会假装的艺术,"装"出一份好心情。

美国加州大学心理学家艾克曼曾做过实验,让受试者装出惊讶、厌恶、忧伤、愤怒、恐惧和快乐等表情,结果发现他们表现各种情绪的时候,内心均有不同的变化。总之,你怎么装,心情就怎么改变,这就是假装的艺术。

好心情是好身体的基石、是做好工作的关键、是好生活的秘诀。我们要想拥有好心情,就千万不要认为只有情绪好的时候才能表现出快乐的样子,"装"出来的快乐也是一种积极行为,能带动情绪变得积极起来。

挺直身子,抬起头来,使嘴角慢慢上扬,无论何时尽量保持你的微笑吧。

仔细感受一下,不敢置信的事情发生了,你的体内是不是充满了力量?你能够高高兴兴地面对她、面对生活,一切都变得令人满意。

凌锋经常愁眉苦脸,一点儿小事就会引起不安、紧张。女儿的成绩不好,他整天忧心;妻子

几句无心的话会让他黯然神伤。他说:"几乎每一件事情都会让我的心情变坏。"渐渐地,妻子也日益郁郁寡欢,他意识到自己的婚姻受到了影响,只好求助于一个资深的心理专家朋友。

朋友告诉他:"把令你沮丧的事放下,洗把脸,把无精打采的愁容洗掉,修饰一下仪容以增强自信,想着自己就是得意快乐的人。注意,装成充满自信的样子,你的心情会好起来,家人的心情也就会好起来。"

这天,男人在面对妻子和女儿的时候,努力装出一副快乐的表情,他变得笑容可掬,看起来心情愉快的样子。令他惊奇的是,他感到自己的心率和体温上升了,以前郁闷的情绪竟然在不知不觉中烟消云散,快乐感不期而至,而妻子和女儿似乎也被他感染了,变得快乐了许多。

再后来,凌锋总是笑呵呵的。他解释道:"其实,我的微笑最开始都是假装的。我是一家之主,无论遇到什么事情,我都不能垮掉,也不敢垮掉。我发现假装快乐也是可以让人感到快乐的,它还能帮助我渡过很多难关。"

因此,开始微笑吧。在你感到烦恼的时候,在她以及家人面前"装"出一份好心情。

当然,情绪是我们心灵的钥匙,发自内心的微笑才是最自然、坦诚的,也

下篇　致男人
——爱她,就要让她快乐

245

才更有打动别人的力量。所以，试着用内心去理解微笑的含义，去真正调控内心的情绪，使微笑源自内心、有感而发。

比如，你可以穿一件自己喜欢的衣服，有意识地自我打扮一番；多和自己说"今天我很开心"、"我的微笑很迷人"之类的话，不断对自己进行积极的自我暗示；充分发挥想象力，想象一些比较开心的事情，像一部电视剧一样对自己播放。

还有一点，要注意持之以恒，把微笑变成一件十分自然的事情，如此，你的她便能通过你的笑读懂你内心的热情与开朗、对人生的热爱与对快乐的渴望，并情不自禁被吸引、被感染，如此，快乐就变成了生活的主色调。

善用幽默，给爱情"调调味"

当问及"你最喜爱的男人个性是什么"时，绝大多数女人都认为是"忠诚、能干、有幽默感"。其中，有 15% 的女人甚至把男人的幽默感作为她们选择结婚对象的首要条件，认为婚姻中的幽默感更是不可或缺。

对于这个问题其实很好理解，在婚姻生活中，幽默的男人可以活跃气氛，给女人愉悦的感受，帮女人卸下了心头的忧虑、沮丧与痛苦。而且，日子过久了就会乏味，乏味了就需要调调味，而幽默正是一剂调味的"好料"。

当你和心爱的她谈话时，插科打诨、运筹几句妙趣横生的言辞，两人捧腹不止，不仅气氛和谐而轻松，而且深化了感情；在你和她外出游玩时，讲几个有趣的小笑话，引出一阵嘻嘻哈哈，顿时倦意全消、鼓劲前行；当她因为压力或烦躁而沉闷时，陪在她身边逗她开心，她对生活就会多几分信心和勇气。

另外，夫妻相处中难免会遭遇尴尬的问题、爆发尖锐的冲突，此时如果你若能懂得运用幽默去化解，很可能化干戈为玉帛，使剑拔弩张成为过眼烟云，就不至于发生一场"针尖对麦芒"的交锋。

通过多年勤勤恳恳地努力工作，皮特被公司提拔为分公司经理。这是一件非常值得庆祝的事情，皮特和妻子花了将近一个星期的时间，在一个非常漂亮的宴会厅举办庆祝大会，并邀请了将近100位客人参加。

由于皮特的精心安排，聚会进行得非常完美。但是，皮特的妻子在敬酒时居然不小心把那块非常昂贵的蛋糕打落在地，巧克力和奶油溅得满地都是，妻子站在那里，顿时不知道如何是好。

当时，所有的客人都料定皮特会恼羞成怒、埋怨或指责妻子，就连妻子自己也这么认为。但是，让大家感到惊讶的是，皮特低头看看地上破碎的蛋糕，笑出声来。随后，他送给妻子一个香吻，说道："嗨，原来你是想送给我一个占这么大地方的蛋糕呀。"在场的人听后都忍不住笑弯了腰。

妻子一不小心"惹祸"了，却被皮特幽默地轻松解围，她自然是内疚与感激之情并存，于是，自然对皮特更加温柔了。

听到皮特幽默的语句，你一定会会心一笑。的确，生活中难免会遭遇各种不如意和矛盾，但只要男人能够多一点儿幽默感，少一点儿气急败坏，少一点儿偏执与极端，不仅能轻松处理烦恼与矛盾，避免不必要的争吵，还会使女人感到轻松愉快，使夫妻感情更愉悦和谐，也可以给婚姻生活增添情趣。

再比如，如果你的妻子动不动就爱"污辱"你，爱说："你就是世界上最大的傻瓜。"怎么

女人爱言

金钱可以买到一瞬间的快乐，但快乐却是由心而发的。和一个幽默的男人相处，往往让人感到轻松愉快，能淡化消极情绪，让看似枯燥漫长的婚姻生活变得妙趣横生，这样的男人无疑是最有吸引力的。

办?总不能因为这句话就气得自己七窍生烟吧?唯一的回答是坦率承认,然后急转做一个幽默的转身:"我承认,不然怎么能和你结婚?"

幽默的男人自然率性、深具内涵,他不会死板教条地看事态变坏,而是在微笑中寻找最好的解决办法;幽默的男人乐观豁达、灵活通达,能用乐观进取的心态看待困苦、克服困难……幽默的男人是快乐的使者和力量的源泉。

有个心理学家说得好:"具有幽默感的男人是一个快乐的男人。"为了美满快乐的婚姻,淡化自己的消极情绪,多一份乐观与幽默,把轻松和快乐带回家,照亮女人的内心,将看似枯燥漫长的婚姻生活变成妙趣横生的喜剧吧。

值得一提的是,幽默的作用是显而易见的,但是像对待任何事物一样,运用幽默时要恰如其分、符合时宜。如果你常常一味地说俏皮话,无限制地卖弄幽默,最初可能会引起她的兴趣,但讲得多了或许就会引起她的反感。

另外,幽默是一种智慧的表现,它必须建立在丰富知识的基础上,因此,你还要多多学习、集思广益,丰富自己的词汇,空闲时还要多看看幽默故事、机智故事、脑筋急转弯,等等,以此训练语言的丰富性和思维的敏捷性。

总之,幽默离不开家庭背景、学识、社会经验等的影响,但最根本的还是一种对感情和婚姻的态度。请人现在开始做一个幽默的男人,给那个与你携手一生的女人以真正的幸福和快乐。

让"昨日重现",给生活加点儿"盐"

当两个人长时间相处后,平淡而有规律的生活会使人迟钝和懈怠,对感情失去原来的敏感,仿佛再也找不到当年谈恋爱时的激动与甜美了,由此会莫名地产生一种深深的失落感,被称之为"婚后爱情厌倦症"。

"婚后爱情厌倦症"的具体表现是:很少对爱人说一些甜蜜的话、很少去想爱人需要些什么物品、喜欢一个人做事、遇到矛盾或问题,夫妻俩经常生闷气、心里不满也不愿意说出来、在爱人说话时,常常显得心不在焉……而这样的婚姻状态无疑会将女人压得透不过气来,心情欠佳。

在婚姻的滋味变淡时,作为丈夫的你应多在家庭生活中安排一些娱乐项目与交流感情的机会,带妻子一起寻找回当初恋爱时的感觉,这就像给乏味的婚姻生活加点儿"盐",如此,你们的盛宴会愉快地继续下去。

如果婚姻是一趟旅程,途中你们一定经历过难忘的事,看到过诱人的风景,这些过往也一定成为了你们记忆中最美丽的一页。再回首,重温爱的往事,让"昨日重现",这样的回忆能使你们享有片刻的轻松,重新燃起久违的激情,对已经进入常态的婚姻生活起到促进、更新的作用。

布克和安妮结婚 5 年了,工作中大大小小的压力、生活上各种各样的牵绊让安妮觉得心情

女人爱言

如果婚姻是一趟旅程,途中我们经历过的难忘事,看到过的诱人风景,这些过注都会成为我记忆中最美丽的一页。带领我再重温那遥远的回忆,沉浸在爱情的甜蜜里,我此时此刻的心情与气氛会不减当年。

249

沉重。渐渐地，布克发现安妮不再像以前那样可爱了，两人的关系日益淡漠，经常大吵小闹，他为此感到很苦恼。

有一次，布克和一个女性朋友聊天时，说到婚后的不如意，那个朋友给他出了个点子："你选择一个日子，带妻子去一个恋爱时常去的地方，而且要像恋爱时一样充满情调，这样做肯定会令你看到一个奇迹。"

为此，布克决定在他们度蜜月的家庭客栈举行结婚周年庆，布克事先与客栈的主人进行了多次商谈，务求一切安排都能像当初一样。那一天终于到了。当安妮进入客栈的那一刻，奇迹出现了——他们都回忆起了过去的快乐，沉寂了许久的爱又复苏了，而安妮神采飞扬，热烈地与布克拥抱在一起。

事后，安妮对朋友们感慨道："大理石的厅堂和宽阔的大楼梯、精致的陈设，沐浴在阳光里的房间，而布克坐在我们婚礼当晚曾坐过的桌子旁边，仿佛是在等待新婚的妻子……那家客栈的一切如同记忆中那般美好，让我想起了我和布克以前的甜蜜时光，让我对婚姻有了新的认识，我的丈夫真是了不起。"

人们常说"忆苦思甜"，回忆就是更新。在回忆的过程中，夫妻双方都会有新的领悟，能更加清晰地感受到现在的快乐。更何况，女人很感性，是爱回忆的动物。重温遥远的回忆，沉浸在爱情的甜蜜里，可以使女人柔情似水。

台湾歌手黄品冠有一首歌叫《身边》，歌词写得很亲切，也很贴切："不管心多疲倦，梦想就有多远，有你陪伴一切都无所谓。我愿陪你擦拭每个昨天，相片、日记、书签，有暖意慢慢浮现……"

当然，你安排的场景不一定豪华或隆重，只要是你们经历过的、感动过的就可以：第一次见面时去过的茶馆、第一次携手走过的小路、第一次共同完成的晚餐等，你会发现那么多令人激动的话题一直在那里等着你们。即使是不经意间提起旧事，此时此刻的心情与气氛也应该不减当年。当一个没有压力、完全放松的妻子站在你面前时,你会发现她还是那个令你无比欣赏的女人。

生活中有沉淀才有创新,而回忆是沉淀和创新的统一。你也可以和妻子一起绘制"回忆路线图",寻找最佳回忆点,让"昨日重现",并适当增加一些浪漫范围,这样你们的感情会在回忆中不断更新。

像蚂蚁一样工作,像蝴蝶一样生活

烦琐拘束的工作与自由自在的生活是两个相互矛盾的主题,因为要生存,我们必须接受工作的禁锢;因为要自由,我们又不愿意受到工作的禁锢。协调好工作与生活矛盾是每个男人的必修课。

"两眼一睁,忙到熄灯",不少男人整天忙得不可开交,像是陷入了忙碌的旋涡之中,不得不把白天未完成的工作带回家处理,这就使家庭时间也变成了工作时间,势必导致事业和家庭之间的冲突。

事实上,一个成熟而负责的男人不到万不得已,是不会把工作上的事情带回家里的。比如,香港巨富李嘉诚除了非常紧急的事才会带回家去做,而且下班的第一件事就是回家。"我工作太忙了,哪有时间好好照顾家人呢?"这并非站得住脚的理由。

弗兰克斯在某家游戏公司做网站编辑,他各方面的才能是毋庸置疑的,但是他的工作效率却很慢,只需两个小时完成的工作他却要 4 个小时,只好经常回家加班,看着他忙碌不停的身影,妻子既心疼又不满。我们来看看弗兰克斯是如何工作的。

一次早晨,老板将新签约的一个游戏开发方案交给弗兰克斯,并告诉

他两天内完成。弗兰克斯接过任务就着手工作起来，一会儿他想起还没有上"微博"，便刷新了下"围脖"，浏览朋友们最近的状态……等弗兰克斯开始工作时，已经快中午了。

为了赶工作进度，弗兰克斯又将工作带回了家中。吃完饭后，妻子提议要出去散散步，弗兰克斯拒绝道："不了，我明天还要交策划呢，必须今天晚上加班，你自己出去吧。"妻子有些生气，便抱怨了几句。弗兰克斯心生委屈："我不能陪你怎么了？你还怨起我来了，我工作还不是为了咱们这个家嘛。"

第二天到了公司，弗兰克斯一边工作，一边想着昨晚上的事情，越想越气，妻子怎么能如此不理解自己呢？结果他工作不下去了，便在网上找好朋友诉说。不知不觉又半上午过去了，下午时，弗兰克斯急匆匆地完成了策划方案，结果由于写得仓促，几乎没有什么新意，他受到了老板的批评，晚上又得加班重新写方案。

弗兰克斯为何工作如此忙？使工作影响到了生活，甚至没有时间陪伴妻子呢？真的是他的工作任务重？工作时间短？都不是这里的关键是他在工作时一心两用，没能全力以赴工作、高效利用工作时间。

俗话说"一心两用难成事"，一项工作应当用 100% 的心思才能完成，而你却在头脑里想着其他事情，注意力向四面八方分散，其结果不言自喻：将工作搞得一团糟，工作效率大打折扣，下班后只好将工作带回家中。

如何改变这种状况呢？工作时像蚂蚁一样。工作时像蚂蚁一样全力以赴、毫不保留，高效地利用工作时间，如此你完全可以做好手头的工作，不让工作侵占亲近、照顾家人的家庭时间，把轻松和快乐带回家，像蝴蝶一样恣意享受生活。

我们知道，有经验的花匠习惯于把许多能够开花结果的花蕾剪去，他们为什么这么做呢?原来,花匠是为了将所有的养分集中在有限的花蕾上,这样花才会开得大、开得美。就像培植花木一样,你在工作时剪除那些分散精力、杂乱无章的念头,聚精会神地工作,工作效率自然就能够得到提高,这正是平衡工作和生活时间的好方式。

左小军是某公司的一位图书编辑主任,他除了编写一些重要的稿子、审核公司小组人员的稿子外,还要处处照顾妻子和女儿。值得称道的是,他的工作和家庭生活互不干扰,他的成功秘诀就是全力以赴地工作。

左小军对自己的工作非常负责,只要一上班,他总是能聚精会神地专注于写作上,一心一意地埋头于案头,而且他总是会忘记时间,甚至忘记吃饭,就连同事和他说话他都经常听不见;别人和他打招呼时,他也不愿放下手中的笔,总是将左手抬起来打个手势,右手却仍然继续写着。

正是因为工作时的专注,左小军的工作效率很高,他几乎每个月都可以编写一本图书、审核3本稿子,对于大部分编辑来说,如此巨大的工作量是不可能完成的,因此,他多次获得经理的赞扬。当然,因为总是能够及时完成工作,他也有了很多陪妻子散步、陪女儿写作业的家庭时间,日子过得和和美美。

全力以赴工作是一种提高自己工作效率和工作满意度的工作技巧,这会使一个人处于健康的精神状态。每天下班前带着一身轻松和快乐回家,这种快乐也会传染到家庭,使家庭更加和睦、生活更加快乐。

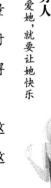

253

工作是应该全力以赴的，而生活则该是轻松而充满欢笑的。将"像蚂蚁一样工作，像蝴蝶一样生活"进行到底，全力以赴地努力工作、心无旁骛地积极生活，自然能够和她经营出快乐幸福、富有意义的人生。

会做家事的男人不是天生，而要后天培养

《喜羊羊和灰太狼》播出后就赢得天下女人的一片叫好声，不过她们的叫好声不是为那些聪明的小羊们，而是为了把老婆视为至上的灰太狼。而女人的择偶标准就有了确定，她们要的就是"灰太狼"这样的男人，爱老婆、疼老婆，为了老婆，包揽了家中的所有事务。于是，女人们就揣着这样的标准在茫茫人海中苦苦搜寻着那会做家务的男人，女人们认为只有男人会做家务他才会帮着女人承担起家中的家务。可是这世上男人是千千万，会做家务的男人却是屈指可数，于是女人们一个个就只能感叹，好男人怎么就这么少呢？

可事实上，不是这世界好男人太少，而是女人没有给机会让他们有所表现。今天这么一个"男女平等"的年代，依旧没有改变男人优于女人的本质现实。大家依旧习惯地觉得家务活就应该由女人来做，男人天生就可以什么都不理会，女人也习惯了扮演家务承当者的身份，男人天生就被赋予了不做家务的特权，所以他不会像女人那样主动去操持家务。我记得小时候，吃晚饭都是我洗碗，而弟弟却什么都不做，每次爸妈就一句话："他是男孩子嘛！"让我无力反驳。所以，在这样的情况下，男人就被剥夺了做家务的权利。

可女人也不是天生就会做家务，女人的能干还是靠后天培养出来的。既然女人能被培养出来，男人一样也可以。他的父母不愿意，那就只有你来给他这个机会了。

方圆也曾是个活泼开朗的女孩,可是结婚后没完没了的家务,将方圆身上所有的美好都磨掉了。方圆厌烦了那样的生活,每天下班回来都不能好好休息一下就要着手那做不完的家务,洗衣烧饭,擦窗抹桌子的,让方圆心中很是不爽。自己也不是个懒女人,以前一个人在外面也是自己照顾自己,只是这两个人不比一个人,事情要多得多。一个人还可以将就,两个人却将就不起来,两个人的事由一个人来承担,方圆哪里受得了?尤其是看见老公回来什么都不问,吃了饭就看电视,她心中就更是不爽。这一点都不是她想要的生活!

　　方圆被折磨得一天天变成怨妇,甚至和朋友说她想离婚了!朋友都一个劲地劝她,事情好像也没什么特别糟糕的,无非就是家务太重,让老公帮忙就好了。结果方圆一声叹息:"让他做家务?他连衣服都不会洗,以前都是他妈跟前跟后伺候他,现在就轮到我了!"可朋友都说自己的老公也一样不会做家务,现在还不是乖乖地帮忙?大家都说方圆的老公那是被"宠"的,要是一直这么宠着,他自然什么都不会做。听朋友这么说,方圆一想也是,不能因为这点挫折就放弃一段感情。

　　不过让一个从小就不会做事的人做事,可不是一件容易的事情。于是朋友又提供了一些自己成功的做法,方圆也决定回家试试。

　　说到底,其实方圆夫妻二人的感情还是不错的,老公也一直挺疼方圆,平时的小礼物总是不断,所以见方圆说拖地扭了腰,立马就让方圆休息一下。而方圆一再坚持要继续,让老公没办法,就只能一把夺过拖把自己干起来。大功告成后,方圆的一个香吻让老公狠狠美了一把。方圆就这样利用朋友教的办法,让老公主动走上了做家务的行列。事情少了,而且两人一起做也起劲儿,存在于两人间的矛盾也自然化解了。

　　多少妙龄少女成婚后变成家庭怨妇,都是拜琐碎繁杂的家务所赐,一步

上篇　致女人
——爱他,不如懂他

255

步把自己的婚姻逼近崩溃的边缘。可是女人常常就只是一味地抱怨自己的命不好，嫁了个不知道心疼人的老公，痛恨凭什么女人就一定要承担这一切。可除了抱怨，女人就没辙了，眼睁睁看着自己的婚姻毁了才得到"解脱"，却从来没想过去培养自己的男人。既然女人可以把家务做得有条有理，男人又为什么不能呢？

俗话说："好男人背后一定有个贤惠的女人。"不调教，好男人怎么出得来？如果被赋予可以不做家务特权的不是男人而是女人，女人大概也不愿意去做家务吧！所以，会做家务的男人不是天生的，而是要女人调教的，因为男人的家人不会把男人调教好了来"伺候"他的老婆，女人想要幸福还得自己争取。

让自古就可以不做事的男人做家务，那可是一件相当困难的事情。困难不代表没办法，好友方圆的老公就从来不做家务，不一样被"培养"了？所以这培养是要有技巧的。你光大声喊着"给我做家务"，他多半不会理你。要是你正玩儿得开心，别人让你做事你会高兴吗？但换个方式，让他"主动"就不一样了，方圆的"苦肉计"就是一个好办法。现在的夫妻大多是因为相爱才结婚的，感情基础很牢靠，特别是新婚的小夫妻，老公是非常在意自己的老婆的，要是老婆一不小心"受伤"了，那老公一定会第一时间冲过来护着她。这时候要是她还是执意要做家务，那老公可是绝不同意的，所以他便不得不自己出手了。

"受伤"是一种方法，假装"害怕"也是一种方法，因为厨房里的蟑螂，你不敢再进去，然后老公勇敢地跳出来，之后就只能是他来处理残局了。

但这些还是不够的，你还要给他一点"小奖励"，让他为自己的劳动感到自豪，什么好话啊，香吻啊就看你的发挥了。

好男人人人想要，如果有也早就被一抢而空了，既然天生好男人难求，那我们就不妨把自家男人培养成自己想要的模样。不过"培养"可不是恶言厉吓，那只会让男人觉得讨厌，"培养"就要让他掉进你的陷阱还乐得开心，那才是成功的"培养"！

上篇　致女人
——爱他，不如懂他

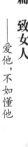